# गीता

# सिद्धान्त कर्म का

(गीता सरल शब्दों में)

मीनाक्षी जैन

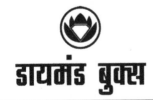

डायमंड बुक्स

www.diamondbook.in

© लेखकाधीन

**प्रकाशकः डायमंड पॉकेट बुक्स ( प्रा. ) लि.**

X-30, ओखला इंडस्ट्रियल एरिया, फेज-II

नई दिल्ली-110020

फोन : 011-40712200

ई-मेल : sales@dpb.in

वेबसाइट : www.diamondbook.in

---

GEETA KRISHAN KI, SIDDHANT KARM KA

By : *Minakshi Jain*

भूमिका

# लेखिका के उद्‌गार

कुरुक्षेत्र की भूमि! दोनों ओर सागर के फेन-सी फैली विशाल सेनाएं! आज से लगभग 5146 वर्ष पूर्व! उनतालीस लाख, छत्तीस हजार, छह सौ सैनिक! उस काल के अनुसार सेना का परिमाण 18 अक्षौहिणी ...एक अक्षौहिणी अर्थात् इक्कीस हजार आठ सौ रथ; इक्कीस हजार आठ सौ हाथी; पैंसठ हजार छह सौ दस घोड़े; और एक लाख नौ हजार तीन सौ पचास सैनिक ...कल्पना से परे! मदमस्त सिर हिलाते महावत के इशारे की प्रतीक्षा करते हाथी; सुसज्जित स्वर्ण रथों में अस्त्र-शस्त्र से लैस बैठे राजा सत्तर खड़े घोड़े और युद्ध में जान देने को आतुर पैदल सैनिक ...इतना बड़ा युद्ध ना इतिहास में कभी हुआ ना होगा ...अद्‌भुत अकल्पनीय अविस्मरणीय।

ऐसे ही चार सफेद और एक लाल अश्व से युक्त स्वर्ण एवं माणिक्य जड़ित रथ पर खड़े पितामह भीष्म की दुग्ध धवल दाढ़ी को पवन का झोंका हलके से छू कर निकल जाता है तो उनकी आँखो में छिपे भविष्य की चिंता किंचित हल्की पड़ जाती है व अधरों पर मुस्कान की हल्की रेखा उभर कर विलीन हो जाती है। वहीं दूसरी ओर चार श्वेत अश्वों से सुसज्जित एक अद्‌भुत रथ जिसकी शोभा वर्णित करना सम्भव नहीं ...पताका पर स्वयं पवन पुत्र विराजमान हैं। सम्पूर्ण रथ का, स्वर्ण सूर्य की किरण पड़ते ही और लालिमा युक्त हो गया है। माणिक व हीरों की ऐसी चमक कि उसे देखना सम्भव नहीं हो पाता। रथ का संचालन कर रहे हैं श्रीकृष्ण रूप में स्वयं नारायण, श्याम वर्ण ऐसा अलौकिक रूप कि स्वयं ही हृदय समर्पण कर दे और रथ पर बैठे हैं नारायण का नर रूप अर्जुन, थोड़े गंभीर व चिंतायुक्त ...कैसा दृश्य है जिसे देखने के लिए प्रकृति को भी युगों तक प्रतीक्षा करनी पड़ी।

गीता ना केवल कुरुक्षेत्र में श्रीकृष्ण और अर्जुन का संवाद है अपितु वह विधा, वह विज्ञान है जिसमें जीवन को जीने का वह सत्व समाहित है जो मनुष्य कस्तूरी मृग की भाँति बाहर ढूँढता फिरता है परंतु वह उसके भीतर ही छिपा रहता है। बचपन से गीता पढ़ते सुनते यह आभास तो था कि इस

कस्तूरी को ढूँढना असम्भव है। इसे ईश्वर का आदेश/अनुकंपा ही कहूँगी कि मेरे जैसा हीन व्यक्ति इसकी भाषा के सरलीकरण का प्रयास कर पाया, परंतु यह भी एक चमत्कारिक घटना से कम नहीं। अपने अनुभव को आपके साथ बाँटे बिना इस पुस्तक की सार्थकता नहीं बन पाएगी।

अपने पहले काव्य संग्रह "वैजयंतिका" के प्रकाशन के बाद कुछ शिथिल व कुछ खालीपन का अनुभव करते हुए रात्रि में एक ही विचार मेरे मन-मस्तिष्क को मथ रहा था "अब क्या"? यही सोचते-सोचते कब निद्रा ने घेर लिया पता ही नहीं चला। भोर के लगभग चार बजे एक दिव्य प्रकाश की अनुभूति के साथ निद्रा टूटी और मैंने स्वयं योगिराज श्रीकृष्ण भगवान को अपने पास खड़े हुए पाया, उनके श्रीमुख से जो शब्द सुने वह थे "अब गीता लिख" इसके बाद निद्रा और तंद्रा दोनों भंग हो गई। भगवान कहीं नहीं थे पर उनके शब्द जैसे गुंजायमान हो रहे थे। समझ ही नहीं पाई स्वप्न था अथवा यथार्थ! कोई सिरा समझ नहीं आ रहा था कि कैसे कर पाऊँगी। पति श्री को बताया तो उन्होंने कहा, यदि ईश्वर ने आदेश दिया है तो राह भी वह स्वयं बनाएँगे। उन्हीं का स्मरण कर कार्य प्रारंभ करो। आठवीं कक्षा तक संस्कृत पढ़ने वाली मुझ जैसी छात्रा को उन श्लोकों के अर्थ कैसे समझ आने लगे, यह भी अबूझ पहेली ही है, किंचित यह भी ईश्वरीय चमत्कार ही था कि जो बनता गया वह कागज पर उड़ेलती गयी! कदाचित कारण यह भी रहा हो कि भगवत् गीता सब पढ़ पाते हैं पर टीका की भाषा क्लिष्ट होने के कारण शायद समझ नहीं पाते। ईश्वर का ही आशीर्वाद था कि उन्होंने मुझे इसके सरलीकरण का माध्यम बनाया ...मैं परम पिता परमेश्वर को कोटि-कोटि नमन करती हूँ व अपेक्षा करती हूँ कि यह पुस्तक जनमानस को ईश्वरीय सत्ता से जोड़ने में सक्षम हो पाए और पिरो पाए अनगिनत जीवन मूल्यों की माला जो इस युग में हम कहीं बहुत दूर छोड़ आये हैं।

अंत में धन्यवाद देना चाहूँगी अपने परिवार, अपने पति श्री अरुण जैन अपने बच्चों नंदिता, सम्भव का जिनके सहयोग व समय के बिना यह कार्य असम्भव था, अपनी छोटी बहन डॉक्टर बरखा गुप्ता का जिन्होंने भाषा की त्रुटियों को दूर कर इसे पढ़ने योग्य बनाया।

**मीनाक्षी जैन**
लेखिका

# सूची

प्रथम अध्याय : अर्जुनविषादयोग------------------------ 07

द्वितीय अध्याय : सांख्ययोग ------------------------------ 17

तृतीय अध्याय : कर्मयोग-------------------------------- 39

चतुर्थ अध्याय : ज्ञानकर्मसंन्यासयोग ---------------------- 56

पंचम अध्याय : कर्मसंन्यासयोग-------------------------- 75

षष्ठम अध्याय : आत्मसंयमयोग -------------------------- 91

सप्तम अध्याय : ज्ञानविज्ञानयोग ------------------------ 114

अष्टम अध्याय : अक्षरब्रह्मयोग-------------------------- 127

नवम अध्याय : राजविद्याराजगुह्ययोग-------------------- 143

दशम अध्याय : विभूतियोग ---------------------------- 155

एकादश अध्याय : विश्वरूपदर्शनयोग---------------------- 170

द्वादश अध्याय : भक्तियोग ------------------------------ 194

त्रयोदश अध्याय : श्रीभगवानुवाच------------------------ 204

चतुर्दश अध्याय : गुणत्रयविभागयोग -------------------- 222

पञ्चदशो अध्याय : पुरुषोत्तमयोग ---------------------- 238

षोडशो अध्याय : दैवासुरसम्पद्विभागयोग ---------------- 249

सप्तदशो अध्याय : श्रद्धात्रयविभागयोग ------------------ 263

अष्टादशो अध्याय : मोक्षसंन्यासयोग -------------------- 279

# अथ प्रथमोऽध्यायः

# अर्जुनविषादयोग

धर्मक्षेत्रे कुरुक्षेत्रे समवेता युयुत्सवः ।
मामकाः पाण्डवाश्चैव किमकुर्वत संजय ॥1॥

दृष्टवा तु पाण्डवानीकं व्यूढं दुर्योधनस्तदा ।
आचार्यमुपसंगम्य राजा वचनमब्रवीत् ॥2॥

पश्यैतां पाण्डुपुत्राणामाचार्य महतीं चमूम् ।
व्यूढां द्रुपदपुत्रेण तव शिष्येण धीमता ॥3॥

अत्र शूरा महेष्वासा भीमार्जुनसमा युधि ।
युयुधानो विराटश्च द्रुपदश्च महारथः ॥4॥

धृष्टकेतुश्चेकितानः काशिराजश्च वीर्यवान् ।
पुरुजित्कुन्तिभोजश्च शैब्यश्च नरपुङ्वः ॥5॥

युधामन्युश्च विक्रान्त उत्तमौजाश्च वीर्यवान् ।
सौभद्रो द्रौपदेयाश्च सर्व एव महारथाः ॥6॥

अस्माकं तु विशिष्टा ये तान्निबोध द्विजोत्तम ।
नायका मम सैन्यस्य सञ्ज्ञार्थं तान्ब्रवीमि ते ॥7॥

भवान्भीष्मश्च कर्णश्च कृपश्च समितिञ्जयः ।
अश्वत्थामा विकर्णश्च सौमदत्तिस्तथैव च ॥8॥

अन्ये च बहवः शूरा मदर्थे त्यक्तजीविताः ।
नानाशस्त्रप्रहरणाः सर्वे युद्धविशारदाः ॥9॥

अपर्याप्तं तदस्माकं बलं भीष्माभिरक्षितम् ।
पर्याप्तं त्विदमेतेषां बलं भीमाभिरक्षितम् ॥10॥

** गीता कृष्ण की, सिद्धान्त कर्म का ** 7 **

अयनेषु च सर्वेषु यथाभागमवस्थिताः ।
भीष्ममेवाभिरक्षन्तु भवन्तः सर्व एव हि ॥11॥

तस्य सञ्जनयन्हर्षं कुरुवृद्धः पितामहः ।
सिंहनादं विनद्योच्चैः शंख दध्मो प्रतापवान् ॥12॥

ततः शंखाश्च भेर्यश्च पणवानकगोमुखाः ।
सहसैवाभ्यहन्यन्त स शब्दस्तुमुलोऽभवत् ॥13॥

ततः श्वेतैर्हयैर्युक्ते महति स्यन्दने स्थितौ ।
माधवः पाण्डवश्चैव दिव्यौ शंखौ प्रदध्मतुः ॥14॥

पाञ्चजन्यं हृषीकेशो देवदत्तं धनञ्जयः ।
पौण्ड्रं दध्मौ महाशंख भीमकर्मा वृकोदरः ॥15॥

अनन्तविजयं राजा कुन्तीपुत्रो युधिष्ठिरः ।
नकुलः सहदेवश्च सुघोषमणिपुष्पकौ ॥16॥

काश्यश्च परमेष्वासः शिखण्डी च महारथः ।
धृष्टद्युम्नो विराटश्च सात्यकिश्चापराजितः ॥17॥

द्रुपदो द्रौपदेयाश्च सर्वशः पृथिवीपते ।
सौभद्रश्च महाबाहुः शंखान्दध्मुः पृथक्पृथक् ॥18॥

स घोषो धार्तराष्ट्राणां हृदयानि व्यदारयत् ।
नभश्च पृथिवीं चैव तुमुलो व्यनुनादयन् ॥19॥

अथ व्यवस्थितान्दृष्ट्वा धार्तराष्ट्रान् कपिध्वजः ।
प्रवृत्ते शस्त्रसम्पाते धनुरुद्यम्य पाण्डवः ॥20॥

हृषीकेशं तदा वाक्यमिदमाह महीपते ।
सेनयोरुभयोर्मध्ये रथं स्थापय मेऽच्युत ॥21॥

यावदेतान्निरीक्षेऽहं योद्धुकामानवस्थितान् ।
कैर्मया सह योद्धव्यमस्मिन् रणसमुद्यमे ॥22॥

योत्स्यमानानवेक्षेऽहं य एतेऽत्र समागताः ।
धार्तराष्ट्रस्य दुर्बुद्धेर्युद्धे प्रियचिकीर्षवः ॥23॥

** 8 ** गीता कृष्ण की, सिद्धान्त कर्म का **

एवमुक्तो हृषीकेशो गुडाकेशेन भारत ।
सेनयोरुभयोर्मध्ये स्थापयित्वा रथोत्तमम् ॥24॥

भीष्मद्रोणप्रमुखतः सर्वेषां च महीक्षिताम् ।
उवाच पार्थ पश्यैतान् समवेतान् कुरुनिति ॥25॥

तत्रापश्यत्स्थितान् पार्थः पितृनथ पितामहान् ।
आचार्यान्मातुलान्भ्रातृन्पुत्रान्पौत्रान्सखींस्तथा ॥26॥

श्वशुरान् सुहृदश्चैव सेनयोरुभयोरपि ।
तान्समीक्ष्य स कौन्तेयः सर्वान् बन्धूनवस्थितान् ॥27॥

कृपया परयाविष्टो विषीदन्निदमब्रवीत् ।
दृष्ट्वेमं स्वजनं कृष्ण युयुत्सुं समुपस्थितम् ॥28॥

सीदन्ति मम गात्राणि मुखं च परिशुष्यति ।
वेपथुश्च शरीरे में रोमहर्षश्च जायते ॥29॥

गाण्डीवं स्रंसते हस्तात्वक्चैव परिदह्यते ।
न च शक्नोम्यवस्थातुं भ्रमतीव च मे मनः ॥30॥

निमित्तानि च पश्यामि विपरीतानि केशव ।
न च श्रेयोऽनुपश्यामि हत्वा स्वजनमाहवे ॥31॥

न काङ्क्षे विजयं कृष्ण न च राज्यं सुखानि च ।
किं नो राज्येन गोविंद किं भोगैर्जीवितेन वा ॥32॥

येषामर्थे काङ्क्षितं नो राज्यं भोगाः सुखानि च ।
त इमेऽवस्थिता युद्धे प्राणांस्त्यक्त्वा धनानि च ॥33॥

आचार्याः पितरः पुत्रास्तथैव च पितामहाः ।
मातुलाः श्वशुराः पौत्राः श्यालाः संबंधिनस्तथा ॥34॥

एतान्न हन्तुमिच्छामि घ्नतोऽपि मधुसूदन ।
अपि त्रैलोक्यराज्यस्य हेतोः किं नु महीकृते ॥35॥

निहत्य धार्तराष्ट्रान्न का प्रीतिः स्याज्जनार्दन ।
पापमेवाश्रयेदस्मान् हत्वैतानाततायिनः ॥36॥

** गीता कृष्ण की, सिद्धान्त कर्म का ** 9 **

तस्मान्नार्हा वयं हन्तुं धार्तराष्ट्रान्स्वबान्धवान् ।
स्वजनं हि कथं हत्वा सुखिनः स्याम माधव ॥37॥

यद्यप्येते न पश्यन्ति लोभोपहतचेतसः ।
कुलक्षयकृतं दोषं मित्रद्रोहे च पातकम् ॥38॥

कथं न ज्ञेयमस्माभिः पापादस्मान्निवर्तितुम् ।
कुलक्षयकृतं दोषं प्रपश्यद्भिर्जनार्दन ॥39॥

कुलक्षये प्रणश्यन्ति कुलधर्माः सनातनाः ।
धर्मे नष्टे कुलं कृत्स्नमधर्मोऽभिभवत्युत ॥40॥

अधार्माभिभवात्कृष्ण प्रदुष्यन्ति कुलस्त्रियः ।
स्त्रीषु दुष्टासु वार्ष्णेय जायते वर्णसंकरः ॥41॥

संकरो नरकायैव कुलघ्नानां कुलस्य च ।
पतन्ति पितरो ह्येषां लुप्तपिण्डोदकक्रियाः ॥42॥

दोषैरेतैः कुलघ्नानां वर्णसंकरकारकैः ।
उत्साद्यन्ते जातिधर्माः कुलधर्माश्च शाश्वताः ॥43॥

उत्सन्नकुलधर्माणां मनुष्याणां जनार्दन ।
नरकेऽनियतं वासो भवतीत्यनुशुश्रुम ॥44॥

अहो बत महत्पापं कर्तुं व्यवसिता वयम् ।
यद्राज्यसुखलोभेन हन्तुं स्वजनमुद्यताः ॥45॥

यदि मामप्रतीकारमशस्त्रं शस्त्रपाणयः ।
धार्तराष्ट्रा रणे हन्युस्तन्मे क्षेमतरं भवेत् ॥46॥

एवमुक्त्वार्जुनः सङ्ख्ये रथोपस्थ उपाविशत् ।
विसृज्य सशरं चापं शोकसंविग्नमानसः ॥47॥

*ॐ तत्सदिति*

*श्रीमद्भगवद्गीतासूपनिषत्सु ब्रह्मविद्यायां योगशास्त्रे*
*श्रीकृष्णार्जुनसंवादेऽर्जुनविषादयोगो नाम प्रथमोऽध्यायः ॥ 1 ॥*

# अथ श्री गीता पहला अध्याय प्रारंभ
## ( मन का घर्षण )

धर्मक्षेत्र में सेनाएं खड़ी हैं
महाराज को चिंता भारी है,
हे संजय! तुम हाल बताओ
क्या पांडव कौरव पर भारी हैं?

युद्धक्षेत्र का हाल समूचा
कर नमन सुनाता जाता हूँ,
पल-पल की घटना को
एक-एक कर बतलाता हूँ।

राजा दुर्योधन गुरुवर द्रोण से
ऐसा कुछ बतलाते हैं,
गुरुवर को पांडव सेना के
सारे महारथी गिनवाते हैं।

श्रद्धा से युक्त दुर्योधन
गुरु के आगे शीश नवा कर बैठे हैं,
वाणी में ओज भर राजा
अब गुरुवर से यह कहते हैं।

हे गुरुवर! धृष्टध्युम्न द्वारा रचित
व्यूहाकार पांडव सेना दिखलाता हूँ,
कौन-कौन शूरवीर महारथी हैं
वो वर्णन करता जाता हूँ।

** गीता कृष्ण की, सिद्धान्त कर्म का ** 11 **

## ** प्रथमोऽध्याय: **

सात्यकि, चेकितान, विराट, द्रुपद,
काशिराज, पुरुजित, कुंतिभोज निराले हैं,
युद्धामन्यु, उत्तमौजा अभिमन्यु और
द्रौपदी के भी पाँचो पुत्र बलवाले हैं।

अपने पाले में कौन-कौन हैं
गुरुवर आपको मैं बतलाता हूँ,
विजय मिलेगी रण में कैसे
स विस्तार समझाता हूँ।

हमारे पास स्वयं आप हैं जिसने
सबको युद्ध के गुण सिखलाए हैं,
भीष्म पितामह, कर्ण, अश्वत्थामा,
विकर्ण, कृपाचार्य, भूरिश्रवा आदि
जीवन का मोह त्याग कर आए हैं।

भीष्म कर रहे जिसकी रक्षा
उस सेना को कोई जीत ना पाएगा,
कोई कितना महारथी हो
अपने मुँह की खाएगा।

रक्षा हम सब को मिलकर
पितामह की करनी होगी,
तब कौरव की सेना रण में
पांडवों पर विजयी होगी।

सुन दुर्योधन की बातें
भीष्म आज हर्षाते हैं,
सिंह नाद की गर्जन हो जैसे
अपना शंख बजाते हैं।

** 12 ** गीता कृष्ण की, सिद्धान्त कर्म का **

## ** प्रथमोऽध्याय: **

उधर पांडवों ने भी अपने
शंख निकाले हैं,
केशव पंचजन्य तो अर्जुन
देवदत्त नामक शंख सम्भाले हैं।

अब सब पांडव भ्राताओं ने
अपने-अपने दिव्य शंख बजाए हैं,
काशिराज, शिखंडी, विराट, सात्यकि
सबके शंखो के सुर वायु में लहराए हैं।

पांडव सेना के शंखों का
नाँद गुंजायमान हुआ,
जिसे देख आनंदित
सारा आसमान हुआ।

पर महाराज अर्जुन शिथिल हैं
कर जोड़ खड़े समक्ष केशव के
विनम्र भाव से कहते हैं जो
भाव भरे मन में उनके।

हे केशव! तुम थामो रथ
दोनों सेना के मध्य में ले जाओ,
दोनो ओर के महाबली योद्धा
भली प्रकार से दिखलाओ।

किनके साथ युद्ध रचाने
रणभूमि में आये हैं,
किसने मोह छोड़ अपने
प्राणों पर दाँव लगाए हैं।

** गीता कृष्ण की, सिद्धान्त कर्म का ** 13 **

## ** प्रथमोऽध्यायः **

केशव ने दोनों सेना के मध्य
देखो रथ लाकर रोक दिया,
देख कौरवों की सेना अब
अर्जुन ने है शोक किया।

कौरव दिखते, चाचा दिखते, बाबा दिखते
दिखते आचार्य, दिखे पुत्र और पोते,
मित्र, सुहृदय भाई, ससुर को देख
अर्जुन मन में अति द्रवित होते।

हे माधव! अपरिचित नहीं ये
सखा हमारे बंधु भ्रात हैं,
इन्हें मार कर जीते भी
तो क्या राज्य सुख पर्याप्त हैं।

चाहे गुरु हो या पितामह
भाई हों चाहे सखा,
चाचा, मामा को मारेंगे हम
इस बात में सुख नहीं दिखा।

वैसे भी ये आततायी
इन्हें मार चैन कहाँ हम पाएँगे ,
मरे यदि ये दुर्बुद्धि तो
जीत के हम क्या पाएँगे।

तीन लोक का राज्य दो
मधुसूदन तब भी
नहीं चाहता इन्हें मारना,
इससे अच्छा चाहूँगा
भू-लोक इनपे मैं वारना।

** 14 ** गीता कृष्ण की, सिद्धान्त कर्म का **

## ** प्रथमोऽध्याय: **

इनको मार कर पापों से
मैं अपना क्यों जन्म भरूँ,
मारूँ अपने ही कुल को मैं
अपना जीवन व्यर्थ करूँ।

हे जनार्दन! इनके नाश से
कुल का नाश मैं पाता हूँ,
इसके दोषों को जानकर
मैं पीछे हट जाता हूँ।

क्योंकि हे माधव! कुल के विनाश से
कुलधर्म नष्ट हो जाते हैं,
धर्म नष्ट होने से कुल को
पाप दबाते जाते हैं।

बढ़ते हैं जब पापी तो
स्त्री को दूषित करते हैं,
और उन्हीं स्त्री के गर्भ से
वर्णसंकर जन्मते हैं।

वो कुलघाती पूरे के पूरे कुल को
घोर नरक में ले जाते हैं,
जिनको पिंड का दान मिले ना
पितर नीच पाते हैं,

इनके कारक दोषों से माधव
नष्ट हो जाते धर्म सनातन,
अनंत काल तक बसे नर्क में
जिनके इतने नीचे मन।

## ** प्रथमोऽध्यायः **

शोक मुझे है जानते-बूझते
उद्धत हुआ करने को पाप,
जल रही देह मेरी
जैसे भरा हो उच्च ताप।

इससे अच्छा रण में मारे
मुझे धृतराष्ट्र के पूत,
इसमें कल्याण है मेरा
शपथ आपकी यशोदा सुत।

संजय बोले हे राजन! कह सुनाया
मैंने आपको सब संवाद,
अर्जुन ने त्यागे हैं शस्त्र
और बैठे रथ के पिछले भाग।


इति
श्रीमद्भगवद्गीता उपनिषद् एवं ब्रह्मविद्या तथा योगशास्त्र के विषय में
भगवान श्रीकृष्ण व अर्जुन के संवाद में अर्जुन का विषाद योग
"मन का घर्षण" नामक पहला अध्याय ॥ 1 ॥

# अथ द्वितीयोऽध्यायः

# सांख्ययोग

तं तथा कृपयाविष्टमश्रुपूर्णाकुलेक्षणम् ।
विषीदन्तमिदं वाक्यमुवाच मधुसूदनः ॥1॥

कुतस्त्वा कश्मलमिदं विषमे समुपस्थितम् ।
अनार्यजुष्टमस्वर्ग्यमकीर्तिकरमर्जुन ॥2॥

क्लैब्यं मा स्म गमः पार्थ नैतत्त्वय्युपपद्यते ।
क्षुद्रं हृदयदौर्बल्यं त्यक्त्वोत्तिष्ठ परन्तप ॥3॥

कथं भीष्ममहं सङ्ख्ये द्रोणं च मधुसूदन ।
इषुभिः प्रतियोत्स्यामि पूजार्हावरिसूदन ॥4॥

गुरुनहत्वा हि महानुभावा-ञ्छ्रेयो भोक्तुं भैक्ष्यमपीह लोके ।
हत्वार्थकामांस्तु गुरुनिहैवभुंजीय भोगान् रुधिरप्रदिग्धान् ॥5॥

न चैतद्विद्मः कतरन्नो गरीयो-यद्वा जयेम यदि वा नो जयेयुः ।
यानेव हत्वा न जिजीविषाम-स्तेऽवस्थिताः प्रमुखे धार्तराष्ट्राः ॥6॥

कार्पण्यदोषोपहतस्वभावःपृच्छामि त्वां धर्मसम्मूढचेताः ।
यच्छ्रेयः स्यान्निश्चितं ब्रूहि तन्मेशिष्यस्तेऽहं शाधि मां त्वां प्रपन्नम् ॥7॥

न हि प्रपश्यामि ममापनुद्या-द्यच्छोकमुच्छोषणमिन्द्रियाणाम् ।
अवाप्य भूमावसपत्रमृद्धं-राज्यं सुराणामपि चाधिपत्यम् ॥8॥

एवमुक्त्वा हृषीकेशं गुडाकेशः परन्तप ।
न योत्स्य इतिगोविन्दमुक्त्वा तूष्णीं बभूव ह ॥9॥

तमुवाच हृषीकेशः प्रहसन्निव भारत ।
सेनयोरुभयोर्मध्ये विषीदंतमिदं वचः ॥10॥

** गीता कृष्ण की, सिद्धान्त कर्म का ** 17 **

अशोच्यानन्वशोचस्त्वं प्रज्ञावादांश्च भाषसे ।
गतासूनगतासूंश्च नानुशोचन्ति पण्डिताः ॥11॥

न त्वेवाहं जातु नासं न त्वं नेमे जनाधिपाः ।
न चैव न भविष्यामः सर्वे वयमतः परम् ॥12॥

देहिनोऽस्मिन्यथा देहे कौमारं यौवनं जरा ।
तथा देहान्तरप्राप्तिर्धीरस्तत्र न मुह्यति ॥13॥

मात्रास्पर्शास्तु कौन्तेय शीतोष्णसुखदुःखदाः ।
आगमापायिनोऽनित्यास्तांस्तितिक्षस्व भारत ॥14॥

यं हि न व्यथयन्त्येते पुरुषं पुरुषर्षभ ।
समदुःखसुखं धीरं सोऽमृतत्वाय कल्पते ॥15॥

नासतो विद्यते भावो नाभावो विद्यते सतः ।
उभयोरपि दृष्टोऽन्तस्त्वनयोस्तत्वदर्शिभिः ॥16॥

अविनाशि तु तद्विद्धि येन सर्वमिदं ततम् ।
विनाशमव्ययस्यास्य न कश्चित्कर्तुमर्हति ॥17॥

अन्तवन्त इमे देहा नित्यस्योक्ताः शरीरिणः ।
अनाशिनोऽप्रमेयस्य तस्माद्युध्यस्व भारत ॥18॥

य एनं वेत्ति हन्तारं यश्चैनं मन्यते हतम् ।
उभौ तौ न विजानीतो नायं हन्ति न हन्यते ॥19॥

न जायते म्रियते वा कदाचि-न्नायं भूत्वा भविता वा न भूयः ।
अजो नित्यः शाश्वतोऽयं पुराणो-न हन्यते हन्यमाने शरीरे ॥20॥

वेदाविनाशिनं नित्यं य एनमजमव्ययम् ।
कथं स पुरुषः पार्थ कं घातयति हन्ति कम् ॥21॥

वासांसि जीर्णानि यथा विहायनवानि गृह्णाति नरोऽपराणि ।
तथा शरीराणि विहाय जीर्णा-न्यन्यानि संयाति नवानि देही ॥22॥

नैनं छिन्दन्ति शस्त्राणि नैनं दहति पावकः ।
न चैनं क्लेदयन्त्यापो न शोषयति मारुतः ॥23॥

** 18 ** गीता कृष्ण की, सिद्धान्त कर्म का **

अच्छेद्योऽयमदाह्योऽयमक्लेद्योऽशोष्य एव च ।
नित्यः सर्वगतः स्थाणुरचलोऽयं सनातनः ॥24॥

अव्यक्तोऽयमचिन्त्योऽयमविकार्योऽयमुच्यते ।
तस्मादेवं विदित्वैनं नानुशोचितुमर्हसि ॥25॥

अथ चैनं नित्यजातं नित्यं वा मन्यसे मृतम् ।
तथापि त्वं महाबाहो नैवं शोचितुमर्हसि ॥26॥

जातस्त हि ध्रुवो मृत्युर्ध्रुवं जन्म मृतस्य च ।
तस्मादपरिहार्येऽर्थे न त्वं शोचितुमर्हसि ॥27॥

अव्यक्तादीनि भूतानि व्यक्तमध्यानि भारत ।
अव्यक्तनिधनान्येव तत्र का परिदेवना ॥28॥

आश्चर्यवत्पश्यति कश्चिदेन-माश्चर्यवद्वदति तथैव चान्यः ।
आश्चर्यवच्चैनमन्यः श्रृणोतिश्रुत्वाप्येनं वेद न चैव कश्चित् ॥29॥

देही नित्यमवध्योऽयं देहे सर्वस्य भारत ।
तस्मात्सर्वाणि भूतानि न त्वं शोचितुमर्हसि ॥30॥

स्वधर्ममपि चावेक्ष्य न विकम्पितुमर्हसि ।
धर्म्याद्धि युद्धाच्छ्रेयोऽन्यत्क्षत्रियस्य न विद्यते ॥31॥

यदृच्छया चोपपन्नां स्वर्गद्वारमपावृतम् ।
सुखिनः क्षत्रियाः पार्थ लभन्ते युद्धमीदृशम् ॥32॥

अथ चेत्त्वमिमं धर्म्यं सङ्ग्रामं न करिष्यसि ।
ततः स्वधर्मं कीर्तिं च हित्वा पापमवाप्स्यसि ॥33॥

अकीर्तिं चापि भूतानिकथयिष्यन्ति तेऽव्ययाम् ।
सम्भावितस्य चाकीर्ति-र्मरणादतिरिच्यते ॥34॥

भयाद्रणादुपरतं मंस्यन्ते त्वां महारथाः ।
येषां च त्वं बहुमतो भूत्वा यास्यसि लाघवम् ॥35॥

अवाच्यवादांश्च बहून् वदिष्यन्ति तवाहिताः ।
निन्दन्तस्तव सामर्थ्यं ततो दुःखतरं नु किम् ॥36॥

** गीता कृष्ण की, सिद्धान्त कर्म का ** 19 **

हतो वा प्राप्स्यसि स्वर्गं जित्वा वा भोक्ष्यसे महीम् ।
तस्मादुत्तिष्ठ कौन्तेय युद्धाय कृतनिश्चयः ॥37॥

सुखदुःखे समे कृत्वा लाभालाभौ जयाजयौ ।
ततो युद्धाय युज्यस्व नैवं पापमवाप्स्यसि ॥38॥

एषा तेऽभिहिता साङ्ख्ये बुद्धिर्योगे त्विमां श्रृणु ।
बुद्ध्या युक्तो यया पार्थ कर्मबन्धं प्रहास्यसि ॥39॥

यनेहाभिक्रमनाशोऽस्ति प्रत्यवातो न विद्यते ।
स्वल्पमप्यस्य धर्मस्य त्रायते महतो भयात् ॥40॥

व्यवसायात्मिका बुद्धिरेकेह कुरुनन्दन ।
बहुशाका ह्यनन्ताश्च बुद्धयोऽव्यवसायिनाम् ॥41॥

यामिमां पुष्पितां वाचं प्रवदन्त्यविपश्चितः ।
वेदवादरताः पार्थ नान्यदस्तीति वादिनः ॥42॥

कामात्मानः स्वर्गपरा जन्मकर्मफलप्रदाम् ।
क्रियाविश्लेषबहुलां भोगैश्वर्यगतिं प्रति ॥43॥

भोगैश्वर्यप्रसक्तानां तयापहृतचेतसाम् ।
व्यवसायात्मिका बुद्धिः समाधौ न विधीयते ॥44॥

त्रैगुण्यविषया वेदा निस्त्रैगुण्यो भवार्जुन ।
निर्द्वन्द्वो नित्यसत्वस्थो निर्योगक्षेम आत्मवान् ॥45॥

यावानर्थ उदपाने सर्वतः सम्प्लुतोदके ।
तावान्सर्वेषु वेदेषु ब्राह्मणस्य विजानतः ॥46॥

कर्मण्येवाधिकारस्ते मा फलेषु कदाचन ।
मा कर्मफलहेतुर्भुर्मा ते संगोऽस्त्वकर्मणि ॥47॥

योगस्थः कुरु कर्माणि संग त्यक्त्वा धनंजय ।
सिद्ध्यसिद्ध्योः समो भूत्वा समत्वं योग उच्यते ॥48॥

दूरेण ह्यवरं कर्म बुद्धियोगाद्धनंजय ।
बुद्धौ शरणमन्विच्छ कृपणाः फलहेतवः ॥49॥

** 20 ** गीता कृष्ण की, सिद्धान्त कर्म का **

बुद्धियुक्तो जहातीह उभे सुकृतदुष्कृते ।
तस्माद्योगाय युज्यस्व योगः कर्मसु कौशलम् ॥50॥

कर्मजं बुद्धियुक्ता हि फलं त्यक्त्वा मनीषिणः ।
जन्मबन्धविनिर्मुक्ताः पदं गच्छन्त्यनामयम् ॥51॥

यदा ते मोहकलिलं बुद्धिर्व्यतितरिष्यति ।
तदा गन्तासि निर्वेदं श्रोतव्यस्य श्रुतस्य च ॥52॥

श्रुतिविप्रतिपन्ना ते यदा स्थास्यति निश्चला ।
समाधावचला बुद्धिस्तदा योगमवाप्स्यसि ॥53॥

स्थितप्रज्ञस्य का भाषा समाधिस्थस्य केशव ।
स्थितधीः किं प्रभाषेत किमासीत व्रजेत किम् ॥54॥

प्रजहाति यदा कामान् सर्वान्पार्थ मनोगतान् ।
आत्मयेवात्मना तुष्टः स्थितप्रज्ञस्तदोच्यते ॥55॥

दुःखेष्वनुद्विग्नमनाः सुखेषु विगतस्पृहः ।
वीतरागभयक्रोधः स्थितधीर्मुनिरुच्यते ॥56॥

यः सर्वत्रानभिस्नेहस्तत्तत्प्राप्य शुभाशुभम् ।
नाभिनंदति न द्वेष्टि तस्य प्रज्ञा प्रतिष्ठिता ॥57॥

यदा संहरते चायं कूर्मोऽङ्गनीव सर्वशः ।
इन्द्रियाणीन्द्रियार्थेभ्यस्तस्य प्रज्ञा प्रतिष्ठिता ॥58॥

विषया विनिवर्तन्ते निराहारस्य देहिनः ।
रसवर्जं रसोऽप्यस्य परं दृष्ट्वा निवर्तते ॥59॥

यततो ह्यपि कौन्तेय पुरुषस्य विपश्चितः ।
इन्द्रियाणि प्रमाथीनि हरन्ति प्रसभं मनः ॥60॥

तानि सर्वाणि संयम्य युक्त आसीत मत्परः ।
वशे हि यस्येन्द्रियाणि तस्य प्रज्ञा प्रतिष्ठिता ॥61॥

ध्यायतो विषयान्पुंसः संगस्तेषूपजायते ।
संगात्संजायते कामः कामात्क्रोधोऽभिजायते ॥62॥

** गीता कृष्ण की, सिद्धान्त कर्म का ** 21 **

क्रोधाद्भवति सम्मोहः सम्मोहात्स्मृतिविभ्रमः ।
स्मृतिभ्रंशाद् बुद्धिनाशो बुद्धिनाशात्प्रणश्यति ॥63॥

रागद्वेषवियुक्तैस्तु विषयानिन्द्रियैश्चरन् ।
आत्मवश्यैर्विधेयात्मा प्रसादमधिगच्छति ॥64॥

प्रसादे सर्वदुःखानां हानिरस्योपजायते ।
प्रसन्नचेतसो ह्याशु बुद्धिः पर्यवतिष्ठते ॥65॥

नास्ति बुद्धिरयुक्तस्य न चायुक्तस्य भावना ।
न चाभावयतः शान्तिरशान्तस्य कुतः सुखम् ॥66॥

इन्द्रियाणां हि चरतां यन्मनोऽनुविधीयते ।
तदस्य हरति प्रज्ञां वायुर्नावमिवाम्भसि ॥67॥

तस्माद्यस्य महाबाहो निगृहीतानि सर्वशः ।
इन्द्रियाणीन्द्रियार्थेभ्यस्तस्य प्रज्ञा प्रतिष्ठिता ॥68॥

या निशा सर्वभूतानां तस्यां जागर्ति संयमी ।
यस्यां जाग्रति भूतानि सा निशा पश्यतो मुनेः ॥69॥

आपूर्यमाणमचलप्रतिष्ठं-समुद्रमापः प्रविशन्ति यद्वत् ।
तद्वत्कामा यं प्रविशन्ति सर्वेस शान्तिमाप्नोति न कामकामी ॥70॥

विहाय कामान्यः सर्वान्पुमांश्चरति निःस्पृहः ।
निर्ममो निरहंकारः स शान्तिमधिगच्छति ॥71॥

एषा ब्राह्मी स्थितिः पार्थ नैनां प्राप्य विमुह्यति ।
स्थित्वास्यामन्तकालेऽपि ब्रह्मनिर्वाणमृच्छति ॥72॥

*ॐ तत्सदिति*

*श्रीमद्भगवद्गीतासूपनिषत्सु ब्रह्मविद्यायां योगशास्त्रे*
*श्रीकृष्णार्जुनसंवादे सांख्ययोगो नाम द्वितीयोऽध्यायः ॥ 2 ॥*

# अथ दूसरा अध्याय प्रारम्भ
## ( श्रेष्ठता )

सुनिए राजन आगे फिर
उर पर रख कर हाथ,
कुंती पुत्र अर्जुन से जो
मधुसूदन कहते बात।
करुणा भर आयी हृदय में
व्याकुल नयन भरे हैं नीर,
बात समझाते मधुसूदन
भर वाणी में गंभीर।

हे पार्थ! तू युद्ध भूमि में
अज्ञानी जैसी बातें करता है,
अपने आचरण अपने पद का
मान नहीं क्यों रखता है।
यह आचरण ना तो तुझको
स्वर्ग का ही द्वार दिखाएगा,
ना तुझे मिलेगी कोई कीर्ति
तू पुरुषों में है श्रेष्ठ ये
कैसे सिद्ध कर पाएगा?

मुँह छुपा किसी पंक्ति में
पीछे नहीं रहे खड़ा,
वही पुरुष जो त्याग दुर्बलता
युद्ध के लिए रहे अड़ा।

** गीता कृष्ण की, सिद्धान्त कर्म का ** 23 **

## ** द्वितीयोऽध्यायः **

बोले अर्जुन वो मेरे गुरु हैं
पितामह हैं, पूजनीय हैं मेरे,
उनके सामने काँपूँगा कैसे
गांडीव से बाण चलेंगे मेरे।

इससे अच्छा भिक्षा माँगू मैं
तज अपना अभिमान,
इनकी मृत्यु में नहीं देखता
मैं अपना कल्याण।
इनको मार कर प्रभु
प्रसिद्धि किस विधि पाऊँगा,
मारूँ यदि गुरु को अपने
तो रुधिर सने हाथों से
कैसा धन-वैभव मैं खाऊँगा।

और फिर मैं यह भी नहीं जानता
हम जीतेंगे या वीरगति को पाएँगे,
धृतराष्ट्र के पुत्रों को
यदि मारें भी तो क्या हम
जीवन उद्देश्य को पाएँगे।

मेरे उर अंतर के भीतर
कायरता भरता चित्त मेरा,
सूखें इंद्री सारी मेरी
मेरे भीतर मोह धरा।
धर्म विषय में चित्त मेरा मोहित
होता जाता है,
राह सुझाओ हे माधव!
कोई मार्ग नजर नहीं आता है।

** 24 ** गीता कृष्ण की, सिद्धान्त कर्म का **

## ** द्वितीयोऽध्यायः **

शिष्य आपका मैं मुझको
सबके हित का मार्ग मधुसूदन समझाओ,
शरण आपकी आया हूँ मैं
परिभाषा कर्म की बतलाओ।
इस भूमि पर रक्त बहाकर
चाहें ना हम देवों जैसा भोग,
पृथ्वी के राजा का भाव भी
हमको देगा अत्यधिक शोक।

संजय बोले हे राजन!
नींद को जीता जिसने
कितना वो घबराता है,
अति विशाल हृदय का
अर्जुन नयनों से नीर बहाता है।
इस प्रकार से अर्जुन करता
देखो स्वयं का मार्ग अवरुद्ध,
बैठा छोड़ गांडीव और केशव से
कह "मैं नहीं करूँगा युद्ध।"

उसके बाद हे भरतवंशी!
आगे धरिए ध्यान,
अर्जुन को समझाते केशव
धर कर अधरों पर मुस्कान।

हे अर्जुन! सुन ना तू
दुःख के कारण जैसा
ही दुःख करता है,
ना ही तू विद्वानों की
वाणी जैसी वाणी को
अपनी वाणी में धरता है।

** गीता कृष्ण की, सिद्धान्त कर्म का ** 25 **

## ** द्वितीयोऽध्याय: **

क्योंकि जो ज्ञानी है
वो प्राण मोह में ऐसा
कोई कर्म करने से ना डरता है,
जीव जगत में रहता हो या
जग को छोड़ दे, ज्ञानी अपना
दु:ख प्रकट नहीं करता है।

आत्मा तेरी-मेरी अजर-अमर है
इसका दु:ख करना बेकार है,
ऐसा नहीं कि इस पृथ्वी पर
हम आए पहली बार हैं।

ऐसा नहीं है कि इससे
पहले ना हम थे ना ये सब होंगे,
और ऐसा भी नहीं कि हमको
अगले युग में ना धरने अपने पग होंगे।

जैसे प्रत्येक जीव अपनी
देह की चार अवस्था पाता है,
उसी प्रकार यह आत्मा रूपी
जीव नवीन देह को पाता है।

नहीं मोहते ज्ञानी इस
आत्मा के आने-जाने से,
जैसे सूर्य नहीं छुपता है
काले घन के आने से।

हे परंतप! जैसे सुख-दु:ख
गर्मी-सर्दी कुछ भी

** 26 ** गीता कृष्ण की, सिद्धान्त कर्म का **

## ** द्वितीयोऽध्याय: **

टिक ना पाता है,
जिसकी सारी इंद्री सक्रिय
जन्म-मरण की क्रिया से
अपना चित्त नहीं भरमाता है।

उसको नहीं व्याकुल कर पाता
विषयों का आना-जाना,
एक वही ज्ञानी जाने
युक्ति से मोक्ष द्वार पाना।

असत्य का अस्तित्व नहीं
ये भ्रम है मानव को भरमाता है,
सत्य खड़ा सदा से अविचल
कोहरा छाँट के बाहर आता है।

इस सत्य और झूठ के
फर्क को जिसने है जाना,
उसी महाज्ञानी के कथनों को
इस क्षणभंगुर जग ने माना।

नाश रहित बस वो है
जिसने इस जग को बनाया,
समर्थ वही इसके विनाश को
जिसने रची यह सब माया,
उसका आत्मा रूपी अंश ही
बसता भीतर सब जीवों के,
झूठ जगत है सारा का सारा
जो बाहर से प्राणी को दीखे।

** गीता कृष्ण की, सिद्धान्त कर्म का ** 27 **

## ** द्वितीयोऽध्याय: **

ऐसा नहीं यह है बस इसी काल
यह फिर फिर लौट के आएगा,
नाशवान इस देह का स्वामी है आत्मा
वह कैसे मिट पाएगा।

हे पृथापुत्र जो इस आत्म तत्व
को नित्य ना जन्मने वाला
नाशरहित ना खर्चने वाला पहचाने,
वो मरने या मारने के भेद की सूक्ष्मता को पहचाने।

यदि तू चाहे शोक इन
नष्ट शरीरों का करना,
आत्मा तो इनको बदले ऐसे
जैसे मानव चाहे नित वस्त्र बदलना।

जो नहीं निरंतर तू उसकी
वासना (इच्छा) क्यों पाले,
जो अनिश्चित है उसके कारण
अर्जुन तू स्वयं को क्यों चिंता में डाले।

नहीं काट सकती तलवार कोई
आत्मा को ना आग जला ही पाती है,
जल इसको गीला कर ना पाता
इसे वायु सुखा नहीं पाती है।

क्योंकि इसमें छेद नहीं होते
ना ही जलने का गुण धर्म,
ये ना सूखे ना कट पाए
अर्जुन समझो इसका मर्म।

** 28 ** गीता कृष्ण की, सिद्धान्त कर्म का **

## ** द्वितीयोऽध्यायः **

यह आत्मा ही व्याप्त इस जग में
रख भाँति-भाँति के आकार,
नित्य व्यापक अचल स्थिर
सब प्राणी में बसती ये सनातन ये अविकार।

यह आत्मा शब्दों की सीमा से परे
प्राणी चिंतन में समा ना पाती है,
यह मन की कोई नहीं अवस्था
हर पल में जो सौ बार बदल जाती है।

यदि एक क्षण ये भी माने
कि यह आत्मतत्व है मिटने वाले,
फिर काहे का शोक तू करता
जब ना तू ना मैं ही रहने वाले।

इस प्रपंच भरी माया का
दुःख तू चाहे क्यों करना,
कोई भी प्राणी हो चाहे
निश्चित है उसका मरना।

जान ले अर्जुन जीवन-मृत्यु चक्र के
बीच में प्राणी इस नश्वर शरीर को पाते हैं,
जन्म से पहले और मृत्यु के बाद
फिर अशरीर (बिना देह वाले) हो जाते हैं।

बड़ा गहन ये विषय है इसको
कोई चाहे बस सुनना,
कोई देखे अचरज भरकर इसकी ओर
कोई चाहे इसे पढ़ना मथना और गुनना।

** गीता कृष्ण की, सिद्धान्त कर्म का ** 29 **

## ** द्वितीयोऽध्याय: **

सब सुनते हैं इसको पर
इसकी थाह ना पाते हैं,
इसे समझने में ना जाने
कितने युग लग जाते हैं।

तू क्षत्रिय तेरा धर्म युद्ध है
यही तेरे कल्याण का मार्ग है,
खुलेंगे द्वार तभी स्वर्ग के जब
बोलेगा जो खड्ग हाथ है।

अपने धर्म को खोएगा
तो तू अपयश ही पाएगा,
सदियों तक तू नपुंसक के
रूप में जाना जाएगा।

अपकीर्ति बुरी मरण से
तू ज्ञानी है तू हर भाँति जाने,
तेरी निंदा होगी जग में अर्जुन
बोल कहेंगे सब जन मनमाने।

जिन्होंने तुझे अपना आदर्श बनाया
वो ही तुझको ठुकराएँगे,
तेरी निंदा तेरे अपयश से अर्जुन
तेरे बैरी अनेक सुख पाएँगे।

निंदा होगी तेरे सामर्थ्य की
इससे बड़ा दु:ख क्या होगा,
जन्म लिया है जिस कुल में
क्या उस कुल को ये सुख होगा।

** 30 ** गीता कृष्ण की, सिद्धान्त कर्म का **

## ** द्वितीयोऽध्यायः **

युद्ध ही तेरे लिए उचित है
इससे सद्गति पाएगा,
जीवित रहेगा तो भोगेगा राज धरा पर
वीरगति पायी तो स्वर्ग में पूजा जाएगा।

निश्चय कर और खड़ा हो
तू क्षत्रिय तू युद्ध क्षेत्र का कर सम्मान,
हानि-लाभ, सुख-दुःख, जय-पराजय
सब के पाने को एक समान मान।

खड़ा हो युद्ध करना श्रेष्ठ है
नहीं बनेगा पाप का तू भागी,
जो सब में समदृष्टी धर कार्य करे
वो प्राणी, वो योगी ही कहलाता वैरागी।

हे पार्थ! ये ज्ञानयोग था
अब कर्मयोग बतलाता हूँ,
कैसे अविचल बुद्धि हो मैं
उपाय वही सिखलाता हूँ।

स्थिर करेगा तेरी बुद्धि को
सब कर्मों के बंधन को दूर करे,
ये कर्मयोग होना है निष्कामी होने का भाव
जो जन्म-मृत्यु के भय को हरे।

ज्ञानवान की बुद्धि बस एक है
अज्ञानी सौ बुद्धि धरता है,
वही नहीं समझ पाता इसको
उचित-अनुचित में भेद जो स्वयं ही करता है।

## ** द्वितीयोऽध्यायः **

जो फल में प्रीति रख
रख कर अपने सारे कर्म करे,
ऐसा प्राणी जो मरने पर
उर में अपने स्वर्ग धरे।

ऐसा प्राणी भरमाता जग को
वाणी से शोभा दिखाता है,
अंतःकरण जिसका मैला हो
स्वर्ग नहीं वो पाता है।

वेद कहें हर जड़-चेतन प्राणी
इस जग में तीन भेद पर चलता है,
जो इन भेदों से रहता अनजान
अंत में अपने हाथों को मलता है।

सात्विक, राजस, तामस तीन भेद
इस जग में रोशनी का विस्तार करें,
करते प्राणी के मन को निश्छल
उससे दूर सभी विकार करें।

क्योंकि जैसे छोटे से तालाब से
मानव घट भर है लाता,
वैसे ही वेदों से ब्राह्मण
इस ज्ञान को है पाता।

परंतु यदि प्राणी पा जाएं ब्रह्मानंद
तो वेदों का कोई काम नहीं,
यदि मिल जाए मीठी नदी तो
जल की रहे कहाँ कमी।

** 32 ** गीता कृष्ण की, सिद्धान्त कर्म का **

## ** द्वितीयोऽध्यायः **

कर्म करने का अधिकारी तू
फल की इच्छा मत रखना,
बिना कर्म के फल पाए तो
बांध के रख अपनी रसना।

इच्छा तेरी कभी ना होवे
कर्मों के फल पाने की,
नहीं कभी संतुष्टि पाना
कुछ भी ना कर पाने की।

आसक्ति त्याग कर हे धनंजय!
तेरी बुद्धि स्थिर हो जाए,
भाव हृदय में सब समान हों
तू फल ये पाए या वो पाए।

ये सकाम कर्म का भाव धनंजय
बुद्धि योग से है छोटा,
कर्म करे और फल को त्याग दे
वही ज्ञानी बड़ा होता।

क्योंकि समता का ज्ञानी
कोई भाव उर में ना रखता है,
बुद्धि योग जो हृदय में धरे
वो ही संतोषामृत चखता है।

कोई भी इच्छा का धर्ता
सदा रहे बनकर के दीन,
ज्ञानी बस वो मानव जो
बुद्धि योग के रहे अधीन।

** गीता कृष्ण की, सिद्धान्त कर्म का ** 33 **

## ** द्वितीयोऽध्याय: **

ऐसा योगी ना ही पाप को और
ना ही पुण्य को रखता है,
यह योगी ये बात जानता कि मोक्ष
बुद्धि योग से मिलता है।

क्योंकि कर्मों के फल को
जो मानव लेना ना चाहे,
जन्म-मरण का बंधन काटे
अमृत से भरा परम पद पाए।

हे अर्जुन! जिस काल में तेरी
बुद्धि इस दल-दल से तर जाएगी,
तब ही भेद करेगी सुने अनसुने का
परम वैराग्य को पाएगी।

जब तू नाना बातें सुनकर भी
परमात्मा में रत होगा,
ठहरेगा चित्त समता भाव में
और तू योग रत होगा।

सुन वचनों को केशव के
अर्जुन जोड़े दोनों हाथ,
नम्र भाव से श्री कृष्ण से
पूछते फिर यह बात।

समाधि में स्थित सिद्ध
पुरुष के लक्षण क्या हैं बतलाओ,
कैसे करना है व्यवहार
आप मुझे यह समझाओ।

** 34 ** गीता कृष्ण की, सिद्धान्त कर्म का **

## ** द्वितीयोऽध्याय: **

स्थिर बुद्धि हो जिसकी
वह जीवन के मार्ग में
किस-किस भाँति चलता है?
कैसी वाणी बोलता है व
आचरण कैसा करता है?

बोले भगवान हे अर्जुन! यह प्राणी
जब ही कामनाओं का परित्याग करे,
बुद्धि स्थिर हो उसकी उसी काल में उसकी
आत्मा, आत्मा में ही संतोष भरे।

दु:ख आयें कितने भी पर
उसको दु:ख नहीं पहुँचाते हैं,
सुख आने पर भी उसके
सारे मनोभाव शून्य हो जाते हैं।

दूर हैं जिससे कामनाएँ
तजे हैं जिसने मद, काम,
भय, राग और क्रोध,
वही मुनि है जो करता है
अपनी आत्मा पर यह शोध।

ना प्रसन्न हो शुभ को पाकर
जिसे अशुभ ना भरमाता है,
ऐसा ज्ञानी हे पार्थ!
स्थिर बुद्धि को पाता है।

जैसे कछुआ अपने अंगो को
अपने खोल के भीतर धरता है,

** गीता कृष्ण की, सिद्धान्त कर्म का ** 35 **

## ** द्वितीयोऽध्याय: **

उसी भाँति ये ज्ञानी अपनी
इंद्रियो को अपने वश में करता है।

कामनाएँ कदाचित् होती समाप्त
पर वैराग्य वहीं रह जाते हैं,
परंतु स्थिर बुद्धि वाले तो
सारे भाव त्याग उस
परमेश्वर को पाते हैं।

मन है मानव की छठी इंद्री
जो इसको वश में ना कर पाता है,
लाख जतन कर ले प्राणी
वो मुझे कहाँ पा पाता है।

मन करता विषयों का चिंतन
चिंतन से होती आसक्ति,
डाल विघ्न सब कामों में
क्रोध को जो पैदा करती।

क्रोध बढ़ाता मूढ़ भाव को
अविवेक वहीं से है आता,
अविवेक नष्ट करता याद
रखने की शक्ति नाश
ज्ञान का कर जाता।

और जब बुद्धि का विनाश हो
प्राणी कैसे सुख पाए,
खो कर अपने सारे ज्ञान को प्राणी
श्रेष्ठ साधन से गिर जाए।

** 36 ** गीता कृष्ण की, सिद्धान्त कर्म का **

## ** द्वितीयोऽध्याय: **

पर जो है स्वाधीन उस ही का
वश में होता अंत:करण,
भोगे छह इंद्री के भोग को
करे प्रसन्नता का वो वरण।

चित्त की निर्मलता से उसको
दु:ख का अभाव हो जाता है,
ऐसा प्राणी प्रसन्न बुद्धि और
स्थिर मन को पाता है।

हे अर्जुन! जिस प्राणी
की बुद्धि शांत नहीं रहती,
परमेश्वर में निष्ठा ना हो तो
सुख की बयार नहीं बहती।

जैसे जल में स्थिर नाव को
हवा बहा ले जाती है,
वैसे ही अस्थिर मन वाले
की बुद्धि भी खो जाती है।

जिसने अपनी सभी इंद्रियों को
एक सूत्र में बाँधा है,
उस शांत चित्त प्राणी को
ईश्वर पाने में कहाँ बाधा है।

जो औरों के लिए रात है
योगी के लिए प्रकाश का है साधन,
जिसमें जागें नश्वर प्राणी
योगी करता तब आराधन।

** गीता कृष्ण की, सिद्धान्त कर्म का ** 37 **

## ** द्वितीयोऽध्यायः **

जैसे सौ नदियों का जल सागर को
बिना हिलाए समाता जाता है,
वैसे ही सहस्त्रों विकारों में कोई भी
सिद्ध पुरुष को हिला ना पाता है।

वह ही पाता परम शांति जो भोगों को त्यागे
ना ही उनको भोगना चाहे,
कामनाओं को जो त्याग करे सारी
और ना अहंकार जिसके भीतर आए।

ममता और अपनी स्पृहा को
जो एक ओर उठा कर रखता है,
शांति सदा चित्त में पाता
ब्रह्म को प्राप्त वो करता है।

योगी इसको पाकर भी
अपने पर ना इतराते हैं,
अंत काल निष्ठा में स्थित हो
ब्रह्मानंद को पाते हैं।।

*इति*
*श्रीमद्भवद्गीता उपनिषद् एवं ब्रह्मविद्या तथा योगशास्त्र के विषय में भगवान श्रीकृष्ण व अर्जुन के संवाद में सांख्ययोग "श्रेष्ठता" नामक दूसरा अध्याय ।। 2 ।।*

# अथ तृतीयोऽध्यायः

# ( कर्मयोग )

ज्यायसी चेत्कर्मणस्ते मता बुद्धिर्जनार्दन ।
तत्किं कर्मणि घोरे मां नियोजयसि केशव ॥1॥

व्यामिश्रेणेव वाक्येन बुद्धिं मोहयसीव मे ।
तदेकं वद निश्चित्य येन श्रेयोऽहमाप्नुयाम् ॥2॥

लोकेऽस्मिन्द्विविधा निष्ठा पुरा प्रोक्ता मयानघ ।
ज्ञानयोगेन साङ्ख्यानां कर्मयोगेन योगिनाम् ॥3॥

न कर्मणामनारंभान्नैष्कर्म्यं पुरुषोऽश्नुते ।
न च सन्न्यसनादेव सिद्धिं समधिगच्छति ॥4॥

न हि कश्चित्क्षणमपि जातु तिष्ठत्यकर्मकृत् ।
कार्यते ह्यवशः कर्म सर्वः प्रकृतिजैर्गुणैः ॥5॥

कर्मेन्द्रियाणि संयम्य य आस्ते मनसा स्मरन् ।
इन्द्रियार्थान्विमूढात्मा मिथ्याचारः स उच्यते ॥6॥

यस्त्विन्द्रियाणि मनसा नियम्यारभतेऽर्जुन ।
कर्मेन्द्रियैः कर्मयोगमसक्तः स विशिष्यते ॥7॥

नियतं कुरु कर्म त्वं कर्म ज्यायो ह्यकर्मणः।
शरीरयात्रापि च ते न प्रसिद्ध्येदकर्मणः ॥8॥

यज्ञार्थात्कर्मणोऽन्यत्र लोकोऽयं कर्मबंधनः ।
तदर्थं कर्म कौन्तेय मुक्तसंगः समाचर ॥9॥

सहयज्ञाः प्रजाः सृष्टा पुरोवाचप्रजापतिः ।
अनेन प्रसविष्यध्वमेष वोऽस्त्विष्टकामधुक् ॥10॥

** गीता कृष्ण की, सिद्धान्त कर्म का ** 39 **

## ** तृतीयोऽध्यायः **

देवान्भावयतानेन ते देवा भावयन्तु वः ।
परस्परं भावयन्तः श्रेयः परमवाप्स्यथ ॥11॥

इष्टान्भोगान्हि वो देवा दास्यन्ते यज्ञभाविताः ।
तैर्दत्तानप्रदायैभ्यो यो भुंक्ते स्तेन एव सः ॥12॥

यज्ञशिष्टाशिनः सन्तो मुच्यन्ते सर्वकिल्बिषैः ।
भुञ्जते ते त्वघं पापा ये पचन्त्यात्मकारणात् ॥13॥

अन्नाद्भवन्ति भूतानि पर्जन्यादन्नसम्भवः ।
यज्ञाद्भवति पर्जन्यो यज्ञः कर्मसमुद्भवः ॥14॥

कर्म ब्रह्मोद्भवं विद्धि ब्रह्माक्षरसमुद्भवम् ।
तस्मात्सर्वगतं ब्रह्म नित्यं यज्ञे प्रतिष्ठितम् ॥15॥

एवं प्रवर्तितं चक्रं नानुवर्तयतीह यः ।
अघायुरिन्द्रियारामो मोघं पार्थ स जीवति ॥16॥

यस्त्वात्मरतिरेव स्यादात्मतृप्तश्च मानवः ।
आत्मन्येव च सन्तुष्टस्तस्य कार्यं न विद्यते ॥17॥

नैव तस्य कृतेनार्थो नाकृतेनेह कश्चन ।
न चास्य सर्वभूतेषु कश्चिदर्थव्यपाश्रयः ॥18॥

तस्मादसक्तः सततं कार्यं कर्म समाचर ।
असक्तो ह्याचरन्कर्म परमाप्नोति पुरुषः ॥19॥

कर्मणैव हि संसिद्धिमास्थिता जनकादयः ।
लोकसंग्रहमेवापि सम्पश्यन्कर्तुमर्हसि ॥20॥

यद्यदाचरति श्रेष्ठस्तत्तदेवेतरो जनः ।
स यत्प्रमाणं कुरुते लोकस्तदनुवर्तते ॥21॥

न मे पार्थास्ति कर्तव्यं त्रिषु लोकेषु किंचन ।
नानवाप्तमवाप्तव्यं वर्त एव च कर्मणि ॥22॥

यदि ह्यहं न वर्तेयं जातु कर्मण्यतन्द्रितः ।
मम वर्त्मानुवर्तन्ते मनुष्याः पार्थ सर्वशः ॥23॥

## ** तृतीयोऽध्याय: **

यदि उत्सीदेयुरिमे लोका न कुर्यां कर्म चेदहम् ।
संकरस्य च कर्ता स्यामुपहन्यामिमा: प्रजा: ॥24॥

सक्ता: कर्मण्यविद्वांसो यथा कुर्वन्ति भारत ।
कुर्याद्विद्वांस्तथासक्तश्चिकीर्षुर्लोकसंग्रहम् ॥25॥

न बुद्धिभेदं जनयेदज्ञानां कर्मसङ्गिनाम् ।
जोषयेत्सर्वकर्माणि विद्वान्युक्त: समाचरन् ॥26॥

प्रकृते: क्रियमाणानि गुणै: कर्माणि सर्वश: ।
अहंकारविमूढात्मा कर्ताहमिति मन्यते ॥27॥

तत्त्ववित्तु महाबाहो गुणकर्मविभागयो: ।
गुणा गुणेषु वर्तन्त इति मत्वा न सज्जते ॥28॥

प्रकृतेर्गुणसम्मूढा: सज्जन्ते गुणकर्मसु ।
तानकृत्स्नविदो मन्दान्कृत्स्नविन्न विचालयेत् ॥29॥

मयि सर्वाणि कर्माणि सन्न्यस्याध्यात्मचेतसा ।
निराशीर्निर्ममो भूत्वा युध्यस्व विगतज्वर: ॥30॥

ये मे मतमिदं नित्यमनुतिष्ठन्ति मानवा: ।
श्रद्धावन्तोऽनसूयन्तो मुच्यन्ते तेऽपि कर्मभि: ॥31॥

ये त्वेतदभ्यसूयन्तो नानुतिष्ठन्ति मे मतम् ।
सर्वज्ञानविमूढांस्तान्विद्धि नष्टानचेतस: ॥32॥

सदृशं चेष्टते स्वस्या: प्रकृतेर्ज्ञानवानपि ।
प्रकृतिं यान्ति भूतानि निग्रह: किं करिष्यति ॥33॥

इन्द्रियस्येन्द्रियस्यार्थे रागद्वेषौ व्यवस्थितौ ।
तयोर्न वशमागच्छेत्तौ ह्यस्य परिपन्थिनौ ॥34॥

श्रेयान्स्वधर्मो विगुण: परधर्मात्स्वनुष्ठितात् ।
स्वधर्मे निधनं श्रेय: परधर्मो भयावह: ॥35॥

अथ केन प्रयुक्तोऽयं पापं चरति पुरुष: ।
अनिच्छन्नपि वार्ष्णेय बलादिव नियोजित: ॥36॥

** गीता कृष्ण की, सिद्धान्त कर्म का ** 41 **

काम एष क्रोध एष रजोगुणसमुद्भवः ।
महाशनो महापाप्मा विद्ध्येनमिह वैरिणम् ॥37॥

धूमेनाव्रियते वह्निर्यथादर्शो मलेन च ।
यथोल्बेनावृतो गर्भस्तथा तेनेदमावृतम्। ॥38॥

आवृतं ज्ञानमेतेन ज्ञानिनो नित्यवैरिणा ।
कामरूपेण कौन्तेय दुष्पूरेणानलेन च ॥39॥

इन्द्रियाणि मनो बुद्धिरस्याधिष्ठानमुच्यते ।
एतैर्विमोहयत्येष ज्ञानमावृत्य देहिनम् ॥40॥

तस्मात्त्वमिन्द्रियाण्यादौ नियम्य भरतर्षभ ।
पाप्मानं प्रजहि ह्येनं ज्ञानविज्ञाननाशनम् ॥41॥

इन्द्रियाणि पराण्याहुरिन्द्रियेभ्यः परं मनः ।
मनसस्तु परा बुद्धिर्यो बुद्धेः परतस्तु सः ॥42॥

एवं बुद्धेः परं बुद्ध्वा संस्तभ्यात्मानमात्मना ।
जहि शत्रुं महाबाहो कामरूपं दुरासदम् ॥43॥

*ॐ तत्सदिति*

*श्रीमद्भगवद्गीतासूपनिषत्सु ब्रह्मविद्यायां योगशास्त्रे*
*श्रीकृष्णार्जुनसंवादे कर्मयोगो नाम तृतीयोऽधयायः ॥ 3 ॥*

## तीसरा अध्याय प्रारम्भ
# ( यज्ञ का भेद )

केशव की बातों को अर्जुन
सादर हृदय में धरते हैं,
कर्म व ज्ञान के भेद का
अगला प्रश्न अब रखते हैं।

निष्काम कर्म से ज्ञान श्रेष्ठ है
ऐसा केशव आप मुझे समझाते हैं,
यदि कर्म का मान नहीं तो हमें
भयंकर कर्म में क्यों उलझाते हैं।

आप मिले से वचनो से केशव
बुद्धि मेरी मोहित करते हैं,
वही बात बताएं प्रभु जिससे प्राणी
जगत में कल्याण को प्राप्त करते हैं।

सुनके अर्जुन की
विनय भरी यह वाणी,
बोले भगवान सुन अर्जुन बतलाता हूँ
बात जो है जग कल्याणी।

हे निष्पाप अर्जुन! जग
इसमें भ्रमित हो जाता है,
दो भाँति की निष्ठा
योगी पुरुष ही पाता है।

**\*\* गीता कृष्ण की, सिद्धान्त कर्म का \*\* 43 \*\***

## ** तृतीयोऽध्यायः **

ज्ञानी पाए ज्ञान योग से
योगी पाता कर निष्काम योग,
दोनों ही मार्ग में नहीं त्यागना
होता कर्मों का संयोग।

क्योंकि योगी यदि ना कर्म करे
तो निष्कर्मता को नहीं पाता है,
और ना त्याग मात्र से ईश्वर का
साक्षात्कार मिल जाता है।

और मात्र सोचने से ही
कर्मों का पूर्ण त्याग नहीं होता,
क्योंकि कोई भद्र पुरुष एक सौवें क्षण
भी बिना कर्म किए नहीं रहता।

निस्संदेह सभी प्राणी जग में जो हैं आते,
वो प्रकृति के बनाए नियमों से बंध
अपने सभी कर्म करते जाते।

जो भटकी बुद्धि वाला
हठ से अपनी इंद्रीयों को रोके
पर मन से भोगों का चिंतन करता है,
वो दम्भी वो मूढ़मति इस जग में
मिथ्याचारी बनता है।

पर जो मन सहित वश में
करता इंद्री अपनी सारी,
श्रेष्ठ वही जिसने कर्मयोग से
वश में की इच्छा सारी।

** 44 ** गीता कृष्ण की, सिद्धान्त कर्म का **

## ** तृतीयोऽध्यायः **

तू योगी है अर्जुन! योगी और
ज्ञानी का भेद तुझे समझना होगा,
शास्त्रों में जो निहित योगी का
वही कर्म तुझे करना होगा।

क्योंकि ना करने से
अच्छा है अपने कर्मों को करना,
यदि कर्म नहीं करे तो अत्यंत कठिन
सिद्ध यह शरीर निर्वाह करना।

क्योंकि हे अर्जुन! बंधन के भय से कर्मों का
त्याग उचित नहीं कहलाता है,
क्योंकि विष्णु के भेजे जाने वाला
कर्म ही कर्मबंध कहलाता है।

हे अर्जुन! आसक्ति त्याग
कर उस प्रभु का ध्यान तू धर,
उसी को अर्पण करता हूँ
बस यही भाव को उर में धर।

यदि नहीं करेगा कर्मों को तो तू उस
नष्ट ना होने वाले पाप को पाएगा,
कितने भी तू जन्म को ले लेगा
तब भी मोक्ष नहीं मिल पाएगा।

अब तू समझ ले जब
ब्रह्मा ने यह सृष्टि रचाई,
तभी कर्म की परिभाषा
यज्ञ है ग्रंथो में बतलाई।

** गीता कृष्ण की, सिद्धान्त कर्म का ** 45 **

## ** तृतीयोऽध्याय: **

यज्ञ का अर्थ परमपिता
कर्म है यह समझाते हैं,
जितने प्राणी इस जग में वो
अपने भाग का यज्ञ लिखा कर लाते हैं।

यही यज्ञ वृद्धि को देता
पूरी होती कामना सारी,
इससे होवे प्राणी की उन्नति
तरें देवलोक के अधिकारी।

जब-जब मनुष्य निष्काम यज्ञ
देवताओं को अर्पित कर पाते हैं,
देव उन्हीं के यज्ञ की आहुति
दुगुनी कर लौटाते हैं।

जैसे यदि एक वृक्ष को मानव
खाद और पानी देता है,
वही वृक्ष लौटाता प्राणवायु और भोजन
मानव को जीवन यापन देता है।

जो खाता है बिना दिए ही
मिलने वाले भोगों को,
वो जीता है ऐसा जीवन
जो मिलता है चोरों को।

पहले यज्ञ यानी प्रकृति को
अपना देना पड़ता है,
तभी मिलने वाला दिन दूना
रात चौगुना बढ़ता है।

** 46 ** गीता कृष्ण की, सिद्धान्त कर्म का **

## \*\* तृतीयोऽध्यायः \*\*

बचे अन्न को खाने वाले
पापों से बच जाते हैं,
पर वो पापी हैं जो बस
स्वयं के लिए पकाते हैं।

क्योंकि अन्न प्राणी को पोषता
वृष्टि अन्न को है पोषे,
वृष्टि यज्ञ से होती है
यज्ञ बंधा है कर्मों से।

कर्म की गति है वेदों में
वेद का स्वामी अविनाशी,
अविनाशी का मूल यज्ञ है
यही प्रकृति हे मृदुभाषी।

यही चक्र है इसके ही
जैसे सबको चलना पड़ता है,
वही परम सुख पाता है जो
इसे समझ कर आचरण करता है।

परंतु हे परंतप! जो इस भाँति
नहीं आचरण करता है,
वह पाप की आयु जीता
व्यर्थ जीवन को करता है।

पर जो मानव रखता है
आत्मा में ही प्रीति, तृप्ति और संतुष्टि,
उसके लिए यह प्रकृति ईश के प्रति
कोई और कर्तव्य का भाव नहीं रखती।

\*\* गीता कृष्ण की, सिद्धान्त कर्म का \*\* 47 \*\*

## ** तृतीयोऽध्याय: **

क्योंकि वो जो करता
है उसमें उसका अपना कोई स्वार्थ नहीं,
ना ही अपना ना दूसरे का
भला-बुरा हो ऐसी कोई चाह छुपी।

जब तेरे मेरे से निकल
वो लोकहितों को सोचे,
तभी उसके द्वारा
होते कर्म अनोखे।

जैसे रहता कमल जल में
पर जल उस पर ना ठहरे,
करने ना करने के
भेद वही हैं गहरे।

हे अर्जुन! ऐसे ही तू आसक्ति को
त्याग कर पथ कर्मों का अपना ले,
जो प्राणी इस भाँति कर्म करे
वह शीघ्र परमात्मा को पाले।

इन आसक्ति रहित कर्मों से जनकादि
देवों ने परम सिद्धि को पाया,
तज कर जग की मोहमाया चलना जिस पर
वह मोक्ष का मार्ग बताया।

देख उन्हें जिन्होंने इस
पथ पर चल अपनी राह बनाई,
तू भी उनके है जैसा
बात तुझे ये सिखलायी।

** 48 ** गीता कृष्ण की, सिद्धान्त कर्म का **

## ** तृतीयोऽध्याय: **

क्योंकि हे प्रिय पार्थ!
जैसा-जैसा तू करता जाएगा,
वैसा-वैसा करने का ज्ञान
ही आम मानव जन पाएगा।

तेरी दिए प्रमाणों को ही
तो सारा जग अपनाएगा,
होगा यह उद्देश्य पूर्ण
जब उसे लोकहित का कारज भाएगा।

हे अर्जुन! मुझे देख
मैं सारी शक्ति रखता हूँ,
तब भी मानव के वेष में आ कर
प्रत्येक काल में कर्म मानव के करता हूँ।

कोई ऐसी राह नहीं
जो मुझको हो दुर्गम,
सारे साधन इस जग के
मुझको मिलते सरल सुगम।

यदि ना मैं करूँ सही आचरण
तो मानव भी वैसा करते जाएँगे,
छोड़ के सब मुक्ति की कामना
इस पृथ्वी का भार बढ़ाएँगे।

चूँकि सब मानव अपने काम करते समय
मेरी ओर देखते जाते हैं,
जैसे मैंने जो काम किए वैसे ही
वो भी करना चाहते हैं।

** गीता कृष्ण की, सिद्धान्त कर्म का ** 49 **

और यदि मैं कर्मों के करने में
लोकहितों का विचार करूँ,
क्या पता बनूँ मैं अपने कुल का घाती
अपने ही कुल को दूषित करूँ।

इस कर्म से ही मैं मारता हूँ
अपनी ही परजा को सारी,
फिर काँहे का देव हुआ मैं
नहीं रहा मान का अधिकारी।

इसीलिए हे भारत कहता हूँ
कान लगा तू ज्ञान को सुन,
कर्म कर अपने आसक्त हुए बिन
जो दे पाए जग को उस शिक्षा को चुन।

जैसे पापी कितने परलोभन दो
पाप छोड़ ना पाता है,
उसी भाँति श्रेष्ठ पुरुष
अनासक्ति के मार्ग को अपनाता है।

जिनकी कर्मों में आसक्ति हो उनको ज्ञानी
कर्मों को करने का सही स्वरूप समझाता है,
ज्ञानी वही जो स्वयं अनासक्त रह ऐसे
मूढ़ जनो को सही मार्ग दिखलाता है।

परंतु छुटकारा पाने के मार्ग का
ज्ञानी प्रयत्न नहीं करते हैं,
जड़ को मार्ग दिखाने को
वो अनुसरण सन्मार्ग का करते हैं,

** 50 ** गीता कृष्ण की, सिद्धान्त कर्म का **

## ** तृतीयोऽध्यायः **

तभी मूढ़ मानव भी उनकी भाँति
अपने कर्मों को करते हैं।

हे अर्जुन! जो प्राणी यह समझे कि
प्रकृति के सभी कर्मों को मैं ही करता हूँ,
मैं ही सबका भरण-पोषण करता
सारी आकांक्षाएं पूरी करता हूँ।

अहंकार से भर जब यह मान वो लेता है
ईश्वर का ध्यान नहीं धरता ना कोई मान वो देता है,
ऐसे अंतःकरण का स्वामी अहंकार से अपना उर भरता है
अभिमान से भर वो प्राणी नष्ट अपनी विचार शक्ति को करता है।

लाख करे ऐसे प्राणी को
मुक्ति नहीं मिलती,
इस योनि से उस योनि
आत्मा उसकी रहे फिरती।

पर हे महाबाहो! जो
गुणविभाग और कर्मविभाग
के भेद को पहचाने,
ऐसा सच्चा योगी
संपूर्ण गुणों को गुण
में ही बसता जाने।

जो इसको नहीं जानता
उसे बताने में समय व्यर्थ है करना,
जड़ बुद्धि चलायमान ना होती उसकी
बेकार रहता है प्रयत्न करना।

** गीता कृष्ण की, सिद्धान्त कर्म का ** 51 **

## ** तृतीयोऽध्याय: **

इसीलिए हे अर्जुन! तू चारों
ओर से अपने मन को वश में कर,
उस ध्यान में लगे एक चित्त
से अपने सभी कर्म को कर।

आशा मत कर ममता ना रख
युद्ध में ध्यान लगाता जा,
जितना भीतर तेरे भली प्रकार से
सारा ज्ञान लगाता जा।

कोई संताप ना हो तुझमें
सब अपना मुझको अर्पण करना,
दोषरहित हो इस भाँति बस
अपने सब कर्मों का तर्पण करना।

जो मूर्ख और भ्रष्ट चित्त हैं
वो मेरी राह नहीं पाते,
उनके ज्ञान भी बन अज्ञानता
सब के सब नष्ट हैं हो जाते।

सभी प्राणी अपनी प्रवृति के
परवश अपने कर्मों को करते,
भ्रष्ट हैं वो जो इस प्रकार से
कल्याण मार्ग पर नहीं चलते।

यदि हठी है भोगी, तो योगी को
भी अब हठ करना होगा,
अपनी इंद्री के राग द्वेष को
अपने वश में करना होगा।

** 52 ** गीता कृष्ण की, सिद्धान्त कर्म का **

## ** तृतीयोऽध्याय: **

राग द्वेष बड़े असुर हैं
कल्याण मार्ग से भटकाते हैं
योगी का यज्ञ सिद्ध ना हो
वो विघ्न डालते जाते हैं।

तू जीत ले इन दोनों को
सावधान जरा हो जा,
अपने धर्म का स्मरण कर
इनसे बलवान तू हो जा।

दूजे के धर्म को अपनाने से
अच्छा अपने धर्म में मर जाना,
जब मन में भाव कल्याण लोक का
फिर भीतर क्यों डर जाना।

अर्जुन के मन में संतोष का
अमृत भरता जाता है,
फिर भी प्रश्नों के भीतर से
एक प्रश्न निकल कर आता है।

हे केशव! अब मेरी
इस शंका का समाधान करो,
जो नहीं चाहता करता पाप कर्म
क्यों तब भी करता इस पर मेरा ध्यान धरो,।

अर्जुन की शंका पर
बोले श्री कृष्ण महाराज,
हे अर्जुन! इस भेद को भी
तुझको मैं हूँ बतलाता आज।

** गीता कृष्ण की, सिद्धान्त कर्म का ** 53 **

## ** तृतीयोऽध्यायः **

राजसी गुण से जो काम उपजता
वही क्रोध कहलाए,
इसके वश में जो प्राणी आता
कभी तृप्त न हो पाए।

जो ना हो संतुष्ट सभी
भोगों से है वो बड़ा ही पापी,
तू जान ले असंतुष्टि को बैरी
ना हो इसमें अनुरागी।

जैसे अग्नि अपने ही उत्पन्न किए धुएँ से
ढक जाती और मिट्टी से ढक जाता दर्पण,
जैसे जेर से गर्भ ढका है
वैसे ज्ञान को ढकता ये कामुक मन।

इंद्री, मन और बुद्धि
तीनों में ये बसता है,
इनमें असंख्य छिद्र बना
आत्मा को मोहित करता है।

इसलिए हे अर्जुन! पहले इस काम के नाश
का साधन तू करना,
ज्ञान-विज्ञान का नाश करे जो
निश्चित कर तू उसका मरना।

यदि तू समझे तुझमें
नहीं सामर्थ्य इस बैरी को निबटाने की,
तो तू जान ले अर्जुन बस तेरे ही भीतर
शक्ति बसती इसे हटाने की।

** 54 ** गीता कृष्ण की, सिद्धान्त कर्म का **

## ** तृतीयोऽध्यायः **

चूँकि इंद्री शरीर पर भारी हैं
और इंद्री पर भारी है मन,
मन से भारी बुद्धि होती
बुद्धि से भारी आत्मा धन।

तुम स्वयं को अत्यंत सूक्ष्म
आत्मा रूप में पहचानो,
अपने सर्व शक्ति रूप
और अपनी श्रेष्ठता को मानो।

पहचान अपनी शक्ति धनंजय
इस जग पर कर उपकार,
चल उठ कर दुर्जय अब
इस काम रूप शत्रु को मार।

इति
श्रीमद्भगवद्गीता उपनिषद् एवं ब्रह्मविद्या तथा योगशास्त्र के विषय में
भगवान श्रीकृष्ण व अर्जुन के संवाद में कर्मयोग "यज्ञ का भेद"
नामक तीसरा अध्याय ॥ 3 ॥

# अथ चतुर्थोऽध्यायः

# ज्ञानकर्मसंन्यासयोग

इमं विवस्वते योगं प्रोक्तवानहमव्ययम् ।
विवस्वान्मनवे प्राह मनुरिक्ष्वाकवेऽब्रवीत् ॥1॥

एवं परम्पराप्राप्तमिमं राजर्षयो विदुः ।
स कालेनेह महता योगो नष्टः परन्तप ॥2॥

स एवायं मया तेऽद्य योगः प्रोक्तः पुरातनः ।
भक्तोऽसि मे सखा चेति रहस्यं ह्येतदुत्तमम् ॥3॥

अपरं भवतो जन्म परं जन्म विवस्वतः ।
कथमेतद्विजानीयां त्वमादौ प्रोक्तवानिति ॥4॥

बहूनि मे व्यतीतानि जन्मानि तव चार्जुन ।
तान्यहं वेद सर्वाणि न त्वं वेत्थ परन्तप ॥5॥

अजोऽपि सन्नव्ययात्मा भूतानामीश्वरोऽपि सन् ।
प्रकृतिं स्वामधिष्ठाय सम्भवाम्यात्ममायया ॥6॥

यदा यदा हि धर्मस्य ग्लानिर्भवति भारत ।
अभ्युत्थानमधर्मस्य तदात्मानं सृजाम्यहम् ॥7॥

परित्राणाय साधूनां विनाशाय च दुष्कृताम् ।
धर्मसंस्थापनार्थाय सम्भवामि युगे युगे ॥8॥

जन्म कर्म च मे दिव्यमेवं यो वेत्ति तत्वतः ।
त्यक्तवा देहं पुनर्जन्म नैति मामेति सोऽर्जुन ॥9॥

वीतरागभय क्रोधा मन्मया मामुपाश्रिताः ।
बहवो ज्ञानतपसा पूता मद्भावमागताः ॥10॥

** 56 ** गीता कृष्ण की, सिद्धान्त कर्म का **

ये यथा माँ प्रपद्यन्ते तांस्तथैव भजाम्यहम् ।
मम वर्त्मानुवर्तन्ते मनुष्याः पार्थ सर्वशः ॥11॥

काङ्क्षन्तः कर्मणां सिद्धिं यजन्त इह देवताः ।
क्षिप्रं हि मानुषे लोके सिद्धिर्भवति कर्मजा ॥12॥

चातुर्वर्ण्यं मया सृष्टं गुणकर्मविभागशः ।
तस्य कर्तारमपि मां विद्ध्यकर्तारमव्ययम् ॥13॥

न मां कर्माणि लिम्पन्ति न मे कर्मफले स्पृहा ।
इति मां योऽभिजानाति कर्मभिर्न स बध्यते ॥14॥

एवं ज्ञात्वा कृतं कर्म पूर्वैरपि मुमुक्षुभिः ।
कुरु कर्मैव तस्मात्वं पूर्वैः पूर्वतरं कृतम् ॥15॥

किं कर्म किमकर्मेति कवयोऽप्यत्र मोहिताः ।
तत्ते कर्म प्रवक्ष्यामि यज्ज्ञात्वा मोक्ष्यसेऽशुभात् ॥16॥

कर्मणो ह्यपि बोद्धव्यं बोद्धव्यं च विकर्मणः ।
अकर्मणश्च बोद्धव्यं गहना कर्मणो गतिः ॥17॥

कर्मण्य कर्म यः पश्येदकर्मणि च कर्म यः ।
स बुद्धिमान्मनुष्येषु स युक्तः कृत्स्नकर्मकृत् ॥18॥

यस्य सर्वे समारम्भाः कामसंकल्पवर्जिताः ।
ज्ञानाग्निदग्धकर्माणं तमाहुः पंडितं बुधाः ॥19॥

त्यक्त्वा कर्मफलासङ्गं नित्यतृप्तो निराश्रयः ।
कर्मण्यभिप्रवृत्तोऽपि नैव किंचित्करोति सः ॥20॥

निराशीर्यतचित्तात्मा त्यक्तसर्वपरिग्रहः ।
शारीरं केवलं कर्म कुर्वन्नाप्नोति किल्बिषम् ॥21॥

यदृच्छालाभसंतुष्टो द्वंद्वातीतो विमत्सरः ।
समः सिद्धावसिद्धौ च कृत्वापि न निबध्यते ॥22॥

गतसङ्गस्य मुक्तस्य ज्ञानावस्थितचेतसः ।
यज्ञायाचरतः कर्म समग्रं प्रविलीयते ॥23॥

** गीता कृष्ण की, सिद्धान्त कर्म का ** 57 **

ब्रह्मार्पणं ब्रह्म हविर्ब्रह्माग्नौ ब्रह्मणा हुतम् ।
ब्रह्मैव तेन गन्तव्यं ब्रह्मकर्मसमाधिना ॥24॥

दैवमेवापरे यज्ञं योगिनः पर्युपासते ।
ब्रह्माग्नावपरे यज्ञं यज्ञेनैवोपजुह्वति ॥25॥

श्रोत्रादीनीन्द्रियाण्यन्ये संयमाग्निषु जुह्वति ।
शब्दादीन्विषयानन्य इन्द्रियाग्निषु जुह्वति ॥26॥

सर्वाणीन्द्रियकर्माणि प्राणकर्माणि चापरे ।
आत्मसंयमयोगाग्नौ जुह्वति ज्ञानदीपिते ॥27॥

द्रव्ययज्ञास्तपोयज्ञा योगयज्ञास्तथापरे ।
स्वाध्यायज्ञानयज्ञाश्च यतयः संशितव्रताः ॥28॥

अपाने जुह्वति प्राणं प्राणेऽपानं तथापरे ।
प्राणापानगती रुद्ध्वा प्राणायामपरायणाः ॥29॥

अपरे नियताहाराः प्राणान्प्राणेषु जुह्वति ।
सर्वेऽप्येते यज्ञविदो यज्ञक्षपितकल्मषाः ॥30॥

यज्ञशिष्टामृतभुजो यान्ति ब्रह्म सनातनम् ।
नायं लोकोऽस्त्ययज्ञस्य कुतोऽन्यः कुरुसत्तम ॥31॥

एवं बहुविधा यज्ञा वितता ब्रह्मणो मुखे ।
कर्मजान्विद्धि तान्सर्वानेवं ज्ञात्वा विमोक्ष्यसे ॥32॥

श्रेयान्द्रव्यमयाद्यज्ञाज्ज्ञानयज्ञः परन्तप ।
सव कर्माखिलं पार्थ ज्ञाने परिसमाप्यते ॥33॥

तद्विद्धि प्रणिपातेन परिप्रश्नेन सेवया ।
उपदेक्ष्यन्ति ते ज्ञानं ज्ञानिनस्तत्त्वदर्शिनः ॥34॥

यज्ज्ञात्वा न पुनर्मोहमेवं यास्यसि पाण्डव ।
येन भुतान्यशेषेण द्रक्ष्यस्यात्मन्यथो मयि ॥35॥

अपि चेदसि पापेभ्यः सर्वेभ्यः पापकृत्तमः ।
सर्वं ज्ञानप्लवेनैव वृजिनं सन्तरिष्यसि ॥36॥

यथैधांसि समिद्धोऽग्निर्भस्मसात्कुरुतेऽर्जुन ।
ज्ञानाग्निः सर्वकर्माणि भस्मसात्कुरुते तथा ॥37॥

न हि ज्ञानेन सदृशं पवित्रमिह विद्यते ।
तत्स्वयं योगसंसिद्धः कालेनात्मनि विन्दति ॥38॥

श्रद्धावाँल्लभते ज्ञानं तत्परः संयतेन्द्रियः ।
ज्ञानं लब्धवा परां शान्तिमचिरेणाधिगच्छति ॥39॥

अज्ञश्चाश्रद्दधानश्च संशयात्मा विनश्यति ।
नायं लोकोऽस्ति न परो न सुखं संशयात्मनः ॥40॥

योगसन्न्यस्तकर्माणं ज्ञानसञ्छिन्नसंशयम् ।
आत्मवन्तं न कर्माणि निबध्नन्ति धनञ्जय ॥41॥

तस्मादज्ञानसम्भूतं हृत्स्थं ज्ञानासिनात्मनः ।
छित्त्वैनं संशयं योगमातिष्ठोत्तिष्ठ भारत ॥42॥

*ॐ तत्सदिति*

*श्रीमद्भगवद्गीतासूपनिषत्सु ब्रह्मविद्यायां योगशास्त्रे*
*श्रीकृष्णार्जुनसंवादे ज्ञानकर्मसंन्यास योगो नाम चतुर्थोऽध्यायः ॥ 4 ॥*

## अथ श्री गीता चौथा अध्याय

# ( भग्वद् ज्ञान )

कथा प्रारंभ वहीं से
जहाँ छोड़ कर आए,
अर्जुन से कहते हैं प्रभु
सुनिए ध्यान लगाए।

हे अर्जुन! जब बना
ब्रह्मांड उस पल यह योग
सूर्य को मैंने समझाया,
सूर्य ने उसे अपने पुत्र
मनु को विस्तृत किया
और मनु ने अपने पुत्र
राजा इक्ष्वाकु को बतलाया।

इसी परम्परा से इसको
अनेकों राजाओं ऋषियों ने जाना,
परंतु बहुत काल से यह योग
बंद हुआ दिखना और दिखाना।

वही पुरातन योग मैंने
तेरे हेतु बतलाया है,
तू मेरा अति प्रिय भक्त
अति प्रिय सखा इस
कारण दिखलाया है।

** 60 ** गीता कृष्ण की, सिद्धान्त कर्म का **

## ** चतुर्थोऽध्याय: **

यह योग बहुत उत्तम है
इसमें कई हैं मर्म छुपे,
वही विवेचना कर पाए
जिसको इसमें कर्म दिखे।

सुन केशव के वचनों को
अर्जुन कुछ भरमाते हैं,
जन्म आपका अभी हुआ
आप ज्ञान को सूर्य के प्रति कहा बताते हैं।

भगवान सूर्य का जन्म तो
कल्प के आदि में हुआ,
कैसे मानूँ ज्ञान आपने ही
सूर्य के प्रति कहा।

इस पर रख प्रीति कहते केशव
हे अर्जुन! हम इस पृथ्वी पर बार-बार ही आते हैं,
अलग-अलग जीवों में
अपना निवास स्थान बनाते हैं।

नहीं जानता तू उन सबको
तू मनुष्यता का अधिकारी,
मुझे स्मरण एक-एक पल
चूँकि सृष्टि बनी मुझसे सारी।

मेरा जन्म ना मानव जैसा
जो जीवन मृत्यु को पाए,
मैं अविनाशी माया अधीन
कब आए यहाँ कब जाए।

** गीता कृष्ण की, सिद्धान्त कर्म का ** 61 **

## ** चतुर्थोऽध्यायः **

मैं हूँ अजन्मा मैंने रची है
अपने अधीन अपनी काया,
सब का पालनहारा हो कर
प्रकट होता कर योग माया।

हे भारत! इस जग में जब
अधर्म अधिक बढ़ जाता है,
करने धर्म का उद्धार
अवतार मेरा तब आता है।

क्योंकि साधु पुरुषों का
आत्म उद्धार मैं करता हूँ,
स्थापना कर पुनः धर्म की
दुष्टों का संहार मैं करता हूँ।

इसी कार्य को करने हेतु
मैं हर युग में आता हूँ,
स्वच्छ करता हूँ धरा मैं
धर्म को पुनः बसाता हूँ।

किंतु मेरा जन्म अलौकिक है
मानव जान नहीं पाता,
जो जान जाता है मुझको वो
सारे बंधन से छुट जाता।

हे अर्जुन! इससे पहले भी
कई योगियों ने मुझको पाया है,
त्याग के राग, भय, मोह, क्रोध को
अनन्य रूप से मुझे ध्याया है।

** 62 ** गीता कृष्ण की, सिद्धान्त कर्म का **

## ** चतुर्थोऽध्यायः **

क्योंकि अर्जुन जैसे मुझको
कोई प्राणी भजता है,
वैसे ही प्रकार से मुझको
प्राप्त वो मानव करता है।

अर्थ ये कि जैसे-जैसे प्राणी
मुझको देखना चाहता है,
मेरा वो ही स्वरूप उस
प्राणी को दिख जाता है।

तो जिनमें जितनी बुद्धि है
वो उस प्रकार समझते हैं,
और गुणी जन मुझे सत्य मान
बस वैसे ही मुझे भजते हैं।

जो जानते राह प्रभु की
वो इस पर चलते जाते हैं,
और सन्मार्ग को अपना कर
मोक्ष द्वार को पाते हैं।

जो ना जाने मुझमें मुझको
वो भ्रम में पड़ जाते हैं
कभी किसी का पूजन करते
कभी ध्यान और कहीं भटकाते हैं।

मुझे पूजने का अर्थ है
आत्मा का आत्मा में खो जाना,
कर्मों के भेद पहचान के
उनको बस करते जाना।

** गीता कृष्ण की, सिद्धान्त कर्म का ** 63 **

## ** चतुर्थोऽध्यायः **

जो भजते हैं अन्यत्र कहीं
उनसे मिले फल तो वो खाते हैं,
पर कितना भी तप कर लें
वो मुझ तक ना आ पाते हैं।

हे अर्जुन! जो हैं गुण विभाग
वो सब भी मैं ही बताता हूँ,
किसको क्या-क्या करना है
वो भी मैं ही सिखलाता हूँ।

ब्राह्मण, क्षत्रिय, वैश्य, शूद्र
के भेद तुझे समझाऊँगा,
क्यों हैं ये चार प्रकार
वो भी तुझको बतलाऊँगा।

मैं नहीं रखता फल की इच्छा
मुझे कर्म बाँध ना पाते हैं,
जो मुझको जाने अंतःकरण से
उन्हें कर्म लेप ना पाते हैं।

मोक्ष गए तेरे पूर्वजों द्वारा भी
निष्काम कर्म फलीभूत हुए,
मेरे द्वार को पाया सबने
वो सारे अभिभूत हुए।

यदि तू चाहे मुझको पाना
इस प्रकार तू चित्त लगा,
फल की इच्छा छोड़ दे
स्वयं को कर्म निमित्त लगा।

** 64 ** गीता कृष्ण की, सिद्धान्त कर्म का **

## ** चतुर्थोऽध्यायः **

पर कर्म और अकर्म के भेद में
बुद्धि भी है भरमाती,
ये इतना गूढ़ तत्त्व है
सुनती है मोहित हो जाती।

यदि इसे तू गहरा जाने
तेरे काम ये आएगा,
फिर सब में समभाव धरेगा
हर बंधन टूट फिर जाएगा।

इसकी गति अति गहन है
जानो इसके तीनों रूप,
इसमें है कर्म है अकर्म
और निषिद्ध कर्म का है स्वरूप।

जिस कर्ता का करने में भी
कर्ता का भाव ना होता है,
उस ज्ञानी योगी जन
के भीतर अहंकार ना होता है।

और जो अज्ञानी के अकर्म
को भी किया मान कर अपनाए,
वो बुद्धिमान पुरुष ही जग के सब कर्मों को
निष्काम रूप से कर पाए।

हे अर्जुन! जिसके कर्म में
नहीं कामना ना ही संकल्प का है स्थान,
उसके सारे कर्मों का
भार सम्भालें कृपा निधान।

** गीता कृष्ण की, सिद्धान्त कर्म का ** 65 **

## ** चतुर्थोऽध्याय: **

ऐसा पुरुष अपने ज्ञान से
उत्पन्न अग्नि में सब कर्म
आहूत कर पाता है,
वही पुरुष ज्ञानीजन द्वारा
पंडित कहलाता है।

वही पुरुष संसार के भोगों
में रहता भी उनसे
लिप नहीं पाता है,
रहता सदा हर हाल
में तृप्त और परम आनंद
परमात्मन को पाता है।

जो कर्मों के करते हुए भी
ईश्वर कर रहा यह सोचे,
फल की इच्छा उसकी
मिट जाती है कर्तापन के
अभिमान को खो के।

जीत लेता शरीर को अपने
और मन को भी वश में रखता है,
संतृप्त ज्ञानी वही जो
भोगों की ओर ना तकता है।

जो प्राणी अपनी आशा को
अपने वश में पाता है,
दूर रहते पाप सब उससे
वो सबसे मुक्ति पाता है।

## ** चतुर्थोऽध्यायः **

जो मिलता है उसमें ही
जिसने संतुष्टि मानी,
शोक-हर्ष से रहित हुआ वो
द्वन्द रहित मन का ज्ञानी।

जिसमें ईर्ष्या का भाव नहीं
जो सिद्धि-असिद्धि में
समभाव को जान रहा,
उस समत्व भाव वाले को
कर्मों का कर्तापन नहीं बाँध रहा।

क्योंकि जो आसक्ति
तज चित्त में ज्ञान रख
यज्ञ को करते जाते हैं,
ऐसे आचरण करने वाले
मुक्त पुरुष के कर्म स्वयं
नष्ट हो जाते हैं।

अब मैं तुझे यज्ञ का
पूर्ण अर्थ समझाता हूँ,
यज्ञ से तेरा क्या प्रयोजन ये
भी मैं बतलाता हूँ।

कर्म करे और उसको
हविषा की भाँति अग्नि
यानी मुझको अर्पण कर दे,
सच्चा योगी वही जो
त्याग कर कर्ता का भाव
अपना कोरा चित्त कर दे।

** गीता कृष्ण की, सिद्धान्त कर्म का ** 67 **

## ** चतुर्थोऽध्यायः **

इस यज्ञ को करने वालों में
कोई इस भाव को रखते हैं,
अपने सब भावों को वो
मेरे निमित्त ही अर्पण करते हैं।

जो यह समझते अर्पण करने
वाले द्रव्य हवि सब मुझसे ही आते हैं,
हविषा हो या अग्नि बन
उन अर्पण की वस्तु को पाते हैं।

उस यज्ञ से जो मिले
उसे वो जानते मुझ
ब्रह्म का स्वरूप,
उन सारे योगी पुरुषों के
सारे कार्य होते
उन्हीं के ही अनुरूप।

और दूसरे जो किसी एक
ही भाव में श्रद्धा रखते हैं,
वो अपने यज्ञ से उसी
भाव को धारण करते हैं।

कोई योगी अपनी किसी
इंद्री को तो कोई किसी के
वश में रहता है,
पर सच्चा योगी वो जिसकी
इंद्री वो माने जो वो कहता है।

** 68 ** गीता कृष्ण की, सिद्धान्त कर्म का **

## ** चतुर्थोऽध्यायः **

कई मानते राग-द्वेष उससे
छुटकारा पाने को यज्ञ वो करते हैं,
सच्चे योगी मन और प्रण में
राग-द्वेष नहीं धरते हैं।

कोई पाना चाहता है
मुझको और यज्ञ को
करता जाता है,
सच्चा योगी यज्ञ को करता
पाने ना पाने से ऊँचा
उठ जाता है।

कई, जनो (लोगों) की सेवा करते
इस सेवा को यज्ञ मान
वही योगी जो कुछ भी करते
नहीं लगाते उसमें ध्यान।

कुछ मानते स्वधर्म पालन
को ही सच्चा यज्ञ और योग
और कोई आठ अंगो पर
विजय को समझते सांसारिक वियोग,

और वहीं दूसरे अहिंसा व्रत
पालन को ही यज्ञ बताते हैं,
कई रखते तीक्ष्ण उपवास
कई दिवस नहीं खाते हैं,
ऐसे योगी आठ पहर
ईश्वर में ध्यान लगाते हैं।

## ** चतुर्थोऽध्याय: **

कुछ ईश्वर को पाने को
शास्त्रों का अध्ययन हैं करते,
इस प्रकार के योगी बस
ज्ञान यज्ञ को हैं करते।

कुछ करते यौगिक क्रिया को
श्वासों को बस में करके,
आती-जाती श्वासों पर
अपना संयम स्वयं धर के।

कुछ रखते जिह्वा पे नियंत्रण
उसे यज्ञ हैं बतलाते,
इस प्रकार ये सारे योगी
यज्ञ हवन करते जाते।

हे अर्जुन! अपने यज्ञों के द्वारा
ये परम धाम को हैं पाते,
रुकते वहाँ निश्चित अवधि
लौट धरा पर हैं आते।

पर जो इनको भी नहीं करता
वो परम धाम नहीं पाता है,
वहाँ उसे सुख मिलेगा कैसे
जो भूलोक में भी दुःख पाता है।

ऐसे अनेक प्रकार के यज्ञों
का ऋषियों द्वारा वेदों में विस्तार तू पाएगा,
भली प्रकार से जान निष्काम
कर्मयोग सांसारिक बंधन पर विजय तू पाएगा।

** 70 ** गीता कृष्ण की, सिद्धान्त कर्म का **

## ** चतुर्थोऽध्यायः **

हे अर्जुन! इस सब में तू
ज्ञान रूप यज्ञ को श्रेष्ठ जान,
क्योंकि यही यज्ञ देगा तुझको
भले बुरे की पहचान।

इसलिए जो तत्व को जाने
उस ज्ञानी का संग तू कर,
कर उसको दण्डवत प्रणाम
उर में सेवा भाव को धर।

निष्कपट भाव से अपने भीतर
की जिज्ञासा रखता जा,
मर्म से भरे उनके उपदेश में
अपने सारे समाधान तू पा।

जब उस ज्ञान को जानेगा
मोह तुझे नहीं आएगा,
हे अर्जुन! अन्य कुछ भी
नहीं चित्त तेरा भरमाएगा।

और उसी ज्ञान को पाकर
तेरी चेतना का जागरण होगा,
जग में रख पाएगा समदृष्टि
सम बुद्धि का वरण होगा।

इस प्रकार की विकसित बुद्धि से
तू मेरे और निकट हो जाएगा,
देखेगा सब प्राणी में मुझको मेरे
सच्चिदानंद रूप को पाएगा,

** गीता कृष्ण की, सिद्धान्त कर्म का ** 71 **

एक क्षण तू यह भी माने
तू है सब पापियों से भी पापी,
तो भी ज्ञान की पताका हर लेगी
तेरी जीवन नैया की आपाधापी।

हे अर्जुन! जैसे तीक्ष्ण आग
ईंधन को जलाती जाती है,
वैसे ही ये ज्ञान अगन
हर कर्म भष्म कर जाती है।

इसीलिए ही इस संसार में
ज्ञान श्रेष्ठ कहलाता है,
इसकी पवित्रता के आगे
कुछ भी ना टिक पाता है।

जाने कितने कालों से मानव
इस ज्ञान को पाने का हर प्रयत्न कर रहा,
शुद्ध हो रहा अंत: करण उसका
आत्मा में शुद्धि को इस योग के द्वारा भर रहा।

हे अर्जुन! जिसने अपनी सारी
इंद्री पर विजय पायी है,
उसी श्रद्धा युक्त मानव ने
ज्ञान की राह बनायी है।

और जब ही यह पुरुष
इस भग्वद् ज्ञान को पाता है,
उसी क्षण यह मानव
परम शांति को पाता है।

** 72 ** गीता कृष्ण की, सिद्धान्त कर्म का **

## ** चतुर्थोऽध्यायः **

और यहाँ भी भेद है अर्जुन
जो ना जाने इस पथ को
ना इसमें श्रद्धा रखता है,
वो संशययुक्त पुरुष
ना ही इस लोक ना ही
परलोक से तरता है।

दोनों ही लोकों में वो
अपनी जगह बना नहीं पाता है,
ऐसे पुरुष के लिए परमार्थ मार्ग
नष्ट-भ्रष्ट हो जाता है।

हे धनंजय! जिसने अपनी
बुद्धि के संशय ईश के
अर्पण कर डाले,
विधाता ने उसके सभी कर्म
उसके ही ज्ञान से नष्ट कर डाले।

ऐसे परमात्मा वाले पुरुष को
कोई कर्म नहीं बाँधे,
जिसने ज्ञान के द्वारा अपने
सारे कर्म है साधे।

सुन भरत के वंशज अर्जुन
तू समान बुद्धि योग का
धारण अब कर,
हटा अज्ञान अपने हृदय का
ज्ञान योग धर तू
इस पवित्र यज्ञ को कर।

** गीता कृष्ण की, सिद्धान्त कर्म का ** 73 **

## ** चतुर्थोऽध्याय: **

काट सभी बंधन संशय के
सब किंतु-परंतु से बड़ा हो जा,
ज्ञान रूपी तलवार से इन्हें
छेद कर तू अब युद्ध के लिए खड़ा हो जा।

*इति*
*श्रीमद्भगवद्गीता उपनिषद् एवं ब्रह्मविद्या तथा योगशास्त्र के विषय में भगवान श्रीकृष्ण व अर्जुन के संवाद में ज्ञानकर्मसंन्यासयोग "भग्वद् ज्ञान" नामक चौथा अध्याय ।। 4 ।।*

## अथ पंचमोऽध्यायः

# कर्मसंन्यासयोग

सन्न्यासं कर्मणां कृष्ण पुनर्योगं च शंससि ।
यच्छ्रेय एतयोरेकं तन्मे ब्रूहि सुनिश्चितम् ॥1॥

सन्न्यासः कर्मयोगश्च निःश्रेयसकरावुभौ ।
तयोस्तु कर्मसन्न्यासात्कर्मयोगो विशिष्यते ॥2॥

ज्ञेयः स नित्यसन्न्यासी यो न द्वेष्टि न काङ्क्षति ।
निर्द्वन्द्वो हि महाबाहो सुखं बन्धात्प्रमुच्यते ॥3॥

साङ्ख्ययोगौ पृथग्बालाः प्रवदन्ति न पण्डिताः ।
एकमप्यास्थितः सम्यगुभयोर्विन्दते फलम् ॥4॥

यत्साङ्ख्यैः प्राप्यते स्थानं तद्योगैरपि गम्यते ।
एकं साङ्ख्यं च योगं च यः पश्यति स पश्यति ॥5॥

सन्न्यासस्तु महाबाहो दुःखमाप्तुमयोगतः ।
योगयुक्तो मुनिर्ब्रह्म नचिरेणाधिगच्छति ॥6॥

योगयुक्तो विशुद्धात्मा विजितात्मा जितेन्द्रियः ।
सर्वभूतात्मभूतात्मा कुर्वन्नपि न लिप्यते ॥7॥

नैव किंचित्करोमीति युक्तो मन्येत तत्ववित् ।
पश्यञ्श्रृण्वन्स्पृशञ्जिघ्रन्नश्नन्गाच्छन्स्वपंश्वसन् ॥8॥

प्रलपन्विसृजन्गृह्णन्नुन्मिषन्निमिषन्नपि ।
इन्द्रियाणीन्द्रियार्थेषु वर्तन्त इति धारयन् ॥9॥

ब्रह्मण्याधाय कर्माणि सङ्गं त्यक्त्वा करोति यः ।
लिप्यते न स पापेन पद्मपत्रमिवाम्भसा ॥10॥

** गीता कृष्ण की, सिद्धान्त कर्म का ** 75 **

कायेन मनसा बुद्ध्या केवलैरिन्द्रियैरपि ।
योगिनः कर्म कुर्वन्ति संग त्यक्त्वात्मशुद्धये ॥11॥

युक्तः कर्मफलं त्यक्त्वा शान्तिमाप्नोति नैष्ठिकीम् ।
अयुक्तः कामकारेण फले सक्तो निबध्यते ॥12॥

सर्वकर्माणि मनसा संन्यस्यास्ते सुखं वशी ।
नवद्वारे पुरे देही नैव कुर्वन्न कारयन् ॥13॥

न कर्तृत्वं न कर्माणि लोकस्य सृजति प्रभुः ।
न कर्मफलसंयोगं स्वभावस्तु प्रवर्तते ॥14॥

नादत्ते कस्यचित्पापं न चैव सुकृतं विभुः ।
अज्ञानेनावृतं ज्ञानं तेन मुह्यन्ति जन्तवः ॥15॥

ज्ञानेन तु तदज्ञानं येषां नाशितमात्मनः ।
तेषामादित्यवज्ज्ञानं प्रकाशयति तत्परम् ॥16॥

तब्दुद्धयस्तदात्मानस्तन्निष्ठास्तत्परायणाः ।
गच्छन्त्यपुनरावृत्तिं ज्ञाननिर्धूतकल्मषाः ॥17॥

विद्याविनयसम्पन्ने ब्राह्मणे गवि हस्तिनि ।
शुनि चैव श्वपाके च पण्डिताः समदर्शिनः ॥18॥

इहैव तैर्जितः सर्गो येषां साम्ये स्थितं मनः ।
निर्दोषं हि समं ब्रह्म तस्माद् ब्रह्मणि ते स्थिताः ॥19॥

न प्रहृष्येत्प्रियं प्राप्य नोद्विजेत्प्राप्य चाप्रियम् ।
स्थिरबुद्धिरसम्मूढो ब्रह्मविद् ब्रह्मणि स्थितः ॥20॥

बाह्यस्पर्शेष्वसक्तात्मा विन्दत्यात्मनि यत्सुखम् ।
स ब्रह्मयोगयुक्तात्मा सुखमक्षयमश्नुते ॥21॥

ये हि संस्पर्शजा भोगा दुःखयोनय एव ते ।
आद्यन्तवन्तः कौन्तेय न तेषु रमते बुधः ॥22॥

शक्नोतीहैव यः सोढुं प्राक्शरीरविमोक्षणात् ।
कामक्रोधोद्भवं वेगं स युक्तः स सुखी नरः ॥23॥

** 76 ** गीता कृष्ण की, सिद्धान्त कर्म का **

योऽन्तःसुखोऽन्तरारामस्तथान्तर्ज्योतिरेव यः ।
स योगी ब्रह्मनिर्वाणं ब्रह्मभूतोऽधिगच्छति ॥24॥

लभन्ते ब्रह्मनिर्वाणमृषयः क्षीणकल्मषाः ।
छिन्नद्वैधा यतात्मानः सर्वभूतहिते रताः ॥25॥

कामक्रोधवियुक्तानां यतीनां यतचेतसाम् ।
अभितो ब्रह्मनिर्वाणं वर्तते विदितात्मनाम् ॥26॥

स्पर्शान्कृत्वा बहिर्बाह्यांश्चक्षुश्चैवान्तरे भ्रुवोः ।
प्राणापानौ समौ कृत्वा नासाभ्यन्तरचारिणौ ॥27॥

यतेन्द्रियमनोबुद्धिर्मुनिर्मोक्षपरायणः ।
विगतेच्छाभयक्रोधो यः सदा मुक्त एव सः ॥28॥

भोक्तारं यज्ञतपसां सर्वलोकमहेश्वरम् ।
सुहृदं सर्वभूतानां ज्ञात्वा मां शान्तिमृच्छति ॥29॥

*ॐ तत्सदिति*

*श्रीमद्भगवद्गीतासूपनिषत्सु ब्रह्मविद्यायां योगशास्त्रे*
*श्रीकृष्णार्जुनसंवादे कर्मसंन्यासयोगो नाम पंचमोऽध्यायः ॥ 5 ॥*

# अथ पाँचवा अध्याय प्रारम्भ
## (अंतःकरण की शुद्धि)

संशय में पड़ अर्जुन
केशव की ओर हैं तकते,
विस्मित सी बुद्धि से चकित
प्रश्न केशव से हैं करते।

हे कृष्ण! आप प्रथम
कर्मों के संन्यास को श्रेष्ठ बतलाते हैं,
वहीं दूसरी ओर निष्काम कर्मयोग
के वचनों से मेरा मन भरमाते हैं।

इसमें किसकी राह चलूँ
मुझको यह बतलाओ,
कौन अधिक कल्याण
का कारक अब यह भी समझाओ।

ग्रीवा को हौले से हिलाया
केशव ने वर मुद्रा है बनायी,
सुन अर्जुन पहले भेद जान
जो बात तुझे समझायी।

जब इंद्रियों में कर्तापन
का त्याग (संन्यास) समाता है,
ऐसा योग ही तू जान
कर्मों का संन्यास कहाता है।

** 78 ** गीता कृष्ण की, सिद्धान्त कर्म का **

यानी मन इंद्रिय और शरीर
द्वारा किए कामों में
मैं करता हूँ का भाव ना होता है,
तभी ये मानव सच्चे
अर्थों में ऊपर उठता
कर्मों से संन्यासी होता है।

वहीं दूसरी ओर जब मानव
समत्त्व बुद्धि को धरता है,
और अपने किए सभी
कर्मों को ईश्वर के लिए
किए मान कर करता है।

यानी जब प्राणी हो
या वस्तु, सब में एक सा
भाव ही रखता है,
और उसी के हित हेतु
सारे प्रयोजन (काम) वो करता है।

इनको करने में कहीं भी
मैं का भाव ना होता है,
ईश्वर की सृष्टि ईश्वर को
अर्पण का भाव चित्त में होता है।

ऐसा योगी करते हुए भी
उन कामों में
लिप्त ना हो पाता है,
कार्य करे ईश्वरीय भाव से
वो ही निष्काम योग कहलाता है।

** गीता कृष्ण की, सिद्धान्त कर्म का ** 79 **

दोनों ही हैं कल्याण के कारक
सुगमता से मिल जाते हैं,
पर निष्काम कर्म श्रेष्ठ जहां
साधन सरल हो जाते हैं।

हे अर्जुन! निष्काम योगी
ना किसी द्वेष ना
किसी आकांक्षा को धरता है,
ऐसा संन्यासी ना पाने
से खुश होता ना खोने से
डरता है।

पर जो हैं बुद्धि हीन वो
दोनों योगों में भेद बताते हैं,
और दोनों से मिलने वाले
फल को ले चिंता में पड़े हैं।

परंतु सिर्फ पंडितजन (ज्ञानी पुरुष)
इस गहरे भेद की विवेचना
करते हैं,
जो प्राणी किसी एक योग
को करते भली प्रकार
उसको परमात्मा मिलते हैं।

ऐसे ही ज्ञान योग का
द्वार भी परम धााम को जाता है,
वही एक है सच्चा ज्ञानी जो
इस भेद को पाता है।

** 80 ** गीता कृष्ण की, सिद्धान्त कर्म का **

## ** पंचमोऽध्यायः **

कोई भी योग करते हो योगी
यदि समत्त्व रूप से उसे करें
ऐसे योगी को ईश्वर भी
सत्य कहता हूँ अपने उर में धरें।

मैं तो तेरे निमित्त अर्जुन
सब योगों को बतलाता हूँ,
कौन सा मार्ग अधिक छोटा है
वह तुझको समझाता हूँ।

निष्काम योग को साधे बिन
कर्मों में कर्ता पन का त्याग
ना आ पाता है,
पर यही कठिन मार्ग है
जिस पर चलता योगी
शीघ्र परब्रह्म परमात्मा
को पाता है।

वश में जिसने किया
शरीर और जो अपनी
सब इंद्री पर विजय पाता है,
सब प्राणी में एक भाव वाले
का अंतःकरण शुद्ध है
उसको कर्म लीप ना पाता है।

हे अर्जुन! जो प्राणी इस
सत्य को जानता है,
वो सांख्य योगी प्रत्येक कर्म
को ईश्वर द्वारा मानता है।

** गीता कृष्ण की, सिद्धान्त कर्म का ** 81 **

## ** पंचमोऽध्यायः **

चक्षु उसके देखें या
रसना स्वाद का वरण करे,
कर्ण सुने उसके वाणी
या त्वचा से भाव को ग्रहण करे।

अपनी नसिका से वो भेद
पवन का बतलावे,
मुझको अर्पण करता सब
चाहे जगे, सोए या खावे।

आँखें चाहे मींच के बैठे
चाहे रहे वो जागता,
हर एक लय को श्वांसों की
जो मुझको अर्पण करता।

चाहे बोले चाहे डोले
चाहे माँगे चाहे त्यागे,
इंद्री बरत रही इंद्री में
यही शुद्ध भाव जागे।

जो ज्ञानी है वो ही
ये अभिमान ना रखता है,
मैं का भीतर भाव नहीं जो
करता ईश्वर करता है।

परंतु हे अर्जुन! जिसको देह
पर अभिमान हो वो यह कर नहीं पाता है,
इस कठिन राह को
निष्काम योगी ही सुगम बनाता है।

** 82 ** गीता कृष्ण की, सिद्धान्त कर्म का **

## ✳✳ पंचमोऽध्याय: ✳✳

जो अपने सब कर्मों को
ईश को अर्पण कर देता,
अपने सारे कर्मों में
आसक्ति को तज देता।

जैसे कमल पत्र जल
में होकर भी गीला ना हो पाता है,
वैसे ही निष्काम योगी
संसार के पाप से मुक्ति पाता है।

जिसने त्याग दिए हैं
सब राग-द्वेष इस मन से,
वही योगी है मुक्ति पाता
सांसारिक बंधन से।

इसी भाँति निष्कामी भी
ममता, इंद्री, मन और बुद्धि
का मोह त्यागता जाता है,
शरीर से भी आसक्ति
त्याग कर अंत:करण की
शुद्धि हेतु कर्म करता जाता है।

निष्काम कर्मयोगी कर्मों
के फल ईश्वर को
अर्पण करता है,
यही योगी शांति के
पाता है परमब्रह्म के
दर्शन करता है।

✳✳ गीता कृष्ण की, सिद्धान्त कर्म का ✳✳ 83 ✳✳

## ** पंचमोऽध्याय: **

इसके विपरीत सकामी
पुरुष कामना के वश हो
फल में आसक्ति रखता है,
और भगवत प्राप्ति के
मार्ग को स्वयं ही
अवरुद्ध रखता है।

हे अर्जुन! जिसका अंत:करण
स्वयं के वश में रहता है,
ऐसा सांख्ययोगी ना
कर्मों को करवाता है
ना करता है।

नौ द्वारों से बनी देह से
जिन कामों को
करता जाता है,
उनके कर्तापन को
त्याग इंद्री का कार्य
इंद्री करती है इस ही
भाव को पाता है।

ऐसे जो माने वो ही
सच्चे आनंद को पाता है,
और उसके लिए सचिदानंदघन
परमात्मा का मार्ग खुल जाता है।

परमेश्वर भी प्राणी के न
कर्तापन, ना कर्मों, ना
कर्मों के फल को रचते हैं

** 84 ** गीता कृष्ण की, सिद्धान्त कर्म का **

उनकी माया के प्रभाव से
परबस सब प्राणी प्रकृति
के अनुसार बरतते हैं।

ना ही प्राणी के पाप कर्म
ना ही शुभ कर्म उस
ईश्वर को विचलित करते हैं,
वो सचिदानंदघन परमात्मा
इन दोनो भावों में कुछ भी
ग्रहण ना करते हैं।

माया ने है ढका ज्ञान को
वो मानुष को भरमाती है,
जो वो करता उस कार्य में
शुभ-अशुभ का भेद दिखलाती है।

पर जिनका नाश हुआ अज्ञान
अंत:करण से अपने
आत्मज्ञान को पा,
सूर्य के प्रकाश की
भाँति साक्षात्कार पा
जाते हैं ईश्वर का।

हे अर्जुन! जिसका मन
तद्रूप (एक आकार) है
और बुद्धि का भी यही स्वभाव,
वही पुरुष परमात्मा में
पाते सदा ही एकीभाव।

** गीता कृष्ण की, सिद्धान्त कर्म का ** 85 **

## ** पंचमोऽध्याय: **

ऐसे तत्त्व के ज्ञाता ही
अपने ज्ञान से पापों का तर्पण करते हैं,
जन्म-मरण से मुक्त
हो जाते परम धाम का अर्पण करते हैं।

ऐसे ज्ञानीजन ना जाने
भेद गाय, कुत्ते और हाथी का,
ना ही रखते भेद चाण्डाल और
ब्राह्मण की थाती का।

क्योंकि बस वही हरेक
प्राणी को समान समझते हैं,
उनके भेदों को के ऊपर उठ
सब में समभाव ही रखते हैं।

वो ही अपने जीते जी इस
जग को जीत हैं लेते,
जो सब को समता और
निर्दोष भाव से हैं लेते।

क्योंकि उस ईश्वर में भी
यही भाव गहराता है,
इसी भाव से वह ईश्वर
इस सारे जग को रचाता है।

जो ना प्राणों से प्यारे को
पाकर भी हर्षित होता है,
ना ही अप्रिय को देख मन
से क्रोधित होता है।

** 86 ** गीता कृष्ण की, सिद्धान्त कर्म का **

## ** पंचमोऽध्याय: **

ऐसे स्थिरबुद्धि प्राणी के
हृदय में संशय का वास नहीं रहता,
हर्ष में हर्ष और दु:ख में दु:ख
का कोई वास नहीं रहता।

ऐसा ब्रह्मवेता पुरुष ईश्वर से
एकाकार हो जाता है,
इस भाव से सिंचित हो वो
परमपिता को पाता है।

ऐसे आसक्ति रहित पुरुष को
भोग लुभा नहीं पाते हैं,
सांसारिक सुख कितने भी हों
उसका चित्त नहीं भरमाते हैं।

वो तो जाने आनंद अपने
अंत:करण की शुद्धि का,
सदा रखे परमात्मा में स्थित
प्रत्येक भाव वो बुद्धि का।

क्योंकि बस एक वही जानता
आनंद ईश को पाने का,
सबसे उत्तम यही मार्ग जहाँ
स्थान मिले उस परमयोग से
परमपिता को ध्याने का।

उसको ये आभास बहुत है
कि इंद्री के सुख प्राणी
को बहुत लुभाते हैं,

** गीता कृष्ण की, सिद्धान्त कर्म का ** 87 **

## ** पंचमोऽध्याय: **

इन सुखों की सीमा अनंत
पर निम्न लोक ले जाते हैं।

इनकी गति को जान वह
इनमें कभी ना रमता है,
इनके सुख के अनुभव हेतु
प्रभु के पथ में कभी ना थमता है।

जिसने मरने से पहले ही
काम क्रोध को मार लिया,
समझो उसने इस जग की
वैतरणी से खुद को तार लिया।

वही योगी है वही सुखी है
वही प्रसन्न चित्त वाला है,
उसी की आत्मा में आराम है
जिसने आत्मज्ञान को पाला है।

जो प्राणी परमात्मा के संग में
एकाकार हो जाता है,
वही शांत सांख्ययोगी
परब्रह्म को पाता है।

जो अपने ज्ञान के द्वारा अपने
सब पापों का नाश है करता,
जो संपूर्ण भूतप्राणियों के
कल्याण के हेतु चिंतन करता।

** 88 ** गीता कृष्ण की, सिद्धान्त कर्म का **

## ** पंचमोऽध्यायः **

वही एकाग्र चित्त प्राणी
परम आनंद का भागी है,
जिसको अपनी चिंता से पहले
दूजे के हित की चिंता लागी है।

हे अर्जुन! जो ध्यान अवस्था
अर्थात बाहर के विषयों
से विरक्त हो नेत्रों की
भृकुटी के मध्य में अपनी
दृष्टि को स्थिर करता है।

जो नासिका में आने वाली
प्राण वायु और जाने वाली
अपान वायु को भीतर
समरूप से धारण करता है।

वही अपनी इंद्रियों
मन और बुद्धि पर
विजय पाता है,
ऐसा मोक्ष परायण मुनि
इच्छा, भय और क्रोध से
सदा के लिए मुक्त हो जाता है।

हे अर्जुन! मेरा भक्त ही मुझको
यज्ञ और तपों का भोगी जानता है,
मैं हूँ सब लोकों का स्वामी
सभी भूत प्राणी का
सुहृदय मानता है।

** गीता कृष्ण की, सिद्धान्त कर्म का ** 89 **

## ** पंचमोऽध्याय: **

बिना कोई स्वार्थ धरे जो
प्रेमी इस प्रकार से
कर्मों को करता जाता है,
कटते हैं भव बंधन सारे
परम शान्ति को पाता है।

जिसके मन में एकाकार
ईश्वर का विचार भर जाता है,
परिपूर्ण होता ब्रह्मलीन हुए
उसके शांत चित्त में
वासुदेव रह जाता है।

इति
श्रीमद्भगवद्गीता उपनिषद् एवं ब्रह्मविद्या तथा योगशास्त्र के विषय
में भगवान श्रीकृष्ण व अर्जुन के संवाद में कर्मसंन्यासयोग
"अंतःकरण की शुद्धि" नामक पाँचवा अध्याय ।। 5 ।।

# अथ षष्ठोऽध्यायः

# आत्मसंयमयोग

अनाश्रितः कर्मफलं कार्यं कर्म करोति यः ।
स संन्यासी च योगी च न निरग्निर्न चाक्रियः ॥1॥

यं संन्यासमिति प्राहुर्योगं तं विद्धि पाण्डव ।
न ह्यसंन्यस्तसङ्कल्पो योगी भवति कश्चन ॥2॥

आरुरुक्षोर्मुनेर्योगं कर्म कारणमुच्यते ।
योगारूढस्य तस्यैव शमः कारणमुच्यते ॥3॥

यदा हि नेन्द्रियार्थेषु न कर्मस्वनुषज्जते ।
सर्वसङ्कल्पसंन्यासी योगारूढस्तदोच्यते ॥4॥

उद्धरेदात्मनाऽत्मानं नात्मानमवसादयेत् ।
आत्मैव ह्यात्मनो बन्धुरात्मैव रिपुरात्मनः ॥5॥

बन्धुरात्मात्मनस्तस्य येनात्मैवात्मना जितः ।
अनात्मनस्तु शत्रुत्वे वर्तेतात्मैव शत्रुवत् ॥6॥

जितात्मनः प्रशान्तस्य परमात्मा समाहितः ।
शीतोष्णसुखदुःखेषु तथा मानापमानयोः ॥7॥

ज्ञानविज्ञानतृप्तात्मा कूटस्थो विजितेन्द्रियः ।
युक्त इत्युच्यते योगी समलोष्टाश्मकांचनः ॥8॥

सुहृन्मित्रार्युदासीनमध्यस्थद्वेष्यबन्धुषु ।
साधुष्वपि च पापेषु समबुद्धिर्विशिष्यते ॥9॥

योगी युञ्जीत सततमात्मानं रहसि स्थितः ।
एकाकी यतचित्तात्मा निराशीरपरिग्रहः ॥10॥

शुचौ देशे प्रतिष्ठाप्य स्थिरमासनमात्मनः ।
नात्युच्छ्रितं नातिनीचं चैलाजिनकुशोत्तरम् ॥11॥

तत्रैकाग्रं मनः कृत्वा यतचित्तेन्द्रियक्रियः ।
उपविश्यासने युञ्ज्याद्योगमात्मविशुद्धये ॥12॥

समं कायशिरोग्रीवं धारयन्नचलं स्थिरः ।
सम्प्रेक्ष्य नासिकाग्रं स्वं दिशश्चानवलोकयन् ॥13॥

प्रशान्तात्मा विगतभीर्ब्रह्मचारिव्रते स्थितः ।
मनः संयम्य मच्चित्तो युक्त आसीत मत्परः ॥14॥

युञ्जन्नेवं सदात्मानं योगी नियतमानसः ।
शान्तिं निर्वाणपरमां मत्संस्थामधिगच्छति ॥15॥

नात्यश्नतस्तु योगोऽस्ति न चैकान्तमनश्नतः ।
न चाति स्वप्नशीलस्य जाग्रतो नैव चार्जुन ॥16॥

युक्ताहारविहारस्य युक्तचेष्टस्य कर्मसु ।
युक्तस्वप्नावबोधस्य योगो भवति दुःखहा ॥17॥

यदा विनियतं चित्तमात्मन्येवावतिष्ठते ।
निःस्पृहः सर्वकामेभ्यो युक्त इत्युच्यते तदा ॥18॥

यथा दीपो निवातस्थो नेंगते सोपमा स्मृता ।
योगिनो यतचित्तस्य युञ्जतो योगमात्मनः ॥19॥

यत्रोपरमते चित्तं निरुद्धं योगसेवया ।
यत्र चैवात्मनात्मानं पश्यन्नात्मनि तुष्यति ॥20॥

सुखमात्यन्तिकं यत्तद्बुद्धिग्राह्यमतीन्द्रियम् ।
वेत्ति यत्र न चैवायं स्थितश्चलति तत्त्वतः ॥21॥

यं लब्धवा चापरं लाभं मन्यते नाधिकं ततः ।
यस्मिन्स्थितो न दुःखेन गुरुणापि विचाल्यते ॥22॥

तं विद्याद् दुःखसंयोगवियोगं योगसञ्ज्ञितम् ।
स निश्चयेन योक्तव्यो योगोऽनिर्विण्णचेतसा ॥23॥

** 92 ** गीता कृष्ण की, सिद्धान्त कर्म का **

## ** षष्ठोऽध्याय: **

सङ्कल्पप्रभवान्कामांस्त्यक्त्वा सर्वानशेषत: ।
मनसैवेन्द्रियग्रामं विनियम्य समन्तत: ॥24॥

शनै: शनैरुपरमेद्बुद्ध्या धृतिगृहीतया ।
आत्मसंस्थं मन: कृत्वा न किंचिदपि चिन्तयेत् ॥25॥

यतो यतो निश्चरति मनश्चञ्चलमस्थिरम् ।
ततस्ततो नियम्यैतदात्मन्येव वशं नयेत् ॥26॥

प्रशान्तमनसं ह्येनं योगिनं सुखमुत्तमम् ।
उपैति शांतरजसं ब्रह्मभूतमकल्मषम् ॥27॥

युञ्जन्नेवं सदात्मानं योगी विगतकल्मष: ।
सुखेन ब्रह्मसंस्पर्शमत्यन्तं सुखमश्नुते ॥28॥

सर्वभूतस्थमात्मानं सर्वभूतानि चात्मनि ।
ईक्षते योगयुक्तात्मा सर्वत्र समदर्शन: ॥29॥

यो मां पश्यति सर्वत्र सर्वं च मयि पश्यति ।
तस्याहं न प्रणश्यामि स च मे न प्रणश्यति ॥30॥

सर्वभूतस्थितं यो मां भजत्येकत्वमास्थित: ।
सर्वथा वर्तमानोऽपि स योगी मयि वर्तते ॥31॥

आत्मौपम्येन सर्वत्र समं पश्यति योऽर्जुन ।
सुखं वा यदि वा दु:खं स योगी परमो मत: ॥32॥

योऽयं योगस्त्वया प्रोक्त: साम्येन मधुसूदन ।
एतस्याहं न पश्यामि चञ्चलत्वात्स्थितिं स्थिराम् ॥33॥

चञ्चलं हि मन: कृष्ण प्रमाथि बलवद्दृढम् ।
तस्याहं निग्रहं मन्ये वायोरिव सुदुष्करम् ॥34॥

असंशयं महाबाहो मनो दुर्निग्रहं चलम् ।
अभ्यासेन तु कौन्तेय वैराग्येण च गृह्यते ॥35॥

असंयतात्मना योगो दुष्प्राप इति मे मति: ।
वश्यात्मना तु यतता शक्योऽवाप्तुमुपायत: ॥36॥

** गीता कृष्ण की, सिद्धान्त कर्म का ** 93 **

अयतिः श्रद्धयोपेतो योगाच्चलितमानसः ।
अप्राप्य योगसंसिद्धिं कां गतिं कृष्ण गच्छति ॥37॥

कच्चिन्नोभयविभ्रष्टश्छिन्नाभ्रमिव नश्यति ।
अप्रतिष्ठो महाबाहो विमूढो ब्रह्मणः पथि ॥38॥

एतन्मे संशयं कृष्ण छेत्तुमर्हस्यशेषतः ।
त्वदन्यः संशयस्यास्य छेत्ता न ह्युपपद्यते ॥39॥

पार्थ नैवेह नामुत्र विनाशस्तस्य विद्यते ।
न हि कल्याणकृत्कश्चिद्दुर्गतिं तात गच्छति ॥40॥

प्राप्य पुण्यकृतां लोकानुषित्वा शाश्वतीः समाः ।
शुचीनां श्रीमतां गेहे योगभ्रष्टोऽभिजायते ॥41॥

अथवा योगिनामेव कुले भवति धीमताम् ।
एतद्धि दुर्लभतरं लोके जन्म यदीदृशम् ॥42॥

तत्र तं बुद्धिसंयोगं लभते पौर्वदेहिकम् ।
यतते च ततो भूयः संसिद्धौ कुरुनन्दन ॥43॥

पूर्वाभ्यासेन तेनैव ह्रियते ह्यवशोऽपि सः ।
जिज्ञासुरपि योगस्य शब्दब्रह्मातिवर्तते ॥44॥

प्रयत्नाद्यतमानस्तु योगी संशुद्धकिल्बिषः ।
अनेकजन्मसंसिद्धस्ततो यात परां गतिम् ॥45॥

तपस्विभ्योऽधिको योगी ज्ञानिभ्याऽपि मतोऽधिकः ।
कर्मिभ्यश्चाधिको योगी तस्माद्योगी भवार्जुन ॥46॥

योगिनामपि सर्वेषां मद्गतेनान्तरात्मना ।
श्रद्धावान्भजते यो मां स मे युक्ततमो मतः ॥47॥

*ॐ तत्सदिति*

*श्रीमद्भगवद्गीतासूपनिषत्सु ब्रह्मविद्यायां योगशास्त्रे*
*श्रीकृष्णार्जुनसंवादे आत्मसंयमयोगो नाम षष्ठोऽध्यायः ॥ 6 ॥*

# अथ श्री छठा अध्याय प्रारम्भ
## ( पुनः जन्म अथवा मोक्ष )

कुछ क्षण मौन धरे बैठे
फिर बोले अर्जुन से
हे पार्थ! किंचित दे इस पर ध्यान,
जो कर्मों का फल ना चाहे
और करने योग्य कर्मों को करता
उस संन्यासी को योगी जान।

जो केवल अग्नि को त्यागे
पका भोज ना खाता है,
या फिर केवल क्रिया को त्यागे
ना देखे ना दिखलाता है,
ना इस प्रकार ना उस प्रकार संन्यासी
निष्काम योगी कहलाता है।

जो संन्यास वही योग है
वही प्रभु का भाग,
वो योगी नहीं जो ना कर सके
संकल्पों का त्याग।

जो अपनी संपूर्ण बुद्धि से
योग में बसने की इच्छा रखता है,
योग में रमने पर जो

** गीता कृष्ण की, सिद्धान्त कर्म का ** 95 **

## ** षष्ठोऽध्याय: **

सर्व संकल्पों (इच्छाओं) को त्यागे
वो कल्याण का भागी बनता है।

जिस समय यह योगी सब
इंद्री और कर्मों के विषयों से मुक्ति पाता है,
उसी समय यह सर्वसंकल्पों
का त्यागी पुरुष योगारूढ़ कहलाता है।

मानव चाहे यदि समझना
तो यही सत्य है जीवन का,
योगरूढ़ता ही कल्याण
का साधन मानव तन का।

इसलिए मानुष को चाहिए
स्वयं ही अपना उद्धार करे,
इस सद्गुण को अपनाए
संसार समुद्र को पार करे।

ऐसा कोई भी विचार
अपने उर के भीतर ना लावे,
अपनी ही आत्मा को वो
अधोगति में ना पहुँचावे।

जिसको हम जीवात्मा कहते
वो ही परम सखा कहलाता है,
कभी यही आत्मा मानव का
परम शत्रु बन जाता है।

** 96 ** गीता कृष्ण की, सिद्धान्त कर्म का **

## ** षष्ठोऽध्याय: **

यानी तू अपना स्वयं ही
परम मित्र है और नहीं कोई दूजा,
ना कोई और शत्रु है तेरा
तूने जिसको है खोजा।

यदि जीतता तू मन व
इंद्री सहित देह को,
तो इसका परम
सखा बन जाता है।

यदि नहीं जीत पाता
इससे तू तो ये तुझे,
जीत कर तुझ पर
राज चलाता है।

जैसे मैंने तुझे बताया
अर्जुन यदि तू
सुख-दु:ख, सर्दी-गर्मी
मान-अपमान में
एक सार बरतता है।

तो ये अंत:करण शांत कर
सब प्रकार से उसको,
विकार रहित सब
करता है।

ऐसी जीती हुई आत्मा वाले
पुरुष के हृदय में
स्वयं परमात्मा वास करें,

** गीता कृष्ण की, सिद्धान्त कर्म का ** 97 **

## ** षष्ठोऽध्याय: **

ज्ञान भरें उसके भीतर
उसको भली प्रकार
स्वाधीन करें।

ऐसा योगी ज्ञान-विज्ञान से
भली-भाँति तृप्त हो पाता है,
जीत के सब इंद्री को उसके
उर में आनंद समाता है।

सोना जिसको मिट्टी लगता
और पत्थर हीरा लगता है,
वही योग युक्त मानव
भग्वद् की प्राप्ति करता है।

जिसके मन में मित्र
और शत्रु में समान
भाव हो जाता है,
जो सहृदय और बैरी
में समान भाव बनाता है,

जिसके लिए ना बंधु पहले
ना द्वेषी बाद में आते हैं,
जिसके लिए धर्मात्मा और
पापी एक समान हो जाते हैं।

जो प्रत्येक परिस्थिति
में समभाव को रखना जाने,
परमपिता परमात्मा उसको
प्राणीमात्र में श्रेष्ठ माने।

** 98 ** गीता कृष्ण की, सिद्धान्त कर्म का **

## ** षष्ठोऽध्याय: **

जो जीत ले अपने मन को
और इंद्रियो पर विजय पावे,
वह योगी ही वासना और संग्रह
को तज ईश्वर में ध्यान लगावे।

बैठ अकेले जो एकांत में
ईश्वर का सुमिरन करता है,
ऐसा पुण्यआत्मा भवसागर
को शीघ्र ही तरता है।

हे अर्जुन! अब तुझको
मैं ध्यान और आत्मा का संयोग सिखाता हूँ,
कैसे इस क्रिया को
करें वो सविस्तार समझाता हूँ।

शुद्ध भूमि में कुशा बिछाए
उस पर वो मृगछाल लगाए,
वस्त्र बिछाता उस पर
ऐसे जो आसन को बनाए।

ना वो नीचा बहुत हो
ना उसको ऊँचा करना है,
एक चित्त से उस आसन को
मध्य स्थिति रखना है।

अब उस आसन पर बैठ
चित्त को एकाग्र करो,
इंद्रियो के सारे कामों को
तुम अपने वश में करो।

** गीता कृष्ण की, सिद्धान्त कर्म का ** 99 **

## ** षष्ठोऽध्याय: **

ना देखो ना सुनो ना
बोलो ना सूँघो, ना कुछ भी छुओ,
मन को लगाओ एक आकार में
और आत्मा शुद्ध करो।

काया, ग्रीवा और सिर
को एक समान करें,
दृढ़ होकर अब बैठें
इस भाँति अभ्यास करें।

बस देखें नासिका का
अगला भाग कहीं और नहीं देखें,
कोई दिशा या
कोई प्रकाश भला कितना फेंके।

ब्रह्मचर्य व्रत पालन कर
मन में भय नहीं रखना है,
शांत अपनी आत्मा को
सावधान मन करना है।

इस सब के पालन को
योगी मुझमें चित्त लगाए,
मेरे रूप का स्मरण करे
और मुझमें स्थित हो जाए।

इस प्रकार जो योगी
आत्मा को परमेश्वर के
स्वरूप में लगाता है,
स्वाधीन मन वाला योगी

** 100 ** गीता कृष्ण की, सिद्धान्त कर्म का **

## ** षष्ठोऽध्याय: **

परमानन्द पराकाष्ठा वाली
परम शांति पाता है।

हे अर्जुन! ये भी जानो
कौन इसे सिद्ध ना कर पाता है,
जो या तो बहुत खाता हो
या बिल्कुल ना खाता है।

जो अधिक समय तक शयन करे या
बिल्कुल भी नहीं सोता है,
वो कितना भी प्रयत्न करे
ध्यानरत नहीं होता है।

यथा योग्य विहार करे जो
करे यथा योग्य भोग (खाना),
यथा योग्य शयन करे और
यथा योग्य चेष्टा का करता संयोग।

जो कर्मों के करने में भी
समता का करे प्रयोग,
बस उनका ही सिद्ध होता
यह दु:ख नाशक योग।

इस प्रकार निरंतर अभ्यास से
चित्त परमात्मा के
वश में हो जाता है,
उसी समय सारी कामनाओं
से इच्छा रहित पुरुष
योगयुक्त कहलाता है।

** गीता कृष्ण की, सिद्धान्त कर्म का ** 101 **

## ** षष्ठोऽध्याय: **

जिस भाँति वायु के
अभाव में दीपक की
ज्योति हिल ना पाती है,
वैसे विषयों के अभाव से
योगी के मन की स्थिति हो जाती है।

हे अर्जुन! जिस अवस्था
में योग के अभ्यास से
प्राणी का रोका हुआ
मन शांत हो जाता है,
उसी अवस्था में
परमेश्वर से जुड़ अपनी
आत्मा को परमात्मा में
विलीन वो पाता  है।

अनंत आनंद वो अनुभव
करता आत्मा के द्वारा
इंद्रियो के भाव से
अलग हो जाने में,
नहीं दूर होता परमपिता के
भगतस्वरूप से ऐसी
अवस्था आने पे।

सारे लाभों पर जो
माने परमेश्वर प्राप्ति
के लाभ को भारी,
उसे दु:ख नहीं
विचलाते चाहे
दु:ख दे सृष्टि सारी।

** 102 ** गीता कृष्ण की, सिद्धान्त कर्म का **

## ** षष्ठोऽध्याय: **

अर्थ यही कि जो दु:ख
के रूपी इस महाजाल
से बाहर आ जाता है,
वह योगी ही योग को
पूरी क्षमता से कर पाता है।

कभी नहीं करो ध्यान
यदि चित्त उकताया हो,
पूर्ण चित्त से सिद्ध होता
जब मन में प्रभु समाया हो।

संकल्पों से मन के भीतर
वासना (कामना) और ममता
जो भीतर पैदा हो जाती हैं,
वो ही इस परम योग से
मानव का ध्यान हटाती हैं।

हे मानुस! तुझे चाहिए
छोड़ कर संकल्पों की राह,
मन, इंद्री सब वश में कर ले
परमात्मा में ध्यान लगा।

दिन-प्रतिदिन अभ्यास
कर अपनी उपरामता (निपुणता)
को परख,
बुद्धि में धैर्य बढ़ेगा
चिंतन में बस परमात्मा
को रख।

** गीता कृष्ण की, सिद्धान्त कर्म का ** 103 **

## ** षष्ठोऽध्याय: **

किसी समय यदि चित्त
भटके अन्यत्र कहीं
एकाग्र तू तब उसको करना,
जिस कारण ये
छोड़े चिंतन उस
विकार को दूर
तू तब करना।

क्योंकि यह मन
चंचल है कठिनता
से वश में आता है,
जितना इसको पास बुलाओ
दूर भागता जाता है।

उन विषयों से दूर
इसे रख जिनका ये
प्रेम से भोग करे,
सांसारिक माया में
ना भटके ये बस
परमात्मा में निरोध करे।

क्योंकि जब मानव
का अंतर्मन भली प्रकार से
शांत और पाप रहित
हो जाता है,
तभी मानव भोग विलास
से ऊपर उठ उस
ब्रह्म के साथ एकीकार
हो पाता है।

** 104 ** गीता कृष्ण की, सिद्धान्त कर्म का **

## ** षष्ठोऽध्याय: **

असीम शांति को
तब अपने उर में
अनुभव करता है,
सच्चिदानंदघन परमात्मा
उर में उसके परम
आनंद को भरता है।

वह है पापरहित योगी
उसकी आत्मा की लौ
परमात्मा में मिल
जाती है,
होती प्राप्ति परम
आनंद की भीतर
शांति बिखर जाती है।

हे अर्जुन! सर्वव्यापी
अनंत चेतन में एकीभाव से
स्थित योग से युक्त
आत्मा वाला योगी
प्राणीमात्र में समभाव
को रखता है,
उस प्राणी को
बर्फ में जैसे पानी
बसता वैसे उस
योगी को सब जीवों में
आत्मा दिखता है।

अर्थात् जैसे मानव
बर्फ में सिंचित पानी

** गीता कृष्ण की, सिद्धान्त कर्म का ** 105 **

## ** षष्ठोऽध्यायः **

को ना देख बस बर्फ
को ही देख पाता है,
वैसे ही जो योगी
ना हो वो प्राणी में
आत्मा देख ना
पाता है।

बस योगी ही
समर्थ है पाने को बर्फ और
जल का भेद,
साधारण जन नहीं
पाता इस गूढ़ युक्ति को छेद।

जैसे कोई स्वप्न से
जाग उस स्वप्न की
घटना से अपने भविष्य का
आधार जानता है,
वैसे ही यह दिव्य पुरुष
प्रत्येक प्राणी में
वासित आत्मा को
अपना जीवन आधार
परब्रह्म मानता है।

जो पुरुष सब में
मुझ वासुदेव को ही पाए,
और जिसके लिए वासुदेव
हर प्राणी में रम जाए।

उस प्राणी को
मैं सदा प्रत्यक्ष
दिखाई देता हूँ,
और किसी भी
परिस्थिति काल
में उसको थाम
मैं लेता हूँ।

फिर मुझमें वो
और उसमें मैं
दोनों एकाकार हो जाते हैं,
परम संतुष्टि शुद्ध हृदय
रह जाती है बाकी
विकार खो जाते हैं।

इस प्रकार से जो
योगी जो सभी प्राणियों
के भीतर मुझ वासुदेव
को भजता है,
वो सब प्राणी के
साथ किए व्यवहार को
अप्रत्याशित रूप से
मुझसे ही करता है।

क्योंकि मुझसे अलग
कुछ भी नहीं जानता है,
मैं ही हूँ सचिद्दानंदघन
इस को ही सत्य मानता है।

** गीता कृष्ण की, सिद्धान्त कर्म का ** 107 **

वही श्रेष्ठ योगी जो
हर चर-अचर को
समदृष्टि से देखे,
वो परम श्रेष्ठ जो
प्रत्येक स्थिति को
चले एकसाथ में लेके।

वचनों को सुन कर ईश्वर के
अर्जुन थोड़ा सकुचाते हैं,
प्रेम हृदय में धारण करके
अपना प्रश्न उठाते हैं,

हे मधुसूदन! इस ध्यानयोग
के आपके कथनों
किंचित मेरे मन भटकाया है,
अभी आप ने जो
ध्यानयोग के समत्त्व
का विस्तार बताया है।

मन है बड़े चंचल स्वभाव का
क्या ये अधिक समय
तक ठहरेगा,
चिंतित हूँ इसका अधिक समय
रहेगा संशय में तो इसका
संशय गहरेगा।

क्योंकि हे कृष्ण! ये
एक स्थान पर अधिक
समय रुक नहीं पाता है,

** 108 ** गीता कृष्ण की, सिद्धान्त कर्म का **

## ** षष्ठोऽध्याय: **

अपने चंचल स्वभाव से
पल-पल में प्राणी को
भरमाता है।

दूसरी ओर पाता हूँ
इसको अत्यंत दृढ़
और बलवान,
इसको वश में करना
जैसे वायु को वश
में करने के समान।

इस प्रकार पूछे जाने
पर बोले श्री भगवंत,
निस्संदेह नहीं कर पाओगे
वश में इसे तुरंत।

पर अभ्यास निरंतर
करने से अवश्य वश
में आएगा,
जो निरंतर प्रयास करेगा
वही विजय पा जाएगा।

जिसके वश में मन
ना आए वो योग
कहाँ कर पाएगा,
स्वाधीन मन वाला
सहज पुरुष ही
ध्यान योग को पाएगा।

** गीता कृष्ण की, सिद्धान्त कर्म का ** 109 **

## ** षष्ठोऽध्याय: **

यही मेरा स्पष्ट
मत है किंचित नहीं
है इसमें फेर,
ध्यान योग प्राप्ति
कर अर्जुन, किंचित ना
हो इसमें देर।

इस पर अर्जुन बोले
प्रभुवर कभी ऐसा हो
जाता है,
कितना भी हो योगी
उसका मन भी पथ से
थोड़ा भटकाता है।

ऐसा योगी प्रभु यदि
मोक्ष ना पाएगा,
आप मुझे कहें सनाथ
वह कौन दिशा को जाएगा?

ऐसा तो नहीं प्रभु
आपकी राह में चलते-चलते
भ्रष्ट हो जाए
मोह के आने से,
जैसे बारिश के घन
छितरा जाते पवन
झकोरा पाने से।

हे कृष्ण! हे वासुदेव!
मेरे इस संशय को

** 110 ** गीता कृष्ण की, सिद्धान्त कर्म का **

## ** षष्ठोऽध्याय: **

केवल आप ही
सुलझा पाएँगे,
और यदि कोशिश
भी करें तो मुझे
तृप्त नहीं कर पाएँगे।

पाकर विनम्र निवेदन
पार्थ से बोले श्री भगवान,
तेरी इस जिज्ञासा का
भी देता हूँ समाधान।

हे प्यारे अर्जुन! ऐसे
योगी का ना इस लोक
ना उस लोक में नाश
हो पाएगा,
जो ईश्वर का परम प्रिय
हो वो क्रूर गति क्यों पाएगा।

किंतु पार्थ! मन के
विचलित होने से उसका
पुण्य क्षीण हो जाएगा,
परंतु अपने पुण्यों के कारण
वह पुण्यवान स्वर्गादि उत्तम
लोकों को पाएगा।

करेगा निवास वहाँ
वर्षों तक फिर किसी
शुद्ध आचार वाले श्रीमान
के घर जन्म लेगा,

** गीता कृष्ण की, सिद्धान्त कर्म का ** 111 **

## ** षष्ठोऽध्याय: **

ऐसे दुर्लभ जन्म को
पा उन्हें संतान का सुख
ऐसा योगी देगा।

ऐसा जन्म भी दुर्लभ है
इसे भी सच्चा योगी
है पाता,
शुद्ध आचारी मानव के
घर रह फिर अपने
संस्कारों को पाता।

पुन: प्रयत्न कर वह
ध्यान योग को पाता है,
हे कुरुनंदन! धर्म के
प्रभाव से सारे यत्न
लगाता है।

इस प्रकार के प्रारब्ध से यह
योगी अपने किए
सकाम कर्मों से खुद को
उबार पाता है,
और उनसे मिलने वाले
फल की इच्छा को
पीछे छोड़ता जाता है।

ये जान तू यदि इस
प्रयास से धीमे चल वह
परमपिता तक आ सकता है,
तो बुद्धि को स्थिर कर

** 112 ** गीता कृष्ण की, सिद्धान्त कर्म का **

## ** षष्ठोऽध्याय: **

मन पे वश लाने वाला
अति प्रयत्न से क्या-क्या
पा सकता है।

योगी की बुद्धि तपस्वियों से
श्रेष्ठ है और श्रेष्ठ है
ज्ञानी और सकामी से
तू भी योगी बन
अर्जुन मुक्त हो जीवन
की आपा धापी से।

हे अर्जुन! इन सब योगियों
में भी जो मुझमें
अपना पूरा चित्त लगाता है,
वही एकमात्र योगी है
प्रिय पार्थ जो मुझसे
परमश्रेष्ठ की मान्यता पाता है।

*इति*
*श्रीमद्भगवद्गीता उपनिषद् एवं ब्रह्मविद्या तथा योगशास्त्र के विषय में*
*भगवान श्रीकृष्ण व अर्जुन के संवाद में आत्मसंयमयोग*
*"पुनर्जनम अथवा मोक्ष" नामक छठा अध्याय ।। 6 ।।*

** गीता कृष्ण की, सिद्धान्त कर्म का ** 113 **

## अथ सप्तमोऽध्यायः
# ज्ञानविज्ञानयोग

मय्यासक्तमनाः पार्थ योगं युञ्जन्मदाश्रयः ।
असंशयं समग्रं मां यथा ज्ञास्यसि तच्छृणु ॥1॥

ज्ञानं तेऽहं सविज्ञानमिदं वक्ष्याम्यशेषतः ।
यज्ज्ञात्वा नेह भूयोऽन्यज्ज्ञातव्यमवशिष्यते ॥2॥

मनुष्याणां सहस्रेषु कश्चिद्यतति सिद्धये ।
यततामपि सिद्धानां कश्चिन्मां वेत्ति तत्वतः ॥3॥

भूमिरापोऽनलो वायुः खं मनो बुद्धिरेव च ।
अहङ्कार इतीयं मे भिन्ना प्रकृतिरष्टधा ॥4॥

अपरेयमितस्त्वन्यां प्रकृतिं विद्धि मे पराम् ।
जीवभूतां महाबाहो ययेदं धार्यते जगत् ॥5॥

एतद्योनीनि भूतानि सर्वाणीत्युपधारय ।
अहं कृत्स्नस्य जगतः प्रभवः प्रलयस्तथा ॥6॥

मत्तः परतरं नान्यत्किञ्चिदस्ति धनञ्जय ।
मयि सर्वमिदं प्रोतं सूत्रे मणिगणा इव ॥7॥

रसोऽहमप्सु कौन्तेय प्रभास्मि शशिसूर्ययोः ।
प्रणवः सर्ववेदेषु शब्दः खे पौरुषं नृषु ॥8॥

पुण्यो गन्धः पृथिव्यां च तेजश्चास्मि विभावसौ ।
जीवनं सर्वभूतेषु तपश्चास्मि तपस्विषु ॥9॥

बीजं मां सर्वभूतानां विद्धि पार्थ सनातनम् ।
बुद्धिर्बुद्धिमतामस्मि तेजस्तेजस्विनामहम् ॥10॥

** 114 ** गीता कृष्ण की, सिद्धान्त कर्म का **

## ** सप्तमोऽध्यायः **

बलं बलवतां चाहं कामरागविवर्जितम् ।
धर्माविरुद्धो भूतेषु कामोऽस्मि भरतर्षभ ॥11॥

ये चैव सात्त्विका भावा राजसास्तामसाश्च ये ।
मत्त एवेति तान्विद्धि न त्वहं तेषु ते मयि ॥12॥

त्रिभिर्गुणमयैर्भावैरेभिः सर्वमिदं जगत् ।
मोहितं नाभिजानाति मामेभ्यः परमव्ययम् ॥13॥

दैवी ह्येषा गुणमयी मम माया दुरत्यया ।
मामेव ये प्रपद्यन्ते मायामेतां तरन्ति ते ॥14॥

न मां दुष्कृतिनो मूढाः प्रपद्यन्ते नराधमाः ।
माययापहृतज्ञाना आसुरं भावमाश्रिताः ॥15॥

चतुर्विधा भजन्ते मां जनाः सुकृतिनोऽर्जुन ।
आर्तो जिज्ञासुरर्थार्थी ज्ञानी च भरतर्षभ ॥16॥

तेषां ज्ञानी नित्ययुक्त एकभक्तिर्विशिष्यते ।
प्रियो हि ज्ञानिनोऽत्यर्थमहं स च मम प्रियः ॥17॥

उदाराः सर्व एवैते ज्ञानी त्वात्मैव मे मतम् ।
आस्थितः स हि युक्तात्मा मामेवानुत्तमां गतिम् ॥18॥

बहूनां जन्मनामन्ते ज्ञानवान्मां प्रपद्यते ।
वासुदेवः सर्वमिति स महात्मा सुदुर्लभः ॥19॥

कामैस्तैस्तैर्हृतज्ञानाः प्रपद्यन्तेऽन्यदेवताः ।
तं तं नियममास्थाय प्रकृत्या नियताः स्वया ॥20॥

यो यो यां यां तनुं भक्तः श्रद्धयार्चितुमिच्छति ।
तस्य तस्याचलां श्रद्धां तामेव विदधाम्यहम् ॥21॥

स तया श्रद्धया युक्तस्तस्याराधनमीहते ।
लभते च ततः कामान्मयैव विहितान्हि तान् ॥22॥

अन्तवत्तु फलं तेषां तद्भवत्यल्पमेधसाम् ।
देवान्देवयजो यान्ति मद्भक्ता यान्ति मामपि ॥23॥

** गीता कृष्ण की, सिद्धान्त कर्म का ** 115 **

अव्यक्तं व्यक्तिमापन्नं मन्यन्ते मामबुद्धयः ।
परं भावमजानन्तो ममाव्ययमनुत्तमम् ॥24॥

नाहं प्रकाशः सर्वस्य योगमायासमावृतः ।
मूढोऽयं नाभिजानाति लोको मामजमव्ययम् ॥25॥

वेदाहं समतीतानि वर्तमानानि चार्जुन ।
भविष्याणि च भूतानि मां तु वेद न कश्चन ॥26॥

इच्छाद्वेषसमुत्थेन द्वन्द्वमोहेन भारत ।
सर्वभूतानि सम्मोहं सर्गे यान्ति परन्तप ॥27॥

येषां त्वन्तगतं पापं जनानां पुण्यकर्मणाम् ।
ते द्वन्द्वमोहनिर्मुक्ता भजन्ते मां दृढव्रताः ॥28॥

जरामरणमोक्षाय मामाश्रित्य यतन्ति ये ।
ते ब्रह्म तद्विदुः कृत्स्नमध्यात्मं कर्म चाखिलम् ॥29॥

साधिभूताधिदैवं मां साधियज्ञं च ये विदुः ।
प्रयाणकालेऽपि च मां ते विदुर्युक्तचेतसः ॥30॥

*ॐ तत्सदिति*

*श्रीमद्भगवद्गीतासूपनिषत्सु ब्रह्मविद्यायां योगशास्त्रे*
*श्रीकृष्णार्जुनसंवादे ज्ञानविज्ञानयोगो नाम सप्तमोऽध्यायः ॥ 7 ॥*

# अथ श्री सातवाँ अध्याय
## ( अंतरज्ञान )

ध्यान योग को विस्तारा
प्रभु ने अब अर्जुन की
ओर देख मुस्काते हैं,
कितना सुख है वासुदेव
पार्थ को गीता का ज्ञान
भरकर शब्दों में दिए जाते हैं।

हे पार्थ! तू मेरा अनन्य भक्त
तुझे जानने योग्य अपना
सब भेद बताता हूँ,
जो काटे सब संशयों को
अब अपना वो रूप दिखाता हूँ।

अब तू जानेगा मेरा वो
निष्काम पर सकाम रूप,
जिसमें विभूति, ऐश्वर्य
और बल बने रहते अरूप।

कोई संशय अब तेरे उर में
रह ना पाएगा,
जैसे-जैसे मेरी प्रकृति
के भेद को जान तू पाएगा।

** गीता कृष्ण की, सिद्धान्त कर्म का ** 117 **

## ** सप्तमोऽध्यायः **

इस रहस्य को जान कर पार्थ
कुछ और नहीं रह जाएगा,
ये वो ज्ञान है जो संपूर्ण है
तुझे मुझ तक पहुँचाएगा।

इस धरा में असंख्य प्राणी
उसमें से हजारों ही मुझको
पाने का प्रयत्न करते हैं,
भाँति-भाँति के योगों से
वो मेरी अर्चना करते हैं।

पर उनमें से विरला ही
योगी मुझ तक आ पाता है,
जो मेरे सत्य को उसकी
पूर्णता सहित समझ जाता है।

हे अर्जुन! मानव
आठ प्रकार की प्रकृति
को आठ नाम से जाने,
पृथ्वी, जल, आकाश, अगन
वायु, मन, बुद्धि और अहंकार
के रूप में माने।

पर ये तो अपरा (लौकिक) है
तो जड़ इसको जान,
पर सत्य तो जीवरूपा (आत्मा) है
जिससे पड़ते जड़ में प्राण।

** 118 ** गीता कृष्ण की, सिद्धान्त कर्म का **

इन्हीं दोनों के द्वारा
मैं इस जग का पालन करता हूँ,
चलायमान इसको करके
मैं इसका पोषण करता हूँ।

इसको तू सत्य समझ
सब प्राणी इन दोनों से जीवन पाते हैं,
इन्हीं से होती उत्पत्ति
इन्हीं में विलीन हो जाते हैं।

जान ले ये मेरा स्वरूप है
मैं ही मूल हूँ इनका,
मेरे बिना नहीं हिल सकता
एक छोटा-सा तिनका।

मेरे सिवाय कुछ भी नहीं
समझ ये वाक्य सधा हुआ,
मैं वो धागा जिससे बनती माला
एक पुष्प दूसरे से गुँथा हुआ।

हे अर्जुन! अब मैं तुझको
अपना सत्य बताता हूँ,
कैसे मेरे गुण सब में रमते ये
यह तुझको समझाता हूँ।

जल में हूँ मैं उसका रस
चंद्र और सूर्य में रहता बन प्रकाश,
पुरुषत्त्व बन मैं पुरुष में बसता
शब्द बन बसता मैं आकाश।

** गीता कृष्ण की, सिद्धान्त कर्म का ** 119 **

## ** सप्तमोऽध्याय: **

पृथ्वी में मैं पवित्र गंध हूँ
जिससे ये श्वांस बन जाता है,
अग्नि का तेज मैं ही हूँ
जिससे जग मदमाता है।

समस्त प्राणियों का प्राण रूप मैं
जिससे वो जीवन पाते हैं,
मैं ही तपस्वियों का तप जो
मोक्ष तक जाते हैं।

हे भरतश्रेष्ठ! मैं ही बलवानों
में प्रेम और इच्छा को परे रख
सामर्थ्य रूप में बसता हूँ,
और सब भूतप्राणियों की
धर्म अनुसार कामेच्छा
पैदा करता हूँ।

चाहे कोई भी भाव आता हो
सत्य, राजस या तामस गुण
के प्रभाव से,
मुझमें होता वो मैं होता उसमें
पर ग्रहण नहीं करता मेरे
निष्काम स्वभाव से।

वैसे तो वह मेरा
मैं उनका भाग सा हैं दिखते,
परंतु वास्तविकता में दोनों
एक दूसरे में नहीं रमते।

** 120 ** गीता कृष्ण की, सिद्धान्त कर्म का **

## ** सप्तमोऽध्यायः **

गुणों के हैं तीन रूप जो
सात्विक, राजस और तामस
कहलाते हैं,
इनसे उत्पन्न राग-द्वेष के विकार
संपूर्ण विषयों से इस
जग को भरमाते हैं।

इन्हीं गुणों के भाव स्वरूप
यह जग भ्रम में पड़ जाता है,
मुझे सामने पा कर भी
तत्त्व से जान ना पाता है।

तीन गुणों से सजी ये
आलौकिक माया बड़ी
कठिनता से सध पाती है,
पर जो निरन्तर मुझको भजता
ये उस योगी को अपना
उल्लंघन करने से रोक ना पाती है।

जब कि है ये सुगम उपाय
तब भी आसुरी स्वभाव का
मानव इसे पा राह भटक जाता है,
नीच और गिरे कर्मों को करता
जाता मूढ़ (अज्ञानी) और
मुझको पा नहीं पाता है।

हे भरतवंश! मैं श्रेष्ठ पार्थ
सांसारिक भोगों को पाने हेतु
सब मेरे ध्यान को धरते हैं,

** गीता कृष्ण की, सिद्धान्त कर्म का ** 121 **

## \*\* सप्तमोऽध्यायः \*\*

दु:खित पीड़ित या
सब जानने की चाह वाला
अथवा सब जानने वाला चारों
मुझको भजते हैं।

उन सब में जो बस मुझ में
एकीभाव से अनन्यप्रेम
जो रखता है,
वही ज्ञानी मेरा परम
भक्त जो हृदय में मेरे बसता है।

यद्यपि ये सब ही उदार हैं
श्रद्धा सहित मेरे कार्यों
में समय लगाते हैं,
तथापि जो ज्ञानी हैं
वो निष्काम भाव से
मेरा ही रूप हो जाते हैं।

वही ज्ञानी भक्त अपनी
बुद्धि स्थिर रख पाता है,
ऐसा भक्त ही उत्तम गति पा
मुझमें स्थित हो जाता है।

जो अपने बहुत जन्मों में
अंतिम जन्म तक
वासुदेव को भजता जाता है,
दुर्लभ है वो ज्ञानी जो
तत्त्वज्ञान पा मोक्ष का
दरवाजा पाता है।

\*\* 122 \*\* गीता कृष्ण की, सिद्धान्त कर्म का \*\*

## ** सप्तमोऽध्यायः **

हे अर्जुन! ये कुछ गूढ़ है
फिर भी मैं समझाता हूँ,
ध्यान लगा कर सुन अर्जुन
पते की बात बतलाता हूँ।

कुछ विषयासक्त पुरुष हैं
जो इच्छाओं से प्रेरित होते,
उनके सारे कर्म उस कर्म
के विशेष देव को प्रेषित होते।

प्रत्येक वस्तु का एक देवता
वो अपना कार्य ही कर पाता है,
जैसे पवन वायु को देता
वरुण जल भर कर लाता है।

जो मनुष्य जिस देवता से
अपना प्रयोजन रखता है,
वही देवता उस प्राणी की
फल की इच्छा को पूरा करता है।

जैसे कोई चाहे धन वो
उस देवता को पूजता जाता है,
वही धन का देवता उसकी
सारी इच्छा पूरी करता जाता है।

यदि कोई चाहे विद्या तो मैं
उसकी लगन उसी से लगाता हूँ,
उसके इच्छित फल को उसी
देव के द्वारा दिलवाता हूँ।

** गीता कृष्ण की, सिद्धान्त कर्म का ** 123 **

## ** सप्तमोऽध्याय: **

जो भक्त चाहे जिस देव की
श्रद्धा से पूजा करना
मैं उसकी बुद्धि उसी देव में
स्थिर हूँ करता,
इस प्रकार वह भक्त
सिर्फ उसी से प्राप्त फलों
को भोगा है करता।

पर ये भक्त अल्पबुद्धि हैं
जो अल्प फलों को पाते हैं,
नहीं देखते मेरे स्वरूप में
सब देव समाहित हो जाते हैं।

इसके बाद भी अनेक
मनुष्य मुझको भी इस
जन्म-मरण के बंधन
में बँधा हुआ मानते हैं।

वो मेरे निराकार नित्य
अजन्मा और अविनाशी
अपनी ही माया से प्रकट
मेरे स्वरूप को कहाँ जानते हैं।

अपनी योगमाया के द्वारा
मैं सब के सामने अपना
स्वरूप नहीं दिखलाता हूँ,
पर जो देखे ज्ञान चक्षु से
उस निष्काम भक्त को
कण-कण में दिख जाता हूँ।

** 124 ** गीता कृष्ण की, सिद्धान्त कर्म का **

## ** सप्तमोऽध्याय: **

हे अर्जुन! तीनों काल में
चलती हर घटना का
साक्ष्य रूप मैं जानता हूँ,
पर प्राणी मात्र को इस
घटना क्रम से बाहर
रखना जानता हूँ।

हे अर्जुन! अपने वर्तमान में
रहते ये प्राणी भीतर
कितना द्वन्द धरे,
यदि जाने भूत-भविष्य
तो ना जाने ये कितने
व्यर्थ के जतन करे।

परंतु जो निष्काम भाव से
श्रेष्ठ कर्म का आचरण कर
मुझको भजते जाते हैं,
वे राग द्वेषों से मुक्त हो
अपने किए गए सारे
पापों को नष्ट कर पाते हैं।

जो मेरे निमित्त हो इस
जन्म-मरण के बंधन से
छूटने को यत्न कर पाते हैं,
वही निष्काम भक्त
अंत जन्म को तज
मुझ नारायण को आते हैं।

** गीता कृष्ण की, सिद्धान्त कर्म का ** 125 **

## ** सप्तमोऽध्याय: **

जो जानते अधिदैव, अधिभूत,
अधियज्ञ और आत्मरूप
ये सब हैं मेरे ही रूप,
उनको एक बर्फ में दिखते
बादल, भाप, जल, धूम
सबके ही स्वरूप।

जो सब रूपों में मुझ
वासुदेव को पहचान जाता है,
वो युक्ति चित्त अंतकाल में
मुझ परमात्मा को पाता है।


इति
श्रीमद्भगवद्गीता उपनिषद् एवं ब्रह्मविद्या तथा योगशास्त्र के विषय
में भगवान श्रीकृष्ण व अर्जुन के संवाद में ज्ञान विज्ञान योग
"अंतरज्ञान" नामक सातवाँ अध्याय ।। 7 ।।

अथाष्टमोऽध्यायः

# अक्षरब्रह्मयोग

किं तद्ब्रह्म किमध्यात्मं किं पुरुषोत्तम ।
अधिभूतं च किं प्रोक्तमधिदैवं किमुच्यते ॥1॥

अधियज्ञः कथं कोऽत्र देहेऽस्मिन्मधुसूदन ।
प्रयाणकाले च कथं ज्ञेयोऽसि नियतात्मभिः ॥2॥

अक्षरं ब्रह्म परमं स्वभावोऽध्यात्ममुच्यते ।
भूतभावोद्भवकरो विसर्गः कर्मसंज्ञितः ॥3॥

अधिभूतं क्षरो भावः पुरुषश्चाधिदैवतम् ।
अधियज्ञोऽहमेवात्र देहे देहभृतां वर ॥4॥

अंतकाले च मामेव स्मरन्मुक्त्वा कलेवरम् ।
यः प्रयाति स मद्भावं याति नास्त्यत्र संशयः ॥5॥

यं यं वापि स्मरन्भावं त्यजत्यन्ते कलेवरम् ।
तं तमेवैति कौन्तेय सदा तद्भावभावितः ॥6॥

तस्मात्सर्वेषु कालेषु मामनुस्मर युद्ध च ।
मय्यर्पितमनोबुद्धिर्मामेवैष्यस्यसंशयम् ॥7॥

अभ्यासयोगयुक्तेन चेतसा नान्यगामिना ।
परमं पुरुषं दिव्यं याति पार्थानुचिन्तयन् ॥8॥

कविं पुराणमनुशासितार-मणोरणीयांसमनुस्मरेद्यः ।
सर्वस्य धातारमचिन्त्यरूप-मादित्यवर्णं तमसः परस्तात् ॥9॥

प्रयाण काले मनसाचलेन भक्त्या युक्तो योगबलेन चैव ।
भ्रुवोर्मध्ये प्राणमावेश्य सम्यक्-स तं परं पुरुषमुपैति दिव्यम् ॥10॥

** गीता कृष्ण की, सिद्धान्त कर्म का ** 127 **

यदक्षरं वेदविदो वदन्ति विशन्ति यद्यतयो वीतरागाः ।
यदिच्छन्तो ब्रह्मचर्यं चरन्ति तत्ते पदं संग्रहेण प्रवक्ष्ये ॥11॥

सर्वद्वाराणि संयम्य मनो हृदि निरुध्य च ।
मूर्ध्न्याधायात्मनः प्राणमास्थितो योगधारणाम् ॥12॥

ओमित्येकाक्षरं ब्रह्म व्याहरन्मामनुस्मरन् ।
यः प्रयाति त्यजन्देहं स याति परमां गतिम् ॥13॥

अनन्यचेताः सततं यो मां स्मरति नित्यशः ।
तस्याहं सुलभः पार्थ नित्ययुक्तस्य योगिनीः ॥14॥

मामुपेत्य पुनर्जन्म दुःखालयमशाश्वतम् ।
नाप्नुवन्ति महात्मानः संसिद्धिं परमां गताः ॥15॥

आब्रह्मभुवनाल्लोकाः पुनरावर्तिनोऽर्जुन ।
मामुपेत्य तु कौन्तेय पुनर्जन्म न विद्यते ॥16॥

सहस्रयुगपर्यन्तमहर्यद्ब्रह्मणो विदुः ।
रात्रिं युगसहस्रान्तां तेऽहोरात्रविदो जनाः ॥17॥

अव्यक्ताद्व्यक्तयः सर्वाः प्रभवन्त्यहरागमे ।
रात्र्यागमे प्रलीयन्ते तत्रैवाव्यक्तसंज्ञके ॥18॥

भूतग्रामः स एवायं भूत्वा भूत्वा प्रलीयते ।
रात्र्यागमेऽवशः पार्थ प्रभवत्यहरागमे ॥19॥

परस्तस्मात्तु भावोऽन्योऽव्यक्तोऽव्यक्तात्सनातनः ।
यः स सर्वेषु भूतेषु नश्यत्सु न विनश्यति ॥20॥

अव्यक्तोऽक्षर इत्युक्तस्तमाहुः परमां गतिम् ।
यं प्राप्य न निवर्तन्ते तद्धाम परमं मम ॥21॥

पुरुषः स परः पार्थ भक्त्या लभ्यस्त्वनन्यया ।
यस्यान्तः स्थानि भूतानि येन सर्वमिदं ततम् ॥22॥

यत्र काले त्वनावत्तिमावृत्तिं चैव योगिनः ।
प्रयाता यान्ति तं कालं वक्ष्यामि भरतर्षभ ॥23॥

** 128 ** गीता कृष्ण की, सिद्धान्त कर्म का **

अग्निर्ज्योतिरहः शुक्लः षण्मासा उत्तरायणम् ।
तत्र प्रयाता गच्छन्ति ब्रह्म ब्रह्मविदो जनाः ॥24॥

धूमो रात्रिस्तथा कृष्ण षण्मासा दक्षिणायनम् ।
तत्र चान्द्रमसं ज्योतिर्योगी प्राप्य निवर्तते ॥25॥

शुक्ल कृष्णे गती ह्येते जगतः शाश्वते मते ।
एकया यात्यनावृत्ति मन्ययावर्तते पुनः ॥26॥

नैते सृती पार्थ जानन्योगी मुह्यति कश्चन ।
तस्मात्सर्वेषु कालेषु योगयुक्तो भवार्जुन ॥27॥

वेदेषु यज्ञेषु तपःसु चैव दानेषु यत्पुण्यफलं प्रदिष्टम् ।
अत्येत तत्सर्वमिदं विदित्वा योगी परं स्थानमुपैति चाद्यम् ॥28॥

*ॐ तत्सदिति*
*श्रीमद्भगवद्गीतासूपनिषत्सु ब्रह्मविद्यायां योगशास्त्रे*
*श्रीकृष्णार्जुनसंवादे अक्षर ब्रह्मयोगो नामाष्टमोऽध्यायः ॥ 8 ॥*

# अथ श्री आठवाँ अध्याय
## ( आत्मा के भेद )

भगवान के दिए वचनों से
अर्जुन भ्रम में पड़ जाते हैं,
हाथ जोड़ केशव के फिर
ये प्रश्न उठाते हैं।

अपनी बातों से केशव
आप मुझे समझाते हैं,
पर आपके वचनों को सुन
पुन: कुछ प्रश्न उभर कर आते हैं।

हे पुरुषोत्तम! वो क्या है
जिसे आपने ब्रह्म बताया है?
अध्यात्म का भेद है क्या
और कर्म किसे समझाया है?

अधिभूत का प्रमाण कहाँ पर
पाया जाता है?
कौन है वो अधिदैव जो इस
सृष्टि के रज में समाता है?

हे मधुसूदन! ये अधियज्ञ
देह में कैसे समा रहा?
और कौन युक्ति के द्वारा
अपने अंत काल में आपको
यानी श्री भगवान को पा रहा?

** 130 ** गीता कृष्ण की, सिद्धान्त कर्म का **

## ** अष्टमोऽध्याय: **

इस प्रकार प्रश्नों को सुन
बोले श्री भगवान,
सुन अर्जुन करता हूँ मैं
तेरी सब शंका का समाधान।

हे अर्जुन! जिसका नाश नहीं
वो ही ब्रह्म कहलाता है,
प्राणी को अपना स्वरूप
वो ध्यान योग द्वारा दिखलाता है।

उसको कहे अध्यात्म प्राणी
जो ब्रह्म में ध्यान लगाते हैं,
उसी योग द्वारा सब भूतों में
स्थित मुझको देख वो पाते हैं।

जिससे भाव बसे मन मस्तिष्क में प्राणी के
और वो शास्त्रों के अनुसार बरतता है,
खाता, पीता, उठता, सोता, यज्ञ, दान, होम, त्याग
और अपनी दिनचर्या करता है।

वही उसका बरतना ही उसको
ईश्वर से मिलवाता है,
बोलचाल की भाषा में अर्जुन
ये ही कर्म कहलाता है।

जो इस जीवन और मरण
के चक्र में आता है ,
जीवन पाता है, पूरा करता है
फिर मरता है फिर नव जीवन को पाता है।

** गीता कृष्ण की, सिद्धान्त कर्म का ** 131 **

## ** अष्टमोऽध्यायः **

उस नाशवान प्राणी के
भीतर जो भी उसे चलाता है,
वही भगवत अंश हे पार्थ!
अधिभूत कहलाता है।

परंतु वह प्राणी जो योगों
के द्वारा अपने चित्त को
स्थिर कर निष्काम भाव से
अपने कर्मों को करता है,
वही योगी योग के द्वारा
सब कर्मों में कर्तापन
को त्याग हिरण्यमय अर्थात्
शांतस्वरूप को धरता है।

उसका यह स्वरूप परमात्मा
को बहुत लुभाता है,
वह प्राणी इस भूत जगत में
अधिदैव कहलाता है।

और हे अर्जुन! प्राणी मात्र
के कर्मों को उनकी देह के
भीतर ही ग्रहण मैं करता जाता हूँ,
मैं विष्णु ही वासुदेव व अनेक
नामों से इस जग में आकर
अधियज्ञ कहलाता हूँ।

हे अर्जुन! जो प्राणी
अपने अंतकाल में मुझको
ही स्मरण करता है,

** 132 ** गीता कृष्ण की, सिद्धान्त कर्म का **

## ** अष्टमोऽध्याय: **

वही पुरुष मेरे साक्षात
स्वरूप का दर्शन करता है।

पर जैसा जो अपना
जीवन जीता वही भाव
अंत समय में आते हैं,
इसी प्रकार से सब
प्राणी अपने नए
जन्म को पाते हैं।

अत: हे अर्जुन! यदि तू
निष्कामी हो अपने सब
कर्मों को मुझको अर्पण
करता जाएगा,
मेरे अर्पण किए हृदय से
तू मेरे साक्षात दर्शनों
को पा जाएगा।

हे पार्थ! यह सर्वदा सत्य
जो ध्यान रूपी अभ्यास कर
योग से युक्त हो जाता है,
जिसका चित्त निरंतर
चिंतन करता किसी और
की ओर ना जाता है।

जो पुरुष प्रत्येक भाव
से ईश्वर के दिव्य रूप
की लगन लगाता है,
वो पुरुष परम प्रकाश

** गीता कृष्ण की, सिद्धान्त कर्म का ** 133 **

## ** अष्टमोऽध्यायः **

परमेश्वर को सहज
प्राप्त कर पाता है।

जो उस ईश्वर को
सब को जानने वाला
सबसे प्रथम सबके अच्छे
और बुरे कर्मों को जानने
वाला मानता है,
वही उस ईश्वर के
सूक्ष्म से भी सूक्ष्म रूप
सबका पालन-पोषण करने
वाले सूर्य की भाँति चमकते
रूप को पहचानता है।

सदा ही जग में रहने वाला
अविद्या से परे ईश्वर का रूप,
जो सदा स्मरण करता रहता
उस परमात्मा के अनगिनत रूप।

वह भक्ति में रहने वाला
अपने अंत काल में अपने
प्राण को अपनी भृकुटी के
मध्य स्थित कर पाता है,
और फिर निश्छल मन
से दिव्यस्वरूप परमपुरुष
परम पिता परमेश्वर को पाता है।

## ** अष्टमोऽध्याय: **

हे अर्जुन! वेदों के ज्ञानी
द्वारा मैं ओंकार कहलाता हूँ,
क्यों यह एक अक्षर परमपद
उसको संक्षेप में समझाता हूँ।

यही परमपद है वह जिसमें
चाहे हर ज्ञानी जाना,
ब्रह्मचर्य का शुद्ध आचरण
आवश्यक क्यों है आना।

हे अर्जुन! अपनी इंद्रियों
को जो वश में करके मन (भावना)
को हृदय में स्थित कर पाए,
और फिर योग साधना
द्वारा अपनी प्राण वायु
अपने मस्तिष्क तक पहुँचाए।

जो मेरे एक अक्षर स्वरूप
ॐ को सदा उचारा करता है,
और उसके फलस्वरूप मेरे
चिंतन में अपनी देह को तजता है।

वह एक सीधी राह पे चल
सीधा मुझ तक आता है,
मेरे स्थान तक आ कर वो
दिव्य पुरुष परम गति को पाता है।

हे अर्जुन! अपने चित्त को
मुझमें रख बस मेरा ही

** गीता कृष्ण की, सिद्धान्त कर्म का ** 135 **

## ** अष्टमोऽध्याय: **

स्मरण करता है,
उसके लिए मुझे पाना
सुलभ है रमना मुझमें
सहजता है।

वो परम सिद्धि को प्राप्त हुए
महापुरुष मुझको पा जन्ममरण
से छुटकारा पाते हैं,
ये योगी ये निष्कामी सुन
पुन: दु:ख ना पा
सीधे मोक्ष को पाते हैं।

क्योंकि हे अर्जुन! संसार में
ब्रह्मलोक से लेकर जितने
भी लोकादि बसते हैं,
इन सबमें बसने वाले
बार-बार जन्म लेने की
प्रतिक्रिया में पड़ते हैं।

परंतु जब प्राणी मुझ
परमब्रह्म को पा जाता है,
मोक्ष प्राप्त कर मुक्त वो
प्राणी पुनर्जन्म ना पाता है।

क्योंकि मैं हूँ परे समय से
ये सब हैं अवधि वाले,
वही मोक्ष का स्वामी जो
मेरे अनित्य स्वरूप को पाले।

## ** अष्टमोऽध्याय: **

अर्जुन अब समझाता हूँ मैं
काल का भेद,
जिसे जानकर कर पाएगा
तू अपने संशयों को छेद।

ब्रह्मा का जो एक दिवस वो
हजार चतुर्युग में रमता है,
पर हरेक एक चतुर्युग
तैंतालीस लाख बीस हजार
सौर वर्षों से बनता है।

ऐसे ही ब्रह्मरात्रि सम है
यानी समान अवधि वाली,
निश्चित अवधि
हो कर भी लगती ये गणना
अनिश्चित अवधि वालीं।

जो योगी इस अवधि को
पूर्ण तत्त्व से जानते हैं,
वो योगी जन काल के
तत्त्व को भलीभाँति पहचानते हैं।

इसी प्रकार वो ये भी जानें
कि इस जग के सारे प्राणी
ब्रह्मा के दिवस काल में
ब्रह्मा के अति सूक्ष्म (अर्थात् कण से भी सौ गुणा छोटा जो
दिख भी ना पाए)
स्वरूप से जीवन पाते हैं,
और ब्रह्मा के ही रात्रि काल

** गीता कृष्ण की, सिद्धान्त कर्म का ** 137 **

## \*\* अष्टमोऽध्यायः \*\*

के आने पर उस ब्रह्मा के
सूक्ष्म शरीर में विलय
हो जाते हैं।

यही प्राणियों का समूह
फिर रात के आरम्भ में
उत्पन्न होता है,
फिर ब्रह्मा के दिवस
काल के आरम्भ में
ब्रह्म में विलय होता है।

हे अर्जुन! इस प्रकार ब्रह्मा
के जब सौ वर्ष पूर्ण
हो जाते हैं,
इस आवागमन के चक्र
को संचालित कर ब्रह्मा
भी शांत हो जाते हैं।

परंतु उस ब्रह्मा से भी
बहुत बड़ा सदा रहने वाला
अनकहा भाव होता है,
जिसमें सब भूत नष्ट
हो जाने पर भी पूर्णब्रह्मा
को कष्ट ना होता है,
जिसकी गहराई और ऊँचाई
में प्राणी स्वयं को  खोता है,
लक्षणों से भी परे वो ब्रह्मा
कभी नष्ट ना होता है।

\*\* 138 \*\* गीता कृष्ण की, सिद्धान्त कर्म का \*\*

## \*\* अष्टमोऽध्याय: \*\*

जिसके व्यक्त ना करा जा सके
वो शब्द ॐ कहलाए,
इसी अक्षर से परम गति जो पाए
दुबारा संसार समुद्र में ना आए।

बस पहुँचे जहाँ परम
सनातन सत्य का काम है,
अंतिम पड़ाव इस प्राणी का
अर्जुन! मेरा ही परम धाम है।

और हे पार्थ! जिस
परमात्मा के भीतर सब
भूत प्राणी हैं बसते,
और जिस सच्चिदानंद घन
के प्रताप से प्राणी
सारे भावों को हैं धरते।

उसी को प्राप्त करना
इस जीवन का हो उद्देश,
केवल भक्ति मात्र से
पा जायें सब प्राणी यह संदेस।

और हे अर्जुन! अब श्रेष्ठ
समय में देह त्यागने
का मार्ग समझाता हूँ,
जिससे मुक्ति मिलती
या पुनर्जन्म वो काल
भेद बतलाता हूँ।

\*\* गीता कृष्ण की, सिद्धान्त कर्म का \*\* 139 \*\*

## ** अष्टमोऽध्याय: **

दो प्रकार के मार्ग बने हैं
मै सविस्तार बताऊँगा,
ध्यान लगाकर सुनना पार्थ
तुझको सब समझाऊँगा।

जिस काल में चंद्रमा
अमावस से पूर्णिमा को
बढ़ता है,
अपनी ज्योति को बढ़ा
शुक्ल रूप (निखरा) वो
धरता है।

जिस काल में बैठ
तप्त सूर्य अपनी
ज्योति रूपी अग्नि दिखलाते हैं,
और अपनी गति बदल
कर उत्तरायण में आते हैं,
उस काल में ज्ञानी जन
अपनी देह को तजते जाते हैं,
स्वयं निर्वाण का जतन
वो करते या यम के
द्वारा करवाते हैं।

वही पाते उस परब्रह्म को
निष्काम योग से भरा हो
जिनका कोश,
तोड़ जन्म-मरण का बंधन
ये ज्ञानी जन पाते हैं मोक्ष।

** 140 ** गीता कृष्ण की, सिद्धान्त कर्म का **

## ** अष्टमोऽध्याय: **

दूसरे मार्ग में जब चंद्रमा
उजाले से अँधियारे
को जाता है,
वही पक्ष सुन हे पार्थ!
कृष्ण पक्ष कहलाता है।

जिसमें धुँध के रूपी
धुआँ प्रकृति को ढकता है,
और रात्रि का देवता
रात्रि को और बड़ी जब करता है,
जब सूर्य उत्तर दिशा छोड़ के
दक्षिण दिशा को जाते हैं,
उस मार्ग में सकाम
योगी देह तजने का जतन लगाते हैं,
बड़ी अवधि तक स्वर्ग
के सुखों को भोग
संसार समुद्र में लौट के आते हैं।

यही योगियों की गति
इसे नहीं पाता वो
जो ना कोई योग करे,
सांसारिक सुख में रमता रहता वो
प्रभु का ना संयोग करे,
इस संसार में दो ही
मार्गों में है एक शुक्ल
जो मुझ पर समाप्त हो जाता है,
कृष्ण थोड़ी अवधि का मार्ग
जिसका रास्ता लौट धरा पर आता है।

** गीता कृष्ण की, सिद्धान्त कर्म का ** 141 **

## ** अष्टमोऽध्याय: **

हे अर्जुन! जो भी
योगी इस परम भेद
को जान पाता है,
वो सारी कामनाओं
को तज निष्काम
भाव को लाता है।

इस कारण हे अर्जुन!
तू भी समत्त्वबुद्धि को
धारण कर ले,
निष्काम भाव से योगी बन
अपनी सारी चिंता हर ले।

क्योंकि योगी निष्काम योग
के रहस्य को जान
भ्रम में नहीं समाते हैं,
जो पुण्य वेदज्ञान
तप, यज्ञ या दान से मिलता
वह इस अक्षर रूप से पाते हैं।

इति

श्रीमद्भगवद्गीता उपनिषद् एवं ब्रह्मविद्या तथा योगशास्त्र के विषय
में भगवान श्रीकृष्ण व अर्जुन के संवाद में अक्षरब्रह्मयोग
"आत्मा के भेद" नामक आठवाँ अध्याय ॥ 8 ॥

# अथ नवमोऽध्यायः

# राजविद्याराजगुह्ययोग

इदं तु ते गुह्यतमं प्रवक्ष्याम्यनसूयवे ।
ज्ञानं विज्ञानसहितं यज्ज्ञात्वा मोक्ष्यसेऽशुभात् ॥1॥

राजविद्या राजगुह्यं पवित्रमिदमुत्तमम् ।
प्रत्यक्षावगमं धर्म्यं सुसुखं कर्तुमव्ययम् ॥2॥

अश्रद्दधानाः पुरुषा धर्मस्यास्य परन्तप ।
अप्राप्य मां निवर्तन्ते मृत्युसंसारवर्त्मनि ॥3॥

मया ततमिदं सर्वं जगदव्यक्तमूर्तिना ।
मत्स्थानि सर्वभूतानि न चाहं तेषवस्थितः ॥4॥

न च मत्स्थानि भूतानि पश्य मे योगमैश्वरम् ।
भूतभृन्न च भूतस्थो ममात्मा भूतभावनः ॥5॥

यथाकाशस्थितो नित्यं वायुः सर्वत्रगो महान् ।
तथा सर्वाणि भूतानि मत्स्थानीत्युपधारय ॥6॥

सर्वभूतानि कौन्तेय प्रकृतिं यान्ति मामिकाम् ।
कल्पक्षये पुनस्तानि कल्पादौ विसृजाम्यहम् ॥7॥

प्रकृतिं स्वामवष्टभ्य विसृजामि पुनः पुनः ।
भूतग्राममिमं कृत्स्नमवशं प्रकृतेर्वशात् ॥8॥

न च मां तानि कर्माणि निबध्नन्ति धनञ्जय ।
उदासीनवदासीनमसक्तं तेषु कर्मसु ॥9॥

मयाध्यक्षेण प्रकृतिः सूयते सचराचरं ।
हेतुनानेन कौन्तेय जगद्विपरिवर्तते ॥10॥

** गीता कृष्ण की, सिद्धान्त कर्म का ** 143 **

अवजानन्ति मां मूढा मानुषीं तनुमाश्रितम् ।
परं भावमजानन्तो मम भूतमहेश्वरम् ॥11॥

मोघाशा मोघकर्माणो मोघज्ञाना विचेतसः ।
राक्षसीमासुरीं चैव प्रकृतिं मोहिनीं श्रिताः ॥12॥

महात्मानस्तु मां पार्थ दैवीं प्रकृतिमाश्रिताः ।
भजन्त्यनन्यमनसो ज्ञात्वा भूतादिमव्यम् ॥13॥

सततं कीर्तयन्तो मां यतन्तश्च दृढ़व्रताः ।
नमस्यन्तश्च मां भक्त्या नित्ययुक्ता उपासते ॥14॥

ज्ञानयज्ञेन चाप्यन्ते यजन्तो मामुपासते ।
एकत्वेन पृथक्त्वेन बहुधा विश्वतोमुखम् ॥15॥

अहं क्रतुरहं यज्ञः स्वधाहमहमौषधम् ।
मंत्रोऽहमहमेवाज्यमहमग्निरहं हुतम् ॥16॥

पिताहमस्य जगतो माता धाता पितामहः ।
वेद्यं पवित्रमोङ्कार ऋक्साम यजुरेव च ॥17॥

गतिर्भर्ता प्रभुः साक्षी निवासः शरणं सुहृत् ।
प्रभवः प्रलयः स्थानं निधानं बीजमव्ययम् ॥18॥

तपाम्यहमहं वर्षं निगृह्णाम्युत्सृजामि च ।
अमृतं चैव मृत्युश्च सदसच्चाहमर्जुन ॥19॥

त्रैविद्या मां सोमपाः पूतपापायज्ञैरिष्ट्वा स्वर्गतिं प्रार्थयन्ते ।
ते पुण्यमासाद्य सुरेन्द्रलोकमश्नन्ति दिव्यान्दिवि देवभोगान् ॥20॥

ते तं भुक्त्वा स्वर्गलोकं विशालंक्षीणे पुण्य मर्त्यलोकं विशन्ति ।
एवं त्रयीधर्ममनुप्रपन्ना गतागतं कामकामा लभन्ते ॥21॥

अनन्याश्चिन्तयन्तो मां ये जनाः पर्युपासते ।
तेषां नित्याभियुक्तानां योगक्षेमं वहाम्यहम् ॥22॥

येऽप्यन्यदेवता भक्ता यजन्ते श्रद्धयान्विताः ।
तेऽपि मामेव कौन्तेय यजन्त्यविधिपूर्वकम् ॥23॥

** 144 ** गीता कृष्ण की, सिद्धान्त कर्म का **

## ** नवमोऽध्याय: **

अहं हि सर्वयज्ञानां भोक्ता च प्रभुरेव च ।
न तु मामभिजानन्ति तत्त्वेनातश्च्यवन्ति ते ॥24॥

यान्ति देवव्रता देवान्पितृन्यान्ति पितृव्रता: ।
भूतानि यान्ति भूतेज्या यान्ति मद्याजिनोऽपि माम् ॥25॥

पत्रं पुष्पं फलं तोयं यो मे भक्त्या प्रयच्छति ।
तदहं भक्त्युपहृतमश्नामि प्रयतात्मन: ॥26॥

यत्करोषि यदश्नासि यज्जुहोषि ददासि यत् ।
यत्तपस्यसि कौन्तेय तत्कुरुष्व मदर्पणम् ॥27॥

शुभाशुभफलैरेवं मोक्ष्य से कर्मबंधनै: ।
सन्यासयोगमुक्तात्मा विमुक्तो मामुपैष्यसि ॥28॥

समोऽहं सर्वभूतेषु न मे द्वेष्योऽस्ति न प्रिय: ।
ये भजन्ति तु मां भक्त्या मयि ते तेषु चाप्यहम् ॥29॥

अपि चेत्सुदुराचारो भजते मामनन्यभाक् ।
साधुरेव स मन्तव्य: सम्यग्व्यवसितो हि स: ॥30॥

क्षिप्रं भवति धर्मात्मा शश्वच्छान्तिं निगच्छति ।
कौन्तेय प्रतिजानीहि न मे भक्त: प्रणश्यति ॥31॥

मां हि पार्थ व्यपाश्रित्य येऽपि स्यु पापयोनय: ।
स्त्रियो वैश्यास्तथा शूद्रास्तेऽपि यान्ति परां गतिम् ॥32॥

किं पुनर्ब्राह्मणा: पुण्या भक्ता राजर्षयस्तथा ।
अनित्यमसुखं लोकमिमं प्राप्य भजस्व माम् ॥33॥

मन्मना भव मद्भक्तो मद्याजी मां नमस्कुरु ।
मामेवैष्यसि युक्त्वैवमात्मानं मत्परायण: ॥34॥

ॐ तत्सदिति

श्रीमद्भगवद्गीतासूपनिषत्सु ब्रह्मविद्यायां योगशास्त्रे
श्रीकृष्णार्जुनसंवादे राजविद्याराजगुह्ययोगो नाम नवमोऽध्याय: ॥ 9 ॥

** गीता कृष्ण की, सिद्धान्त कर्म का ** 145 **

## अथ श्री नवाँ अध्याय
# ( ईश्वर का अलोप रूप )

इसके उपरांत अर्जुन से बोले श्री भगवान
हे अर्जुन! तू है रहित दोषदृष्टि से सुन अब धर कर ध्यान,
जो परम रहस्य से है युक्त
तेरे लिए कहता हूँ वह ज्ञान।

जिसे जानकर तू
पाप मुक्त हो जाएगा,
दुःख रूपी संसार से तरकर तू
जन्म-मरण से मुक्ति पाएगा,

यह ज्ञान सब विद्याओं का राजा
सभी अज्ञात भेदों में सबसे है ये भेद बड़ा,
अति पवित्र उत्तम प्रत्यक्ष फल से युक्त यह
धर्म से युक्त अविनाशी ये करने में है सुगम बड़ा।

हे परंतप! जो प्राणी इस तत्वज्ञान के द्वारा
धर्म में श्रद्धा छोड़ कर मुझको भजता है,
त्यागे अगर देह भी मुझसे ना मिल
इस मृत्युलोक में वो प्राणी फिरता है।

हे अर्जुन! जैसे पहले भी तुझे बताया
मैं एक बार पुन: दोहराता हूँ,
मैं हूँ उस जल के जैसा जो बाहर से दिखती
बर्फ के भीतर अदृश्य रह कर समाता हूँ।

** 146 ** गीता कृष्ण की, सिद्धान्त कर्म का **

## ** नवमोऽध्याय: **

पर सत्य यह है ना मैं उनमें हूँ
ना वो मुझमें बसते हैं,
पर माया के परवश हो हम दोनों
एक दूजे जैसे दिखते हैं।

जैसे वायु प्राणी के भीतर रह कर भी
सदा रहता है आकाश में विराजमान,
ऐसे ही मेरे पालित-पोषित प्राणी में रह कर भी
आत्मा सदा मुझ में रहती विद्यमान।

हे अर्जुन! जब-जब मेरी रची यह सृष्टि
अपने अंत तक आती है,
तब ही यह आत्मा प्राणियों से अलग हो
लौट कर मुझ में ही बस जाती है।

नए कल्प के प्रारम्भ में मैं पुन:
उन्हें रचाता हूँ,
भाँति-भाँति के प्राणी वनस्पति और
जीव-जंतु बनाता हूँ।

अपनी तीन गुणों वाली माया से
मैं ही रचता उनके सब स्वभाव,
जैसे उनके कर्मों का लेखा-जोखा
रखता वैसे ही उनके भाव।

हे अर्जुन! मैं भी हर कल्प में अपने
प्राणी रूप को रचता हूँ,
मुझे कर्म नहीं बाँधते क्योंकि अपने
प्रत्येक कर्म में निष्काम भाव को रखता हूँ।

** गीता कृष्ण की, सिद्धान्त कर्म का ** 147 **

## ** नवमोऽध्याय: **

हे अर्जुन! मुझसे उत्पन्न मेरी माया ही
इस सर्व जगत को रचती है,
और ऊपर कहे प्रकार से ये प्राणी समुदाय के
आवागमन को निश्चित करती है।

फिर भी ईश्वर को ना मानने वाले
मुझ वासुदेव को साधारण मानव मानते हैं,
और मुझे भी अपनी ही भाँति देह का धारी
दीन-हीन तुच्छ और अतिसाधारण जानते हैं।

जो वृथा आशा को रखते, वृथा बखारते ज्ञान
और वृथा ही करते सारे काम,
उनके गुण होते हैं तामसी उन्हें तू
असुर समान राक्षसी स्वभाव का जान।

परंतु हे कुंतिपुत्र! जो दैवीय गुणों को धरते
वो सही ज्ञान और कर्म में ध्यान लगाते हैं,
मुझको जानते सत्य सनातन नाश रहित
अक्षर स्वरूप मेरे रूप ॐ को भजते जाते हैं।

मेरे दृढ़ निश्चय वाले भक्त
सदा मुझमें ही ध्यान लगाते हैं,
करते बारम्बार प्रणाम मेरी
भक्ति में रमते जाते हैं।

कोई पूजे ज्ञान यज्ञ के द्वारा वो
परमात्मा एक है ऐसा मानता है,
और कोई अलग-अलग रूपों में
मेरा स्वरूप पहचानता है।

** 148 ** गीता कृष्ण की, सिद्धान्त कर्म का **

सारी अभिलाषाओं की पूर्ति हेतु प्राणी
जिन पंच महायज्ञों को रचते हैं,
उन्हीं यज्ञों की पूर्ति के निमित्त
वो अन्न दान को करते हैं।

अर्जुन मैं ही वो अभिलाषा और यज्ञ भी मैं
अन्न भी मैं, मंत्र भी मैं, घी भी मैं
समिधा भी मैं और यज्ञ सामग्री भी मैं,
मैं ही हूँ उन यज्ञों की हवन क्रिया
मैं ही अग्नि बन कर जलता हूँ,
सब अर्पित वनस्पति, औषधि और
पितरों जो भेजा जाता उस अन्न दान को
अलोप भाव से ग्रहण मैं ही तो करता हूँ।

हे अर्जुन! मैं ही करता भरण-पोषण इस जग का
कर्मों का फल भी मैं ही देता हूँ,
कभी माँ के रूप कभी पिता और
कभी पितामह सा दिखता हूँ।

मैं ही हूँ पवित्र ओंकार
इसमें नहीं है कोई भेद,
मैं ही स्वामी यज्ञों का, बसते मुझमें
ऋगवेद, यजुर्ववेद और सामवेद।

मैं ही हूँ अर्जुन वो उच्च स्थान
जिसको चाहें सब प्राणी पाना,
मैं ही सब चराचर का स्वामी जो
निश्चित करता शुभ-अशुभ कर्मों का हो जाना।

** गीता कृष्ण की, सिद्धान्त कर्म का ** 149 **

## ** नवमोऽध्याय: **

मैं सबका वास स्थान और शरण स्थली
सब कुछ निश्चित करता हूँ,
सबके-सबके सब कामों को करता हूँ पर
अपने प्रति प्रतिकार की चाह ना रखता हूँ।

उत्पत्ति मैं और प्रलय भी मैं हूँ
जिससे प्राणी आते और जाते हैं,
मैं सब कामों का कारण आधार, मैं ही प्रश्न
और मुझमें सब प्रश्नों के निदान मिल जाते हैं।

मैं बनकर के सूर्य तपता गगन में
बादल बनकर वर्षा को बरसाता हूँ,
मैं ही अमरत्व, मैं ही मृत्यु
सच भी मैं ही और मैं ही झूठ बन जाता हूँ।

जो तीनों वेदों में वर्णित सब सकाम कर्म
को कर सोमरस का भोग करे,
वह पापों का त्यागी पुरुष, स्वर्ग की चाह में
मुझे पूजने को यज्ञ करे।

वह निश्चित ही अपने पुण्य के
प्रभाव से स्वर्ग लोक को आता है,
इंद्रलोक में वास करता बड़ी अवधि तक
उस लोक के सब भोगों को पाता है।

ये ज्ञानी जन पुण्य घटने पर
वापिस मृत्युलोक को आते हैं,
वेदों में वर्णित सकाम कर्म को अपना कर
आने-जाने के चक्र में फँस जाते हैं।

** 150 ** गीता कृष्ण की, सिद्धान्त कर्म का **

## ** नवमोऽध्यायः **

पर जो भक्तजन वेदों में वर्णित कर्मों में
निष्काम भाव अपनाते हैं,
उनके कर्मों का फल मैं स्वयं निश्चित करता हूँ
वो मेरे निमित्त हो योगक्षेम को पाते हैं।

हे कुंतीपुत्र! जो प्राणी अपने कर्मों को
जिस-जिस देव का ध्यान धर करते हैं,
वास्तविकता में वो भी अपने सब कर्मों को
मुझको ही अर्पण करते हैं।

पर चुनते हैं वो योग तो उनको
सम्यक् ज्ञान नहीं होता,
कितना भी वो जतन करें परंतु उनका
फल निष्कामी के समान नहीं होता।

जो निष्काम भाव संपूर्ण योग से
अपने कर्मों को कर पाते हैं,
वही योगी जन्म-मरण से छूट
मोक्ष द्वार को पाते हैं।

पर जो अपने योग करने में
निष्काम भाव ना धरता है,
वो एक भाव से कार्य करने वाला
जन्म-मरण में पड़ता है।

मैं ही सब भोगों-योगों का स्वामी
मैं सब प्राणी का स्वामी कहलाता हूँ,
जो कर्म करे और कर्ता का भाव छोड़ दे
उसे अपने सम्पूर्ण प्रेम सहित अपनाता हूँ।

** गीता कृष्ण की, सिद्धान्त कर्म का ** 151 **

## ** नवमोऽध्याय: **

जो अपने सारे कर्म अपने एक देव को
अर्पण करते जाते हैं,
वो अपनी मृत्यु के बाद उस
देवता ही को पाते हैं।

इसी भाँति जो बुरी शक्तियों का धरते ध्यान
वो अपने कर्म करना चाहते हैं उसी के समान,
और भी जो पितर देवता (जिनके अधिशासी यम हैं) कहलाते हैं
उनके अंतकाल में वो यम की नगरी में रह जाते हैं,
परंतु जो अनन्य भाव से कर्म करके भी
अपने सब कर्मों को मुझको अर्पण करते हैं,
उनके लिए ना स्वर्ग ना नर्क वो सीधे
मोक्ष मार्ग में चल मुझसे आकर मिलते हैं।

जितना भी हो उनका प्रयास मैं उसको
सहर्ष स्वीकार कर लेता हूँ,
पत्र (सबसे छोटे कर्म) फूल (बीच के से काम)
फल (बड़े-बड़े काम) जो भी अर्पित करता
उसे शुद्ध चेतना में भर लेता हूँ।

अत: कुंतीपुत्र यदि प्राणी अपने सब
कार्यों को मेरे द्वारा किए गए समझता है,
भोजन करता, तपस्या करता, जीविका चलाता
है वह, पर ईश्वर को अर्पण करता है।

तो ही वह प्राणी सब कर्मों के बंध और
भले-बुरे से मुक्त हो पाता है,
यही सही अर्थों में संन्यास योग इस भाँति ही
मुझको वो प्राणी भी पाता है।

** 152 ** गीता कृष्ण की, सिद्धान्त कर्म का **

## ** नवमोऽध्यायः **

ना मुझे किसी से द्वेष है
ना प्रेम किसी से रखता हूँ,
पक्षपात नहीं मेरा स्वभाव
सबमें समभाव मैं रखता हूँ।

जो प्राणी शुद्ध भाव से, निष्काम
भाव से अपने कर्मों को करता है,
संशय नहीं वही प्राणी अपनी
आयु पूरी कर मुझसे ही मिलता है।

यदि कोई दुराचारी है तब भी वो
अपने कर्मों को निष्काम भाव से करता है,
तो वह भी एक योगी है जो अपने काम को
यदि बिना फल की इच्छा के करता है।

वह भी कहलाता साधु है जिसे
अपने कामों में फल का मोह नहीं,
वह भी शांति को प्राप्त होता है
जिसको शांति की टोह (तलाश) नहीं।

हे पार्थ! जो भी प्राणी मेरी शरण को आता है
वो भले ही पाप योनि हो भव से मुक्ति पाता है,
कोई भी योनि हो चाहे नर, नारी या भोगी
परम धाम पाएगा वो उस पर ही कृपा होगी।

फिर क्या कहना उस ब्राह्मण (वेदों का ज्ञाता)
राजऋषि (कठिन तपस्या वाले) और
भक्तों (निष्काम योगी) का
जो सदा मुझमें ही चित्त लगाते हैं,

** गीता कृष्ण की, सिद्धान्त कर्म का ** 153 **

ये सभी वह प्राणी जो इस दु:खमय जग
में रहकर भी दु:ख से मन ना दुखाते हैं।

इस जग के सम्पूर्ण कर्मों को करते
बस मेरा ध्यान तू धरता जा,
यह संसार क्षणिक है अर्जुन बस
प्रेम से मुझको जपता जा।

जो कहता हूँ अर्जुन उस पर अपना ध्यान तू धर
मुझको चिंतन में बसा बस भजन (कर्म) तू कर
जब तू सम्पूर्ण रूप से नतमस्तक
मुझमें ही रमता जाएगा,
सारे कार्यों की सिद्ध करेगा निष्काम
और मुझे प्राप्त हो जाएगा।

*इति*
*श्रीमद्भागवद्गीता उपनिषद् एवं ब्रह्मविद्या तथा योगशास्त्र के विषय में भगवान श्रीकृष्ण व अर्जुन के संवाद में राजविद्याराजगुह्ययोग "ईश्वर का अलोप रूप" नामक नौवाँ अध्याय ॥ 9 ॥*

## अथ दशमोऽध्यायः

# विभूतियोग

भूय एव महाबाहो श्रृणु मे परमं वचः ।
यत्तेऽहं प्रीयमाणाय वक्ष्यामि हितकाम्यया ॥1॥

न मे विदुः सुरगणाः प्रभवं न महर्षयः ।
अहमादिर्हि देवानां महर्षीणां च सर्वशः ॥2॥

यो मामजमनादिं च वेत्ति लोकमहेश्वरम् ।
असम्मूढः स मर्त्येषु सर्वपापैः प्रमुच्यते ॥3॥

बुद्धिर्ज्ञानमसम्मोहः क्षमा सत्यं दमः शमः ।
सुखं दुःखं भवोऽभावो भयं चाभयमेव च ॥4॥

अहिंसा समता तुष्टिस्तपो दानं यशोऽयशः ।
भवन्ति भावा भूतानां मत्त एव पृथग्विधाः ॥5॥

महर्षयः सप्त पूर्वे चत्वारो मनवस्तथा ।
मद्भावा मानसा जाता येषां लोक इमाः प्रजाः ॥6॥

एतां विभूतिं योगं च मम यो वेत्ति तत्त्वतः ।
सोऽविकम्पेन योगेन युज्यते नात्र संशयः ॥7॥

अहं सर्वस्य प्रभवो मत्तः सर्वं प्रवर्तते ।
इति मत्वा भजन्ते मां बुधा भावसमन्विताः ॥8॥

मच्चित्ता मद्‌गतप्राणा बोधयन्तः परस्परम् ।
कथयन्तश्च मां नित्यं तुष्यन्ति च रमन्ति च ॥9॥

तेषां सततयुक्तानां भजतां प्रीतिपूर्वकम् ।
ददामि बद्धियोगं तं येन मामुपयान्ति ते ॥10॥

** गीता कृष्ण की, सिद्धान्त कर्म का ** 155 **

तेषामेवानुकम्पार्थमहमज्ञानजं तमः ।
नाशयाम्यात्मभावस्थो ज्ञानदीपेन भास्वता ॥11॥

परं ब्रह्म परं धाम पवित्रं परमं भवान् ।
पुरुषं शाश्वतं दिव्यमादिदेवमजं विभुम् ॥12॥

आहुस्त्वामृषयः सर्वे देवर्षिर्नारदस्तथा ।
असितो देवलो व्यासः स्वयं चैव ब्रवीषि मे ॥13॥

सर्वमेतदृतं मन्ये यन्मां वदसि केशव ।
न हि ते भगवन्व्यक्तिं विदुर्देवा न दानवाः ॥14॥

स्वयमेवात्मनात्मानं वेत्थ त्वं पुरुषोत्तम ।
भूतभावन भूतेश देवदेव जगत्पते ॥15॥

वक्तुमर्हस्यशेषेण दिव्या ह्यात्मविभूतयः ।
याभिर्विभूतिभिर्लोकानिमांस्त्वं व्याप्य तिष्ठसि ॥16॥

कथं विद्यामहं योगिंस्त्वां सदा परिचिन्तयन् ।
केषु केषु च भावेषु चिन्त्योऽसि भगवन्मया ॥17॥

विस्तरेणात्मनो योगं विभूतिं च जनार्दन ।
भूयः कथय तृप्तिर्हि श्रृण्वतो नास्ति मेऽमृतम् ॥18॥

हन्त ते कथयिष्यामि दिव्या ह्यात्मविभूतयः ।
प्राधान्यतः कुरुश्रेष्ठ नास्त्यन्तो विस्तरस्य मे ॥19॥

अहमात्मा गुडाकेश सर्वभूताशयस्थितः ।
अहमादिश्च मध्यं च भूतानामन्त एव च ॥20॥

आदित्यानामहं विष्णुर्ज्योतिषां रविरंशुमान् ।
मरीचिर्मरुतामस्मि नक्षत्राणामहं शशी ॥21॥

वेदानां सामवेदोऽस्मि देवानामस्मि वासवः ।
इंद्रियाणां मनश्चास्मि भूतानामस्मि चेतना ॥22॥

रुद्राणां शङ्करश्चास्मि वित्तेशो यक्षरक्षसाम् ।
वसूनां पावकश्चास्मि मेरुः शिखरिणामहम् ॥23॥

** 156 ** गीता कृष्ण की, सिद्धान्त कर्म का **

पुरोधसां च मुख्यं मां विद्धि पार्थ बृहस्पतिम् ।
सेनानीनामहं स्कन्दः सरसामस्मि सागरः ॥24॥

महर्षीणां भृगुरहं गिरामस्म्येकमक्षरम् ।
यज्ञानां जपयज्ञोऽस्मि स्थावराणां हिमालयः ॥25॥

अश्वत्थः सर्ववृक्षाणां देवर्षीणां च नारदः ।
गन्धर्वाणां चित्ररथः सिद्धानां कपिलो मुनिः ॥26॥

उच्चैःश्रवसमश्वानां विद्धि माममृतोद्भवम् ।
एरावतं गजेन्द्राणां नराणां च नराधिपम् ॥27॥

आयुधानामहं वज्रं धेनूनामस्मि कामधुक् ।
प्रजनश्चास्मि कन्दर्पः सर्पाणामस्मि वासुकिः ॥28॥

अनन्तश्चास्मि नागानां वरुणो यादसामहम् ।
पितृणामर्यमा चास्मि यमः संयमतामहम् ॥29॥

प्रह्लादश्चास्मि दैत्यानां कालः कलयतामहम् ।
मृगाणां च मृगेन्द्रोऽहं वैनतेयश्च पक्षिणाम् ॥30॥

पवनः पवतामस्मि रामः शस्त्रभृतामहम् ।
झषाणां मकरश्चास्मि स्रोतसामस्मि जाह्नवी ॥31॥

सर्गाणामादिरन्तश्च मध्यं चैवाहमर्जुन ।
अध्यात्मविद्या विद्यानां वादः प्रवदतामहम् ॥32॥

अक्षराणामकारोऽस्मि द्वंद्वः सामासिकस्य च ।
अहमेवाक्षयः कालो धाताहं विश्वतोमुखः ॥33॥

मृत्युः सर्वहरश्चाहमुद्भवश्च भविष्यताम् ।
कीर्तिः श्रीर्वाक्च नारीणां स्मृतिर्मेधा धृतिः क्षमा ॥34॥

बृहत्साम तथा साम्नां गायत्री छन्दसामहम् ।
मासानां मार्गशीर्षोऽहमृतूनां कुसुमाकरः ॥35॥

द्यूतं छलयतामस्मि तेजस्तेजस्विनामहम् ।
जयोऽस्मि व्यवसायोऽस्मि सत्त्वं सत्त्ववतामहम् ॥36॥

** गीता कृष्ण की, सिद्धान्त कर्म का ** 157 **

## ** दशमोऽध्यायः **

वृष्णीनां वासुदेवोऽस्मि पाण्डवानां धनञ्जयः ।
मुनीनामप्यहं व्यासः कवीनामुशना कविः ॥37॥

दण्डो दमयतामस्मि नीतिरस्मि जिगीषताम् ।
मौनं चैवास्मि गुह्यानां ज्ञानं ज्ञानवतामहम् ॥38॥

यच्चापि सर्वभूतानां बीजं तदहमर्जुन ।
न तदस्ति विना यत्स्यान्मया भूतं चराचरम् ॥39॥

नान्तोऽस्ति मम दिव्यानां विभूतीनां परन्तप ।
एष तूद्देशतः प्रोक्तो विभूतेर्विस्तरो मया ॥40॥

यद्यद्विभूतिमत्सत्त्वं श्रीमदूर्जितमेव वा ।
तत्तदेवावगच्छ त्वं मम तेजोंऽशसम्भवम् ॥41॥

अथवा बहुनैतेन किं ज्ञातेन तवार्जुन ।
विष्टभ्याहमिदं कृत्स्नमेकांशेन स्थितो जगत् ॥42॥


ॐ तत्सदिति

श्रीमद्भगवद्गीतासूपनिषत्सु ब्रह्मविद्यायांयोगशास्त्रे
श्रीकृष्णार्जुनसंवादे विभूतियोगो नाम दशमोऽध्यायः ॥ 10 ॥

# अथ श्री दशम अध्याय प्रारंभ
## ( ईश्वर के भेद )

अब श्री भगवान अर्जुन पर
अपना आशीर्वाद बरसाते हैं,
बना अभय की मुद्रा देखते
आगे ये वचन सुनाते हैं।

हे युद्ध में लड़ने वाले अर्जुन! तेरे हृदय में
रण में आकर भी जीत का भाव ना आता है,
तू ज्ञानी तू निष्काम भाव
तू महाबाहो कहलाता है।

तो हे महाबाहो अर्जुन!
मेरे परम (श्रेष्ठ) वचनों को अब तू सुनता जाना,
क्योंकि मुझमें तेरा प्रेम है और मेरे
हृदय में तेरे कल्याण की है कामना।

क्योंकि मैं हूँ सब का प्रारंभ
इससे सब मुझको जान ना पाते हैं,
मेरी उत्पत्ति को जानने में सब
अपना सारा ज्ञान लगाते हैं।

नहीं जानते मुझको देवता
ना मुझको कोई ऋषि मुनि जाने,
कोई नहीं इस लोक और उस लोक में
जो मेरी उत्पत्ति के भेद को पहचाने।

** गीता कृष्ण की, सिद्धान्त कर्म का ** 159 **

## ** दशमोऽध्याय: **

जो प्राणी मुझ परम ब्रह्म को
अजन्मा (जन्ममरण से रहित) अनादि (जिसका आदि-अंत ना
हो) और सम्पूर्ण लोकों का स्वामी जानता है,
वही ज्ञानवान होता प्रणियों में जो
बिना किंतु-परंतु के इस कटु सत्य को मानता है।

वही ज्ञानवान प्राणी अपने
किए पाप कर्मों से ऊपर उठ जाता है,
और अपने अंत काल में अपने
पाप कर्मों से मुक्ति पाता है।

"बुद्धि" जो बनाती उद्देश्य और
"ज्ञान" जिससे बनता विवेक,
"मोह" करता मेरा तेरा
"क्षमा" से दूर हों विकार अनेक।

"सत्य" जहां है स्वयं को पाना,
"दमः-शमः" बलशाली हो जाना।

"सुखं-दुखम्" मन के दो भाव,
सब में बसना "भव" और रीता रहना है "अभाव"।

शंका होना यदि "भय" है,
शंकित ना होना है "अभय"।

"अहिंसा" मन, वचन, काय से दुःख ना देना है,
और "समता" सब को एक समान से लेना है।

स्वयं में तुष्टि को "संतोष" ही कहते हैं,
"तप" जिसमें प्राणी प्रभु के वश में रहते हैं।

** 160 ** गीता कृष्ण की, सिद्धान्त कर्म का **

## ** दशमोऽध्याय: **

"दान" बिना दाता के भाव रखे दूजे को देना है,
"यश-अपयश" का स्वभाव से देना-लेना है।


प्राणी के ये बीस स्वभाव
ये सब मुझसे ही आते हैं,
इनके वश में होकर प्राणी
अपने कर्म बनाते हैं।


सात महर्षि (मरीचि, अंगिरा, अत्रि, पुलत्स्य, पुलह, कृतु, वशिष्ठ)
और उनसे भी पहले
जो चार सनकादि (सनक, सनन्दन, सनातन, सनतकुमार)
सब-के-सब मुझसे ही आए हैं,
मैंने ही सारे मनु (सव्यांभवु, स्वारोचीष, उत्तम तामस, रैवत,
चाक्षसु, वैवस्वत, सावर्णि, दक्षसावर्णि, ब्रह्मसावर्णि, धर्मसावर्णि,
रुद्रसावर्णि, देवसावर्णि, इंद्रसावर्णि)
प्रजापति ब्रह्मा के श्री मानस से बनाए हैं।


ये सभी-सभी पच्चीस ही मुझमें
अनन्य प्रीति को धरते हैं,
अडिग हैं इनके स्थान वहीं से
अपने यथोचित कार्य करते हैं।


जो प्राणी मेरी इस विभूति और
योग को तत्त्व से जानता है,
वही भक्तियोग युक्त हो कर
अपनी मुक्ति की युक्ति जानता है।


मैं हूँ इस सारे संसार का मूल कारण
और मुझसे सारा संसार है,

** गीता कृष्ण की, सिद्धान्त कर्म का ** 161 **

## ** दशमोऽध्यायः **

जो इस सत्य को बुद्धि से माने और
मुझसे प्रेम करे, उसका बेड़ा पार है।

जो मेरी लीला को जाने वो हैं मुझमें रमते
अपने सब कर्मों को मुझको अर्पण हैं करते,
मेरे को आदि साक्षी जान प्रत्येक कर्म का
अपने मन में प्रेम सहित संतोषमृत धरते।

अपने सब कर्मों को
मुझको अर्पण करते उन भक्तों को
बुद्धियोग मैं देता हूँ,
जिनसे मेरी प्राप्ति हो उनको
वो सारे ही मार्ग सुगम कर देता हूँ।

उन पर अनुग्रह करने को मैं स्वयं
उनके चित्त में एकीभाव से स्थित हो जाता हूँ,
प्रकाशमान कर ज्ञान का दीपक अंतर में
उनके अंतर्मन का अंधकार मिटाता हूँ।

इन वचनों को सुन बोले अर्जुन हे देव !
आप परम ब्रह्म हैं और आप ही परम पवित्र,
आप ही शाश्वत आप ही आदिदेव अजन्मा
आप ही सर्वव्यापक असंख्य आपके चरित्र।

जैसे आपका अनंत रूप देवर्षि नारद, असित,
ऋषिवर देवल और वेद व्यास समझाते हैं,
वैसे ही आप अपना सब भाव मुझ
तुच्छ प्राणी को दया कर बतलाते हैं।

** 162 ** गीता कृष्ण की, सिद्धान्त कर्म का **

## ** दशमोऽध्यायः **

हे प्रभु! मैं पाता स्वयं को कृतार्थ आपने
मुझे अपना चरित्र स्वयं बतलाया है,
आपके इस स्वरूप को कोई देवता
दानव या साधारण प्राणी जान ना पाया है।

क्योंकि इस जग को उत्पन्न करने वाले
आप का दिव्य स्वरूप अनंत हैं,
इसको स्वयं आप ही जानने योग्य
आप ही जग के स्वामी भगवंत हैं।

इन असंख्य विभूतियों का वर्णन करने के
प्रभु स्वयं आप ही अधिकारी,
जिन विभूतियों से माया के द्वारा
रची आपने सृष्टि सारी।

हे योगेश्वर! मुझे कहिए वो मार्ग
जिस मार्ग से आपको मैं जानूँ
किन-किन भावों का चिंतन करके
हे भगवन्! आपको पहचानूँ।

हे भगवान! आपकी योग शक्ति और
परम ऐश्वर्य से युक्त आपके रूप
जान मैं शांत नहीं रह पाता हूँ,
जितना आपके अमृत भरे वचनों को
सुनता हूँ उतनी ही उत्कंठा और
सुनने की भीतर पाता हूँ।

इस प्रकार अर्जुन के प्रश्न करने
पर बोले श्री भगवान,

** गीता कृष्ण की, सिद्धान्त कर्म का ** 163 **

हे अर्जुन! उनका अंत नहीं पर बतलाऊँगा
उन विभूतियों को जो-जो हैं सबसे प्रधान।

हे गुडाकेश! (नींद को जीतने के कारण अर्जुन का नाम)
मैं ही सब भूत प्राणी में जो
बसती उनकी आत्मा कहलाता हूँ,
सब का आदी (जन्म) मैं ही मध्य (जीवन) भी मैं
अंत (मृत्यु) भी मैं ही कहाता हूँ।

आदित्यों (अदिति के बारह पुत्रों) में मैं विष्णु कहलाता हूँ
और प्रकाशमान सभी वस्तुओं में सूरज बन कर छाता हूँ,
उनचास वायु के प्रकार उनमें मैं सबसे वेगवान मारुति कहलाता हूँ
और नक्षत्रों (आकाश में चमकते सत्ताईस नक्षत्र) में उनका
अधिपति चंद्रमा के नाम से जाना जाता हूँ।

वेदों में मैं सामवेद हूँ (सामवेद में सभी वेदों के मुख्य छंद
सम्मिलित हैं यह लयबद्ध रचना है)
देवताओं में इंद्र कहाता हूँ,
इंद्रियो में तू मुझको मन जान
भूत-प्राणी में चेतना बन आता हूँ।

ग्यारह रुद्रों में उनका अधिपति महादेव और
यक्षों में कुबेर (धन के देवता) तू मुझको जान,
वसुओं में मैं हूँ अग्नि रूप और पर्वतों में सुमेरु
(जो रात्रि में भी स्वर्ण के समान चमकता है) तू मुझको मान।

हे पार्थ! मैं ही देव, पुरोहित, बृहस्पति और
सेनापतियों में कार्तिकेय हूँ,
जितने जलाशय इस पृथ्वी पर
उनमें अर्जुन मैं समुद्र हूँ।

** 164 ** गीता कृष्ण की, सिद्धान्त कर्म का **

## ** दशमोऽध्याय: **

महऋषियों में भृगु मैं ही हूँ और
शब्दों में मैं हूँ एक ओंकार,
यज्ञों में मैं हूँ जप, यज्ञ और
पर्वतों में हिमालय पहाड़ (सबसे ऊँचा व अटल अडिग)।

वृक्षों में मैं पीपल का वृक्ष (24 घंटे अपान वायु हरने वाला)
देवऋषियों में नारद भी मैं,
गंधर्वों (स्वर्ग के गायक) में गंधर्व चित्ररथ
और सिद्धों में कपिल मुनि भी मैं।

अश्वों में मैं उच्चैश्रवा अश्व हूँ
(समुंदर मंथन के समय निकला हुआ घोड़ा)
और हाथियों में ऐरावत गजराज
(समुंदर से उत्पन्न इंद्र का सात सूँड़ वाला हाथी),
और मनुष्यों में उन का पालन करने वाला
अधिपति हूँ मैं उनका जो कहलाता महाराज।

अस्त्र-शस्त्र में मैं वज्र हूँ (देव-दानव संग्राम में देवताओं ने
महऋषि दधीचि की हड्डियों से बने महाशक्तिशाली अस्त्र से
ही विजय प्राप्त की थी)
और गायों में कामधेनु (समुंदर मंथन से निकली सभी कामनाओं
को पूर्ण करने वाली गाय) हूँ मैं।

प्रणय निवेदन में मैं कामदेव हूँ,
सर्पों में वासुकि हूँ मैं (वासुकि वो विशालकाय साँप है जिन्हें
समुंदर मंथन के समय डोरी के रूप में प्रयोग किया गया था),
अनंत नागों में मैं शेषनाग
(क्षीर सागर में विराजमान हजार फण वाला नाग)
जलजंतु का अभय देने वाला वरुण (जल) बन जाता हूँ।

** गीता कृष्ण की, सिद्धान्त कर्म का ** 165 **

## ** दशमोऽध्यायः **

पितरों में मैं आर्यमा (सात प्रकार के पितर हैं जिनकी पितर
पक्ष में पूजा करके अपने स्वर्गवासी जनों के मोक्ष की कामना
की जाती है उनमें आर्यमा श्रेष्ठ हैं) और
शासन करने वालों में यमराज रूप को पाता हूँ।

दैत्यों में प्रह्लाद और ज्योतिषियों में
मैं ही गणना का कारक काल (समय) हूँ,
पशुओं में मुझे सिंह जान और
पक्षियों में पक्षीराज गरुड़ विशाल हूँ।
(सबसे ऊँचा उड़ने और दूर तक देखने वाला बाज पक्षी)

पवित्र करने वालों में वायु मैं ही
मैं ही शस्त्रधारियों में राम,
जितने जल के जंतु उनमें मगर मैं ही
नदियों में गंगा मेरा नाम।

हे अर्जुन! इस संपूर्ण सृष्टि का आदि (उत्पत्ति करने वाला)
मैं ही हूँ, मैं ही मध्य (सृष्टि का चलना), मैं ही अंत,
(प्रलय काल यानी सृष्टि का विनाश),
सब विद्याओं में श्रेष्ठ अध्यात्म (ब्रह्मज्ञान या आध्यात्मिक ज्ञान)
मैं जिससे प्राणी को मिलता भगवंत।

पर प्राणी स्वभाव वश एक
दूजे के संग वाद-विवाद बढ़ाता है,
मैं हूँ उस वाद-विवाद का निर्णय
जिससे एक विजय को पाता है।

अक्षरों में मैं उनका आकार हूँ और
समासों में द्वन्द समास (जिस समास में दो शब्दों को मिल कर
एक शब्द बनता है और दोनों ही मूल शब्द होते हैं),

** 166 ** गीता कृष्ण की, सिद्धान्त कर्म का **

## ** दशमोऽध्याय: **

मैं कालों का काल अक्षय काल हूँ
और मैं ही धाता (पालन-पोषण करने वाला) बहुमुख (ईश्वर
के अनंत मुख हैं तभी वह प्रत्येक प्राणी को देख सुन पाते हैं)
का हूँ आभास।

मैं ही सबका हरण करने वाली मृत्यु बन
प्राणी को ले जाता हूँ,
और उन्हीं प्राणियों के उनके कर्मों के जैसे
नव शरीर प्रदान कराता हूँ।

स्त्रियों में मैं कीर्ति (प्रतिष्ठा) के नाम
से जाना जाता हूँ,
श्री (महत्ता), वाक् (वाणी), स्मृति (याद्दाश्त), मेधा
(बुद्धिमत्ता), धृति (ग्रहण) और क्षमा (मन में ना रखना) बन
पूजा जाता हूँ।

गायी जानें वाली श्रुतियों में मैं
बृहत्साम (सामवेद में गाने वाली स्तुतियों में श्रेष्ठ स्तुति) हूँ
छंदो में मैं ही गायत्री माँ,
और ऋतुओं में मैं ही वसंत ऋतु
महीनों में माह मार्गशीर्ष का।
(हिंदू धर्म की प्राचीन मान्यताओं में मृगशीरा नक्षत्र पर आधारित
इस महीने से ही नया साल प्रारम्भ होता था)

छल करने वालों में मैं द्यूत (जुआ) और
प्रभावशालियों का प्रभाव भी मैं,
जीतने वालों में मैं ही विजय हूँ और
ठानने वालों का निश्चय भी मैं।

** गीता कृष्ण की, सिद्धान्त कर्म का ** 167 **

## ** दशमोऽध्याय: **

मन, कर्म, वचन से भी जो किसी
को चोट ना पहुँचाते हैं,
उन साधु जनों का मैं सात्विक भाव
जो ईश्वर में रम जाते हैं।

वृषणवंशियो में मैं अर्जुन
कृष्ण कहलाता हूँ परंतु,
पाँच पांडवों में मैं अर्जुन के
नाम से जाना जाता हूँ।

मुनियो में मैं ही हूँ वेद व्यास
जिनको जानता है संसार,
कवियों में जाना जाता हूँ
शुक्राचार्य (संजीवनी विद्या के ध्याता) साकार।

दमन (आत्मसंयम) करने वालों में उनकी दण्डनीति हूँ
और विजय की कामना वालों में उनकी नीति कहलाता हूँ,
गोपनीय (गुप्त रखे जाने वाले) भावो में मैं मौन बन जाता हूँ,
ज्ञानवानों (सामान्य ज्ञान से तत्त्वज्ञान) में मैं
उनका ज्ञान कहलाता हूँ।

हे अर्जुन! अब ये गूढ़ रहस्य मैं तुझसे कहता हूँ,
जिससे यह सब सृष्टि वह बीज भी मैं और
मैं ही वह अंकुर जो बीज के भीतर रहता हूँ।

इसका अर्थ यही कि चर (चलनेवाले) हो या
अचर (स्थिर रहने वाले) मेरे से ही दो नाम हैं,
यदि मैं नहीं तो इस सृष्टि का विस्तार असंभव
असंभव सारे काम हैं।

## ** दशमोऽध्यायः **

हे अर्जुन! मेरी जिन विशेषताओं का अंत नहीं कैसे
तुझे बता सकता हूँ,
अपनी कथा उतनी ही कही जितनी
कम से कम में सुना सकता हूँ।

जो भी विशेषताएं, सम्पदा, प्रतिष्ठा, बल, शोभा युक्त प्राणी
और पदार्थ उनमें मुझको पहचान ले,
ये सारे मेरे तेजोमय अंश और
मेरे तेज से उत्पन्न होते हैं जान ले।

हे अर्जुन! तू और बहुत सा जानना चाहता है,
जबकि तेरा यह कार्य यूँ भी सिद्ध हो जाता है।

अपने एक अंशमात्र से मैं
संपूर्ण ब्रह्मांड को धारण करता हूँ,
अपने ही इस अंश से इसके
आदि और अंत का कारण करता हूँ।

*इति*
*श्रीमद्भगवद्गीता उपनिषद् एवं ब्रह्मविद्या तथा योगशास्त्र के विषय*
*में भगवान श्रीकृष्ण व अर्जुन के संवाद में विभूतियोग*
*"ईश्वर के भेद" नामक दसवाँ अध्याय ॥ 10 ॥*

## अथैकादशोऽध्यायः

# विश्वरूपदर्शनयोग

मदनुग्रहाय परमं गुह्यमध्यात्मसञ्ज्ञितम् ।
यत्त्वयोक्तं वचस्तेन मोहोऽयं विगतो मम ॥1॥

भवाप्ययौ हि भूतानां श्रुतौ विस्तरशो मया ।
त्वत्तः कमलपत्राक्ष माहात्म्यमपि चाव्ययम् ॥2॥

एवमेतद्यथात्थ त्वमात्मानं परमेश्वर ।
द्रष्टुमिच्छामि ते रूपमैश्वरं पुरुषोत्तम ॥3॥

मन्यसे यदि तच्छक्यं मया द्रष्टुमिति प्रभो ।
योगेश्वर ततो मे त्वं दर्शयात्मानमव्ययम् ॥4॥

पश्य मे पार्थ रूपाणि शतशोऽथ सहस्रशः ।
नानाविधानि दिव्यानि नानावर्णाकृतीनि च ॥5॥

पश्यादित्यान्वसून्रुद्रानश्विनौ मरुतस्तथा ।
बहून्यदृष्टपूर्वाणि पश्याश्चर्याणि भारत ॥6॥

इहैकस्थं जगत्कृत्स्नं पश्याद्य सचराचरम् ।
मम देहे गुडाकेश यच्चान्यद्द्रष्टुमिच्छसि ॥7॥

न तु मां शक्यसे द्रष्टुमनेनैव स्वचक्षुषा ।
दिव्यं ददामि ते चक्षुः पश्य मे योगमैश्वरम् ॥8॥

एवमुक्त्वा ततो राजन्महायोगेश्वरो हरिः ।
दर्शयामास पार्थाय परमं रूपमैश्वरम् ॥9॥

अनेकवक्त्रनयनमनेकाद्भुतदर्शनम् ।
अनेकदिव्याभरणं दिव्यानेकोद्यतायुधम् ॥10॥

** 170 ** गीता कृष्ण की, सिद्धान्त कर्म का **

दिव्यमाल्याम्बरधरं दिव्यगन्धानुलेपनम् ।
सर्वाश्चर्यमयं देवमनन्तं विश्वतोमुखम् ॥11॥

दिवि सूर्यसहस्रस्य भवेद्युगपदुत्थिता ।
यदि भा: सदृशी सा स्याद्भासस्तस्य महात्मन: ॥12॥

तत्रैकस्थं जगत्कृत्स्नं प्रविभक्तमनेकधा ।
अपश्यद्देवदेवस्य शरीरे पाण्डवस्तदा ॥13॥

ततः स विस्मयाविष्टो हृष्टरोमा धनञ्जयः ।
प्रणम्य शिरसा देवं कृताञ्जलिरभाषत ॥14॥

पश्यामि देवांस्तव देव देहे सर्वांस्तथा भूतविशेषसङ्घान् ।
ब्रह्माणमीशं कमलासनस्थमृषींश्च सर्वानुरगांश्च दिव्यान् ॥15॥

अनेकबाहूदरवक्त्रनेत्रंपश्यामि त्वां सर्वतोऽनन्तरूपम् ।
नान्तं न मधयं न पुनस्तवादिंपश्यामि विश्वेश्वर विश्वरूप ॥16॥

किरीटिनं गदिनं चक्रिणं च तेजोराशिं सर्वतो दीप्तिमन्तम् ।
पश्यामि त्वां दुर्निरीक्ष्यं समन्ताद्दीप्तानलार्कद्युतिमप्रमेयम् ॥17॥

त्वमक्षरं परमं वेदितव्यंत्वमस्य विश्वस्य परं निधानम् ।
त्वमव्ययः शाश्वतधर्मगोप्ता सनातनस्त्वं पुरुषो मतो मे ॥18॥

अनादिमध्यान्तमनन्तवीर्यमनन्तबाहुं शशिसूर्यनेत्रम् ।
पश्यामि त्वां दीप्तहुताशवक्त्रंस्वतेजसा विश्वमिदं तपन्तम् ॥19॥

द्यावापृथिव्योरिदमन्तरं हि व्याप्तं त्वयैकेन दिशश्च सर्वा: ।
दृष्ट्वाद्भुतं रूपमुग्रं तवेदंलोकत्रयं प्रव्यथितं महात्मन् ॥20॥

अमी हि त्वां सुरसङ्घा विशन्ति केचिद्भीता: प्राञ्जलयो गृणन्ति ।
स्वस्तीत्युक्त्वा महर्षिसिद्धसङ्घा: स्तुवन्ति त्वां स्तुतिभि: पुष्कलाभि: ॥21॥

रुद्रादित्या वसवो ये च साध्याविश्वेऽश्विनौ मरुतश्चोष्मपाश्च ।
गंधर्वयक्षासुरसिद्धसङ्घावीक्षन्ते त्वां विस्मिताश्चैव सर्वे ॥22॥

रूपं महत्ते बहुवक्त्रनेत्रंमहाबाहो बहुबाहूरूपादम् ।
बहूदरं बहुदंष्ट्राकरालंदृष्ट्वा लोका: प्रव्यथितास्तथाहम् ॥23॥

** गीता कृष्ण की, सिद्धान्त कर्म का ** 171 **

नभःस्पृशं दीप्तमनेकवर्णंव्यात्ताननं दीप्तविशालनेत्रम् ।
दृष्टवा हि त्वां प्रव्यथितान्तरात्मा धृतिं न विन्दामि शमं च विष्णो ॥24॥

दंष्ट्राकरालानि च ते मुखानिदृष्टैव कालानलसन्निभानि ।
दिशो न जाने न लभे च शर्म प्रसीद देवेश जगन्निवास ॥25॥

अमी च त्वां धृतराष्ट्रस्य पुत्राः सर्वे सहैवावनिपालसंघैः ।
भीष्मो द्रोणः सूतपुत्रस्तथासौ सहास्मदीयैरपि योधमुख्यैः ॥26॥

वक्त्राणि ते त्वरमाणा विशन्ति दंष्ट्राकरालानि भयानकानि ।
केचिद्विलग्ना दशनान्तरेषु सन्दृश्यन्ते चूर्णितैरुत्तमाङ्गै ॥27॥

यथा नदीनां बहवोऽम्बुवेगाः समुद्रमेवाभिमुखा द्रवन्ति ।
तथा तवामी नरलोकवीराविशन्ति वक्त्राण्यभिविज्वलन्ति ॥28॥

यथा प्रदीप्तं ज्वलनं पतंगाविशन्ति नाशाय समृद्धवेगाः ।
तथैव नाशाय विशन्ति लोकास्तवापि वक्त्राणि समृद्धवेगाः ॥29॥

लेलिह्यसे ग्रसमानः समन्ताल्लोकान्समग्रान्वदनैर्ज्वलद्भिः ।
तेजोभिरापूर्य जगत्समग्रंभासस्तवोग्राः प्रतपन्ति विष्णो ॥30॥

आख्याहि मे को भवानुग्ररूपोनमोऽस्तु ते देववर प्रसीद ।
विज्ञातुमिच्छामि भवन्तमाद्यंन हि प्रजानामि तव प्रवृत्तिम् ॥31॥

कालोऽस्मि लोकक्षयकृत्प्रवृद्धोलोकान्समाहर्तुमिह प्रवृत्तः ।
ऋतेऽपि त्वां न भविष्यन्ति सर्वे येऽवस्थिताः प्रत्यनीकेषु योधाः ॥32॥

तस्मात्त्वमुत्तिष्ठ यशो लभस्व जित्वा शत्रून्भुङ्क्ष्व राज्यं समृद्धम् ।
मयैवैते निहताः पूर्वमेव निमित्तमात्रं भव सव्यसाचिन् ॥33॥

द्रोणं च भीष्मं च जयद्रथं च कर्णं तथान्यानपि योधवीरान् ।
मया हतांस्त्वं जहि मा व्यथिष्ठायुध्यस्व जेतासि रणे सपत्नान् ॥34॥

एतच्छ्रुत्वा वचनं केशवस्य कृतांजलिर्वेपमानः किरीटी ।
नमस्कृत्वा भूय एवाह कृष्णंसगद्गदं भीतभीतः प्रणम्य ॥35॥

स्थाने हृषीकेश तव प्रकीर्त्या जगत्प्रहृष्यत्यनुरज्यते च ।
रक्षांसि भीतानि दिशो द्रवन्ति सर्वे नमस्यन्ति च सिद्धसङ्घाः ॥36॥

कस्माच्च ते न नमेरन्महात्मन् गरीयसे ब्रह्मणोऽप्यादिकर्त्रे ।
अनन्त देवेश जगन्निवास त्वमक्षरं सदसत्तत्परं यत् ॥37॥

त्वमादिदेवः पुरुषः पुराणस्त्वमस्य विश्वस्य परं निधानम् ।
वेत्तासि वेद्यं च परं च धाम त्वया ततं विश्वमनन्तरूप ॥38॥

वायुर्यमोऽग्निर्वरुणः शशाङ्कः प्रजापतिस्त्वं प्रपितामहश्च ।
नमो नमस्तेऽस्तु सहस्रकृत्वः पुनश्च भूयोऽपि नमो नमस्ते ॥39॥

नमः पुरस्तादथ पृष्ठतस्ते नमोऽस्तु ते सर्वत एव सर्व ।
अनन्तवीर्यामितविक्रमस्त्वंसर्वं समाप्नोषि ततोऽसि सर्वः ॥40॥

सखेति मत्वा प्रसभं यदुक्तं हे कृष्ण हे यादव हे सखेति ।
अजानता महिमानं तवेदंमया प्रमादात्प्रणयेन वापि ॥41॥

यच्चावहासार्थमसत्कृतोऽसि विहारशय्यासनभोजनेषु ।
एकोऽथवाप्यच्युत तत्समक्षंतत्क्षामये त्वामहमप्रमेयम् ॥42॥

पितासि लोकस्य चराचरस्य त्वमस्य पूज्यश्च गुरुर्गरीयान् ।
न त्वत्समोऽस्त्यभ्यधिकः कुतोऽन्योलोकत्रयेऽप्यप्रतिमप्रभाव ॥43॥

तस्मात्प्रणम्य प्रणिधाय कायंप्रसादये त्वामहमीशमीड्यम् ।
पितेव पुत्रस्य सखेव सख्युः प्रियः प्रियायार्हसि देव सोढुम् ॥44॥

अदृष्टपूर्वं हृषितोऽस्मि दृष्ट्वा भयेन च प्रव्यथितं मनो मे ।
तदेव मे दर्शय देवरूपंप्रसीद देवेश जगन्निवास ॥45॥

किरीटिनं गदिनं चक्रहस्तमिच्छामि त्वां द्रष्टुमहं तथैव ।
तेनैव रूपेण चतुर्भुजेनसहस्रबाहो भव विश्वमूर्ते ॥46॥

मया प्रसन्नेन तवार्जुनेदंरूपं परं दर्शितमात्मयोगात् ।
तेजोमयं विश्वमनन्तमाद्यंयन्मे त्वदन्येन न दृष्टपूर्वम् ॥47॥

न वेदयज्ञाध्ययनैर्न दानैर्न च क्रियाभिर्न तपोभिरुग्रैः ।
एवं रूपः शक्य अहं नृलोके द्रष्टुं त्वदन्येन कुरुप्रवीर ॥48॥

मा ते व्यथा मा च विमूढभावोदृष्ट्वा रूपं घोरमीदृङ्ममेदम् ।
व्यतेपभीः प्रीतमनाः पुनस्त्वंतदेव मे रूपमिदं प्रपश्य ॥49॥

** गीता कृष्ण की, सिद्धान्त कर्म का ** 173 **

## ** एकादशोऽध्याय: **

इत्यर्जुनं वासुदेवस्तथोक्त्वा स्वकं रूपं दर्शयामास भूय: ।
आश्वासयामास च भीतमेनंभूत्वा पुन: सौम्यवपुर्महात्मा ॥50॥

दृष्ट्वेदं मानुषं रूपं तव सौम्यं जनार्दन ।
इदानीमस्मि संवृत्त: सचेता: प्रकृतिं गत: ॥51॥

सुदुर्दर्शमिदं रूपं दृष्टवानसि यन्मम ।
देवा अप्यस्य रूपस्य नित्यं दर्शनकाङ्क्षिण: ॥52॥

नाहं वेदैर्न तपसा न दानेन न चेज्यया ।
शक्य एवं विधो द्रष्टुं दृष्टवानसि मां यथा ॥53॥

भक्त्या त्वनन्यया शक्य अहमेवंविधोऽर्जुन ।
ज्ञातुं द्रष्टुं च तत्वेन प्रवेष्टुं च परन्तप ॥54॥

मत्कर्मकृन्मत्परमो मद्भक्त: सङ्गवर्जित: ।
निर्वैर: सर्वभूतेषु य: स मामेति पाण्डव ॥55॥

ॐ तत्सदिति

श्रीमद्भगवद्गीतासूपनिषत्सु ब्रह्मविद्यायांयोगशास्त्रे
श्रीकृष्णार्जुनसंवादे विश्वरूपदर्शनयोगो नामैकादशोऽध्याय: ॥ 11 ॥

## अथ श्री एकादश अध्याय
## (ईश्वर के विराट काल रूप)

इस प्रकार भगवान के वचनों को सुन
बोले अर्जुन सुनिए श्री भगवान,
आपका अनुग्रह जो आपके द्वारा मैंने
पाया ये परम गोपनीय ज्ञान।

यह ज्ञान बड़ा ही दुर्लभ है जिससे
नष्ट हो गया मेरा मोह और अज्ञान,
अध्यात्म बढ़ा मेरा प्रभु और
आध्यात्मिक विषयों के प्रति बढ़ गया ध्यान।

हे कमलनयन! आप से जानी मैंने
इस जगत के प्राणियों की माया,
कैसे प्राणी पाता विनाश को
किस विधि वो जग में आया।

आपने मुझे सारा ही ज्ञान
विस्तार पूर्वक समझाया है,
मैं बड़ भागी आज मुझे आपकी
महिमा का सार समझ में आया है।

हे ईश्वर! आपने आज मुझे अपने होने
का सही अर्थ समझाया है,
इस महान सृष्टि का प्रत्येक कण
आपके भीतर समाया है।

** गीता कृष्ण की, सिद्धान्त कर्म का ** 175 **

## ** एकादशोऽध्याय: **

यद्यपि मैं अत्यंत तुच्छ प्राणी
आपसे कहने में भी डरता हूँ,
पर हे परमेश्वर! हे जगन्नाथ! आपके
विराट रूप को देखने की कामना रखता हूँ।

हे योगेश्वर! यदि मैं आपकी इस कृपा का
पात्र बनने की क्षमता रखता हूँ,
हे मेरे प्राणों के स्वामी, आपके अविनाशी
स्वरूप को देखने की कामना रखता हूँ।

तुम मेरे अत्यंत प्रिय पृथानंदन
कहते हैं श्री भगवान,
मेरे अनेकों रूप वाले रूप को देखने
को तू ही है क्षमतावान।

मेरे भिन्न-भिन्न रूप हैं और
रंग भी हैं अनेक,
आकार आकृतियाँ भी सैकड़ों
हजारों अलौकिक रूपों को तू देख।

हे भारत! देख मेरे कहे सभी बारह आदित्य (पित्र देव)
आठ वसु और ग्यारह रुद्रों को (चिंता दूर करने वाले देव
जिनके अधिपति भगवान शिव हैं),
देख दो अश्वनी कुमार (देवताओं के वैद्य) उनचास मरुद्गण
(उनचास प्रकार की वायु)
और सभी आश्चर्यजनक रूपों को।

हे गुडाकेश! (गुडा का अर्थ नींद आकेश का अर्थ जीतना)
तू मेरी एक देह में

** 176 ** गीता कृष्ण की, सिद्धान्त कर्म का **

## ** एकादशोऽध्यायः **

सभी चराचर को देख पाएगा,
और वो भी तुझे सब ही दिखेगा और
जिसे भी तू देखना चाहेगा।

परंतु तू मानव साधारण चक्षु (आँखों) का स्वामी
इनसे मुझे किस भाँति सकता है देख,
मैं देता हूँ तुझे दिव्य चक्षु जिससे
दिखेंगे तुझे मेरी सामर्थ्य के रूप अनेक।

"हे महाराज! हृदय थामिए" ऐसा कह संजय
स्वयं सहमते जाते हैं,
महयोगेश्वर अब अर्जुन को अपना परम
आश्चर्य से भरा विराट रूप दिखाते हैं।

ओह! भगवान के कितने मुख हैं (जिससे हर प्राणी को उनका
मुख अपनी और लगता है) और कितने ही उनके नेत्र (जिससे
भगवान दसों दिशाओं में घटित सब कुछ देख पाते हैं),
कितने अलौकिक आभूषण हैं उनके
और हाथों में उनके शस्त्र अनेक।

भिन्न-भिन्न आकृतियाँ दिखती
अनेक रंग आकारों को पाते,
गिनना जिनको मुश्किल उतने रंग
तीन रंगो से बनते जाते।

गले में उनके दिव्य मालाएँ (नक्षत्र व तारा गण की मालाएँ
जिन्हें हम आकाश गंगा कहते हैं)
और दिव्य वस्त्रों के धारी (भिन्न रंगो के आकाश से बने
कपड़े),

** गीता कृष्ण की, सिद्धान्त कर्म का ** 177 **

## ** एकादशोऽध्याय: **

दिव्य गंध (वायु में समाहित सभी गंध) का लेपन ललाट पर
आश्चर्यमय रूप में आज दिख रहे
जो कहलाए गोवर्धन गिरधारी।

अगर करोड़ों सूर्य उगे हों तब इस
प्रकाश की समानता कर नहीं पाएँगे,
देख ब्रह्म का प्रकाश वो स्वयं को
अस्त हो जाएँगे।

उसी एक देह के प्रत्येक अंश में अर्जुन को
संपूर्ण जग एक रूप दिखता जाता है,
चर-अचर, तारा, नक्षत्र, पशु, पक्षी, देव, मानव
आकाश, समुंदर सबको एक जगह पाता है।

रोम कूप खड़े अर्जुन के
आश्चर्य से भरते जाते हैं,
ईश्वर के रूप को देख हाथ जोड़ते
शीश नवा अपना आभार जताते है।

आप स्वामी हैं इस जग के मैं अपनी
कृतज्ञता कैसे व्यक्त कर सकता हूँ,
सोच रहे अर्जुन मैं असमर्थ सबको
देने वाले को क्या अर्पण कर सकता हूँ।

हे देव! मैं देखता हूँ सभी देव आपकी
देह के भीतर शरण हैं पाए,
और संपूर्ण जगत के प्राणी दिखते हैं
आपकी इसी दिव्य देह में हैं समाए।

## \*\* एकादशोऽध्याय: \*\*

आपके तीनों रूपों ब्रह्मा (उत्पत्ति के कारक रूप), विष्णु (जग
के पालन-पोषण करता और महेश (सृष्टि के संहारक) को इसी
एक ही देह में पाता हूँ,
और इस देह में रम रहे ऋषि मुनि सभी पर
घनघोर सर्पों को पा घबराता हूँ।

हे विश्वरूप विश्वेश्वर! आपके हर
अंग अनंत हैं रूप धरे,
अनगिनत हाथ पेट और मुख जिनमें
भाँति-भाँति के प्राणी भरे।

चारों और मैं देख रहा पर ना ही
आपके आदि ना ही अंत को पाता हूँ,
ना दिख रहा मध्य आपका मैं
विचलित होता जाता हूँ।

आपकी दृष्टि के स्वरूप चंद्रमा और
स्वयं सूर्यदेव मुझको दिखते हैं,
पर उनके भी आदि (शुरू), मध्य (बीच का हिस्सा)
अंत (जहां खत्म हो वो जगह)
कहीं ना मिलते हैं,

देखता हूँ आप अपने तेज भरे नयनों और
अग्नि मुख से सब को जला रहे,
अनंत बाहों से सारी सृष्टि के
चर, अचरों को उठा रहे।

हे महात्मन! यह पृथ्वी यह स्वर्ग और
इसके बीच जो भी आता है,

\*\* गीता कृष्ण की, सिद्धान्त कर्म का \*\* 179 \*\*

## ** एकादशोऽध्याय: **

चाहे दिशा चाहे तारे नक्षत्र सब
रूप बदल आपका रूप हो जाता है।

आपके इस अद्भुत रूप को देख
सब जहाँ एक और संतोष को पाते हैं,
वहीं दूसरी ओर देख उग्रता
मन ही मन घबराते हैं।

जितने भी देव समुदाय वो समुंदर में
जल की भाँति आप ही में समा रहे,
और जो बाहर हैं वो भाँति-भाँति से
स्तुतियों को करते जा रहे।

सिद्ध और ऋषि मुनि उत्तम स्त्रोतों से
आपकी लीला गाते हैं,
जग कल्याण की भावना से नित
नए-नए यज्ञ सजाते हैं।

हाथ जोड़ करते हैं कीर्तन सभी
आपके होते आभारी,
आपको पाते एक ओंकार जिससे
प्राण पाती सृष्टि सारी।

जिन्हें आपने बतलाया वो ग्यारह रुद्र,
बारह आदित्य सबको आपके भीतर पाता हूँ,
आठ वसु, बारह साध्यगण, दस विश्वेदेव,
दो अश्विनीकुमार को देख अति हर्षाता हूँ।

** 180 ** गीता कृष्ण की, सिद्धान्त कर्म का **

## ** एकादशोऽध्याय: **

वहीं उनचास पवन और गर्म भोज के धर्ता
सात पितरगण भी सामने आते हैं,
गंधर्व, यक्ष, असुर और सिद्ध
आपको देख चकित हो जाते हैं।

हे ईश्वर! कंपायमान हो रहा सारा जग
आपके इस विशाल विकराल रूप को देख,
उसमें दिखती बहुत सी बाँहें, नेत्र, जाँघें
दिखते चरण और विकराल दाढ़ वाले मुख जिसमें अनेक।

आपके इस रूप को देख स्वयं मैं
भय मिश्रित आश्चर्य में पड़ जाता हूँ,
वो ना के समकक्ष ही लगती
जितनी थाह मैं पाता हूँ।

हे विष्णु! आपका मुखमंडल कांति और
परम तेज से चमकता है,
जिसको छूना असंभव वो ऊँचा आकाश
आपके आगे कितना छोटा दिखता है।

आपका श्री मुख इस सृष्टि को
चट करने को आतुर दिखता है,
और आपके जलते नेत्रों में एक
भयानक सा तांडव दिखता है।

मैं होता भयभीत प्रभु मैं बिल्कुल
शांति को नहीं पा पाता हूँ,
जितना आपकी ओर देखता हूँ खोता हूँ धैर्य
उतना अधिक घबराता हूँ।

** गीता कृष्ण की, सिद्धान्त कर्म का ** 181 **

## ** एकादशोऽध्याय: **

आपके इस प्रलयकाल की आग और
अनेक दाँत और दाढ़ वाले मुँह को
देख मैं दिशा ज्ञान ना पाता हूँ,
सूर्य उदय हो रहा या अस्त इस भेद के संग
भेद ऋतुओं का जान ना पाता हूँ।

हे जगन्ननाथ! हे जग स्वामी!
अब हो जाइए आप प्रसन्न,
अपने उस रूप को धरिए प्रभु
जो कर देता शांत मेरा मन।

आपके मुख में जाता देखता हूँ मैं
अपनी सेना के सारे परमवीर शूरों को,
धृष्टद्युम्न, विराट, द्रुपद आदिजन
जाते मुख में खा विपक्षी के तीरों को।

भीष्म पितामह, गुरुवर द्रोण और
कर्ण भी विनाश से बच ना पाते हैं,
सभी एक-एक कर आते हैं और
आपके भीतर समाते जाते हैं।

धृतराष्ट्र के सौ-के-सौ पुत्र आपके
जबड़ों में फँसे दिखायी देते हैं,
तेजी से आपके मुख में घुसते उनके सिर
अब आपके दाँतो में चूर्ण दिखाई देते हैं।

जैसे कोई नदी तेज वेग से दौड़
सागर तक जाती है,
वैसे सारी सृष्टि मानो सब ओर से
दौड़ आपकी ओर ही आती है।

** 182 ** गीता कृष्ण की, सिद्धान्त कर्म का **

## ** एकादशोऽध्यायः **

जैसे नदियों के जल प्रवाह से आ
शांति पूर्वक सागर में समाते जाते हैं,
वैसे ही सब शूरवीर आपके देदीप्यमान
मुख में आकर समाते हैं।

जैसे पतंग अग्नि के प्रेम और मोह में
अपने नाश को अग्नि में जल जाता है,
वैसे ये सारा जग भी अपने विनाश को
वेग से दौड़ कर आपके मुँह में आता-जाता है।

हे विष्णु! आप इस सारे समूह को अपने
मुख द्वारा खाते जाते हैं,
बाकी जो इधर-उधर रह जाता अपनी जिह्वा द्वारा
उठा फिर अपने श्रीमुख में ले जाते हैं।

ईश्वर आपके इस उग्र प्रकाश को पाकर
सारे प्राणी भय से थर्राते हैं,
आपके तेज रूप धूप से उनके
कोमल शरीर झुलसते जाते हैं।

जग ने जब भी भक्तिभाव से
भगवान आपको ध्याया है,
देखी अभय मुद्रा आपकी हे ईश्वर!
आपको कोमल रूप में पाया है।

इतना उग्र रूप धरे आप कौन हैं?
बस इतना मुझे दीजिए ज्ञान,
स्वीकार कीजिए मेरी वंदना
भक्त जनों का धरिए ध्यान।

** गीता कृष्ण की, सिद्धान्त कर्म का ** 183 **

## \*\* एकादशोऽध्याय: \*\*

नमस्कार आपके चरणों में मेरा
बारम्बार प्रभु,
होकर भक्त पर प्रसन्न प्रार्थना
करो स्वीकार प्रभु।

आपके प्रथम रूप को स्पष्ट
जानना चाहता हूँ,
क्योंकि आपका पूरा विस्तार अभी
जान नहीं मैं पाता हूँ।

हे अर्जुन! तू देख मुझे देख तू मेरा
रूप विकराल,
संपूर्ण लोकों के विनाश हेतु बढ़ा
है जो मैं ही हूँ वह कालों का काल।

कितना सक्षम हो या अक्षम अब कोई
बच ना पाएगा,
कोई पक्ष या विपक्ष में हो तेरे अब
वो मृत्यु को पाएगा।

युद्ध करे तू अब या अस्त्रों का
कर दे त्याग,
नहीं रहेंगे अब यह सब जीवित यही
लिखा है इनके भाग।

इसलिए हे अर्जुन! तू जान ले ना तू
इनको मारे तो भी ये हैं मरने वाले,
फिर क्यों ना तू युद्ध को करके कर्म
करे एक योद्धा वाले।

\*\* 184 \*\* गीता कृष्ण की, सिद्धान्त कर्म का \*\*

## ** एकादशोऽध्यायः **

युद्ध में तेरी विजय है निश्चित
इतना तू सब्यसाची (दोनों हाथ से बाण चलाने वाला) जान ले,
यश और विजय को प्राप्त कर
अब तू मेरी बात मान ले।

इन सबकी मृत्यु का समय निश्चित है
ये अब नहीं बचने वाले,
फिर क्यों ना तू इन्हें मार विजय को पा
धन-वैभव से युक्त भोगों को पा ले।

तू बन कर इसका निमित्त मात्र
जग कल्याण का कारक बन,
इस निष्काम कर्म को कर अर्जुन
सफल बना अपना जीवन।

चाहे द्रोण हो चाहे भीष्म तुम
संकोच नहीं करना,
जयद्रथ, कर्ण, विकर्ण आदि सब वीरों
का निश्चित है अब मरना।

तुम युद्धवीर तुम निष्काम योगी
तुम कर्मों के भेद को छेदोगे,
युद्ध करो निस्संदेह पार्थ वैरियों
को तुम ही युद्ध में जीतोगे।

भगवान कृष्ण के वचनों को सुन
अर्जुन भगवान की स्तुति करते हैं,
हे भयहारी! आप अपने वचनों से
मेरे सारे संशयों का छेदन करते हैं।

** गीता कृष्ण की, सिद्धान्त कर्म का ** 185 **

## ** एकादशोऽध्याय: **

हे अंतर्यामी! आपके प्रेम और अनुराग से
यह सारा जग हर्ष को पाता है (जब ईश्वर की अनुकम्पा होती
है तो सब पेड़-पौधे और प्राणी प्रसन्न हो जाते हैं),
आपके नाम का संकीर्तन कर यह परम सुखों को पाता है
(यानी अपने कर्मों को आपके अर्पण कर)।

जहाँ आपके भय से भाग रहे दसों दिशाओं में
ये राक्षस गण सारे,
वहीं सिद्ध और ऋषिगण स्तुति करते आपकी
कर जोड़ खड़े सारे।

हे महात्मन! गुरुओं के गुरु मैं
ब्रह्मा की उत्पत्ति को भी आपसे पाता हूँ,
आपको करते नमस्कार बारम्बार सिद्ध गण
ये देख-देख मोहित हो जाता हूँ।

हे देवेश! हे जगन्निवास! आप
ही सूक्ष्म आप ही अनंत हैं,
आप ही सच आप ही झूठ
आप ही एक ओंकार भगवंत हैं।

जो भी है सब आपकी माया
प्राणी बस एक निमित्त (जरिया) मात्र हैं,
उसके पास सुख सभी इस संसार के
जिसको ईश्वर की शरण प्राप्त है।

आप ही रूप हैं आदिदेव का (भगवान शंकर)
आप ही हैं सब वेद-पुराण (सभी शुभ वाणियाँ),
आप ही हैं इस संसार का आश्रय (घर)

सभी पायें आपमें ही विश्राम
(सांसारिक कार्यों को करने के बाद मिलने वाला आराम)।

आप ही सब कुछ जानने वाले
(समय, देश, काल, वस्तु, प्राणी का हर भेद) और
आप ही जिसको जाना जाए
(सभी प्रकार के योग, विद्या, यज्ञ और कर्म),
सब प्राणियों का परम धाम
(जहाँ से कोई वापिस नहीं आना चाहता) आप ही,
इस सृष्टि के कण-कण में आप बसे हैं
धरती गगन में आप समाए।

यमराज भी आप, आप ही वायुदेव,
आप ही अग्नि देव, वरुण देव भी आप,
आप ही सूर्य, आप चंद्रमा, प्रजा
को उत्पन्न करने वाले दक्ष भी आप।

आप ही ब्रह्मा के भी पिता आपको
बारम्बार नमस्कार,
भू नमः भूर्वे नमः हजारों प्रकार से
नमस्कार प्रभु नमस्कार।

हे सर्व रूप भगवन्! आपको मैं
बार-बार नमस्कार करता हूँ,
आगे से, पीछे से, ऊपर स, नीचे से
बारम्बार करता हूँ,

दसों दिशाओं से करता हूँ अनंतवीर्य (बल व तेज में अनंत)
आप मेरा नमन स्वीकार करिए,

** गीता कृष्ण की, सिद्धान्त कर्म का ** 187 **

## ** एकादशोऽध्याय: **

आपने सबको संतोष दिया
मेरे मन में भी संतोषामृत धरिए,
आप संपूर्ण जगत में व्याप्त हैं
और संपूर्ण जगत आप में ही बसता,
किस भी पथ पर चले ये प्राणी
ले जाता आप तक हर रस्ता।

हे प्रभु! मैं अधम, मैं अज्ञानी आपकी
महिमा को पहचान नहीं पाया,
आपको जाने बिना बात-बात में
सखा कह करके मैंने बुलाया।

कभी प्रमाद (अधिकार) कभी प्रेम से
कभी हठ से बिना सोचे समझे भी कहा,
हे कृष्ण! कहा हे यादव! कहा मुझ
निकृष्ट ने हे सखे! कहा।

कभी अकेले कभी भरी सभा में मैंने
ले आपका नाम बुलाया है,
अपराध अक्षम्य मेरा प्रभु मुझसे
यह सब मेरी अज्ञानता ने कराया है।

हे सब कुछ जानने वाले! मुझको
आप ही क्षमा कर सकते हैं,
क्षमा मेरे अपराधों की दे मेरे
चित्त को शांत कर सकते हैं।

आप इस संसार के पिता आप इस
चराचर के स्वामी,

** 188 ** गीता कृष्ण की, सिद्धान्त कर्म का **

## ** एकादशोऽध्याय: **

आप ही गुरुओं के भी गुरु प्रभु
एक आप ही अंतर्यामी।

हे प्रभु! आपके समान कोई और
प्रभावी व तेजमान नहीं,
आपसे अधिक कैसे हो कोई त्रिलोक (स्वर्ग, धरती, पाताल)
में जब आपके कोई समान नहीं।

इसलिए हे ईश्वर! आपको दण्डवत
(लम्बा लेट कर दोनो हाथ जोड़ कर)
प्रणाम मैं करता हूँ,
शरण में हूँ आपकी प्रभु
त्राहिमाम (मुझे क्षमा करें) मैं करता हूँ।

आप ही हैं क्षमा प्रदान करने के योग्य
मेरे किए उन अनगिनत पापों को,
जैसे पिता पुत्र के, मित्र-मित्र के, पति-पत्नी के
अनदेखा करता अपराधों को।

जो कभी नहीं देखा उस रूप को देख
प्रभु एक ओर मैं हर्ष से भरता जाता हूँ,
वहीं दूसरी ओर आपके इस विकराल
काल रूप को देख अत्यधिक घबराता हूँ।

इसलिए हे जग के नाथ! अब
मुझको सनाथ (जिसके साथ ईश्वर हों) बनाइए,
हे देवश! अब प्रसन्नता धरिए अब
शांत होइए पुनः विष्णु रूप में आइए।

** गीता कृष्ण की, सिद्धान्त कर्म का ** 189 **

## ** एकादशोऽध्याय: **

मुझको ईश्वर आपका किरीट (मुकुट), गदा
और चक्र युक्त चतुर्भुज रूप दिखलाइए,
सृष्टि कम्पित हो रही प्रभु करती है नमन
अब पुन: चतुर्भुज हो जाइए

हे अर्जुन! अपना ये परम स्वरूप मैंने
तुझको डराने को नहीं दिखाया है,
तू प्रथम प्राणी है जिस पर मैंने
अपना प्रेम बरसाया है।

मेरे इस परम रूप को आज तक
कोई देख ना पाया है,
मैंने तेरी भक्ति से प्रसन्न होकर
मैंने विश्वरूप दिखाया है।

हे कुरुश्रेष्ठ! मनुष्यलोक में कोई इतना
सामर्थ्य नहीं रखता है,
वेदों, यज्ञों, अनुष्ठानों, शास्त्रों के
अध्ययन से भी मुझको देख ना सकता है।

कोई भी उग्र तप धारी या दानी या योग
और कर्मों के फल से मैं देखा नहीं जा सकता,
लाख जतन करें देव, दानव, चराचर
मेरे इस रूप के निकट नहीं आ सकता।

तू मेरा अत्यंत प्रिय, इतना प्रिय
किसी और को नहीं पाता हूँ,
तेरी प्रीत ही हृदय में धर
मैं अपना विराट स्वरूप दिखाता हूँ।

** 190 ** गीता कृष्ण की, सिद्धान्त कर्म का **

## ** एकादशोऽध्याय: **

तू शूरवीर, तू महावीर, तू मेरे
विराट रूप को देख क्यों डरता है,
तू मेरा शरणागत है अर्जुन फिर
भय को उर में क्यों धरता है।

नहीं चाहिए किसी भी भाव में
तुझको इस भ्रम में पड़ना,
सभी का मैं करने वाला हूँ जो
घटित हो रही वह हर घटना।

तेरे कोमल हृदय में जो कंपन है
उसको शांत अब करता हूँ,
तुझे निर्भय करने को अर्जुन
अब चतुर्भुज विष्णु रूप को धरता हूँ।

देख यही वह रूप है जिससे
सारा जग शांति को पाता है,
जिसके मात्र दर्शन होने से
सारा जीवन सफल हो जाता है।

ऐसा कह भगवान ने अपना वासुदेव
रूप दिखलाया है,
फिर मनुष्य रूप (दो हाथ वाला) में आ ईश्वर ने
अर्जुन का ढाँढस बढ़ाया है।

हाथ में बंसी सिर पर मोरपंख
धर अधरों पर मुस्कान मुस्काते हैं,
ईश्वर के इस रूप से मनुष्य तो क्या
देव भी मोहित हो जाते हैं।

** गीता कृष्ण की, सिद्धान्त कर्म का ** 191 **

## ** एकादशोऽध्यायः **

कर जोड़े अर्जुन खड़े हो केशव से
इस प्रकार बतलाते हैं,
आपके इस स्वरूप से भगवन मेरे सारे
कष्ट स्वत: मिट जाते हैं।

स्थिर हो गया है चित्त मेरा अब
स्वयं को स्वाभाविक रूप में पाता हूँ,
आपके इस रूप को देख हे भगवान!
पुलक-पुलक मैं जाता हूँ।

भगवन् कहते हे अर्जुन! मेरे जिस
चतुर्भुज रूप का तुमने दर्शन पाया है,
क्या देव, गंधर्व, सिद्ध या महापुरुष वो
सबके लिए पराया है (ना देखे जाने वाला)।

सभी चाहते इसे देखना पर इसको
देख ना पाते हैं,
चूँकि अपने कार्यों को पूर्ण करने पर
मन में अहं भाव वो लाते हैं।

इसलिए मेरा ये चतुर्भुज रूप
किसी के द्वारा भी ना देखा जाता है,
कोई करे यज्ञ, कोई तप, कोई पठन-पाठन,
कोई दान धर्म करके जतन लगाता है।

परंतु हे परम तप करने वाले अर्जुन!
मैं केवल परम भक्तों द्वारा देखा जाता हूँ,
तू है अनन्य ज्ञानों का ज्ञाता निष्काम भक्त
इसलिए तुझे चतुर्भुज रूप में दिख पाता हूँ।

** 192 ** गीता कृष्ण की, सिद्धान्त कर्म का **

तेरे जैसे ज्ञानी परम जन योगी ही
मुझको इस रूप में पाते हैं,
मेरे स्वरूप से ही निकलते हैं
मुझमें आ मिल जाते हैं।

हे पांडव! जो अपने सारे कर्मों को
मुझको अर्पण करता है,
मुझसे अनन्य प्रेम करता पर किसी से
बैर भाव ना धरता है।

कर्मों में आसक्ति (कर्ता का भाव) ना रखे
निष्काम कर्म करे सारे,
वही अनन्य भक्त मेरा जो अपने सभी
कर्म मुझपे वारे।

मैं उस ईश्वर का अंश हूँ
जब यह भाव जागृत हो जाता है,
तर जाता है सब मोह माया से
ईश्वर को पा जाता है।

*इति*
*श्रीमद्भगवद्गीता उपनिषद् एवं ब्रह्मविद्या तथा योगशास्त्र के विषय में भगवान श्रीकृष्ण व अर्जुन के संवाद में विश्वरूपदर्शनयोग "ईश्वर के विराट काल रूप" नामक ग्याहरवाँ अध्याय ।। 11 ।।*

# अथ द्वादशोऽध्यायः

# भक्तियोग

एवं सततयुक्ता ये भक्तास्त्वां पर्युपासते ।
ये चाप्यक्षरमव्यक्तं तेषां के योगवित्तमाः ॥1॥

मय्यावेश्य मनो ये मां नित्ययुक्ता उपासते ।
श्रद्धया परयोपेतास्ते मे युक्ततमा मताः ॥2॥

ये त्वक्षरमनिर्देश्यमव्यक्तं पर्युपासते ।
सर्वत्रगमचिन्त्यं च कूटस्थमचलं ध्रुवम् ॥3॥

सन्नियम्येन्द्रियग्रामं सर्वत्र समबुद्धयः ।
ते प्राप्नुवन्ति मामेव सर्वभूतहिते रताः ॥4॥

क्लेशोऽधिकतरस्तेषामव्यक्तासक्तचेतसाम् ।
अव्यक्ता हि गतिर्दुःखं देहवद्भिरवाप्यते ॥5॥

ये तु सर्वाणि कर्माणि मयि सन्नयस्य मत्पराः ।
अनन्येनैव योगेन मां ध्यायन्त उपासते ॥6॥

तेषामहं समुद्धर्ता मृत्युसंसारसागरात् ।
भवामि नचिरात्पार्थ मय्यावेशितचेतसाम् ॥7॥

मय्येव मन आधत्स्व मयि बुद्धिं निवेशय ।
निवसिष्यसि मय्येव अत ऊर्ध्वं न संशयः ॥8॥

अथ चित्तं समाधातुं न शक्नोषि मयि स्थिरम् ।
अभ्यासयोगेन ततो मामिच्छाप्तुं धनञ्जय ॥9॥

अभ्यासेऽप्यसमर्थोऽसि मत्कर्मपरमो भव ।
मदर्थमपि कर्माणि कुर्वन्सिद्धिमवाप्स्यसि ॥10॥

अथैतदप्यशक्तोऽसि कर्तुं मद्योगमाश्रितः ।
सर्वकर्मफलत्यागं ततः कुरु यतात्मवान् ॥11॥

श्रेयो हि ज्ञानमभ्यासाज्ज्ञानाद्ध्यानं विशिष्यते ।
ध्यानात्कर्मफलत्यागस्त्यागाच्छान्तिरनन्तरम् ॥12॥

अद्वेष्टा सर्वभूतानां मैत्रः करुण एव च ।
निर्ममो निरहङ्कारः समदुःखसुखः क्षमी ॥13॥

संतुष्टः सततं योगी यतात्मा दृढ़निश्चयः ।
मय्यर्पितमनोबुद्धिर्यो मद्भक्तः स मे प्रियः ॥14॥

यस्मान्नोद्विजते लोको लोकान्नोद्विजते च यः ।
हर्षामर्षभयोद्वेगैर्मुक्तो यः स च मे प्रियः ॥15॥

अनपेक्षः शुचिर्दक्ष उदासीनो गतव्यथः ।
सर्वारम्भपरित्यागी यो मद्भक्तः स मे प्रियः ॥16॥

यो न हृष्यति न द्वेष्टि न शोचति न काङ्क्षति ।
शुभाशुभपरित्यागी भक्तिमान्यः स मे प्रियः ॥17॥

समः शत्रौ च मित्रे च तथा मानापमानयोः ।
शीतोष्णसुखदुःखेषु समः सङ्गविवर्जितः ॥18॥

तुल्यनिन्दास्तुतिर्मौनी सन्तुष्टो येन केनचित् ।
अनिकेतः स्थिरमतिर्भक्तिमान्मे प्रियो नरः ॥19॥

ये तु धर्म्यामृतमिदं यथोक्तं पर्युपासते ।
श्रद्धाना मत्परमा भक्तास्तेऽतीव मे प्रियाः ॥20॥

*ॐ तत्सदिति*

*श्रीमद्भगवद्गीतासूपनिषत्सु ब्रह्मविद्यायांयोगशास्त्रे*
*श्रीकृष्णार्जुनसंवादे भक्तियोगो नाम द्वादशोऽध्यायः ॥ 12 ॥*

# अथ श्री बारहवाँ अध्याय
## ( समता व संतोष )

हे ईश्वर! बोलते अर्जुन वाणी में
भर मधुर मिठास,
आपसे ही पूरी होती है मेरी
जिज्ञासा की हरेक प्यास।

हे भगवान! जो आपको सगुण (भगवान की मूर्ति)
के रूप में पूजते जाते हैं,
वो कैसे भिन्न उन उपासकों से
जो आपको निर्गुण (प्रत्येक कण में ईश्वर है) रूप में पाते हैं।

वासुदेव भगवान अर्जुन के प्रति
अनुराग हृदय में रखते हैं,
उसी प्रेम के कारण अर्जुन की
हर शंका का समाधान वो करते हैं।

सुन अर्जुन! नित्य निरंतर श्रद्धा से भर
जो मेरे साकार रूप में अपना चित्त लगाते हैं,
उनको मानता श्रेष्ठ योगी मैं जो
बस मुझको भजते जाते हैं।

पर वो उनसे भी अधिक श्रेष्ठ
जिनका उद्देश्य अधिक बड़ा होता है,
जिनके लिए ईश्वर ना दिखते हुए भी
प्रत्येक स्थान पर उनके साथ ही खड़ा होता है।

** 196 ** गीता कृष्ण की, सिद्धान्त कर्म का **

## ** द्वादशोऽध्याय: **

जो अपनी इंद्रियों को वश में रखते
मुझ ना दिखने वाले को देखते जाते हैं,
निर्विकार अचल ध्रुव अक्षर उपासना से
मुझ निराकार में लगन लगाते हैं।

वे जो प्राणी मात्र में प्रीति और
सब में समान भाव अपनाते हैं,
वह उनसे भी श्रेष्ठ जो मुझको
साकार रूप में पाते हैं।

परंतु साकार और निराकार की
उपासना में जब तक भेद नहीं होता,
जब तक उनका अंतर्मन आसक्ति में रहता
निर्मल और शुद्ध नहीं होता।

मन कलुषित कर जो प्राणी में भेद भाव रख
अपने कर्मों को सही नहीं करता,
वो निराकार करे या करे साकार उसकी
अर्चना पूजा मैं स्वीकार नहीं करता।

पर जो अपने किए सारे अच्छे-बुरे कर्मों को
मेरा ही ध्यान धर करता है,
प्राणी मात्र में भेद ना करता हर प्राणी में
मेरी उपासना करता है।

हे पार्थ! उस निर्मल चित्त वाले का
शीघ्र कल्याण मैं करता हूँ,
मुक्त कर उसे संसार के मोह से
सुख से उसका चित्त भरता हूँ।

** गीता कृष्ण की, सिद्धान्त कर्म का ** 197 **

## ** द्वादशोऽध्यायः **

हे अर्जुन! अपने मन को यदि
भली-भाँति तू मुझमें रखता है,
अपनी बुद्धि को भी सब ओर से
हटा कर मुझमें स्थिर करता है।

संशय नहीं इसके बाद बस
मुझमें निवास तू पाएगा,
अनंत कष्टों के बाद जो मिलता
वो विश्राम तुझे मिल जाएगा।

यदि अभी तू इस को करने में
स्वयं सक्षम नहीं भी पाता पाता है,
तो तू निरंतर अभ्यास कर अर्जुन
अभ्यास से सब हो जाता है।

जैसे मैंने पहले भी कहा मुझमें चित्त लगाने
का जो अभ्यास योग का कर लेता है,
संशय नहीं वो प्राणी हर योग को
सिद्ध कर मुझको प्राप्त कर लेता है।

और यदि तू अभ्यास योग में भी
स्वयं को अक्षम पाता है,
तो कहता हूँ मार्ग दूसरा
वो भी सिद्धि तक आता है।

अर्पण कर दे मुझको सब कुछ
जो तू इस जग में है करता,
क्योंकि कर्मों का त्यागी (निष्काम योगी)
मुझको पा हर सिद्धि को धरता।

** 198 ** गीता कृष्ण की, सिद्धान्त कर्म का **

## \*\* द्वादशोऽध्याय: \*\*

यदि तू समझे ये भी कठिन है
तू इसको कर ना पाएगा,
तो फल की इच्छा छोड़ कर्म कर
फल तुझे स्वयं मिल जाएगा।

अभ्यास से शास्त्र ज्ञान श्रेष्ठ है
और शास्त्र ज्ञान से श्रेष्ठ है ध्यान,
ध्यान से श्रेष्ठ फल की इच्छा का त्याग
अब तू इनके भेद को जान।

त्याग सभी कर्मों में श्रेष्ठ है क्योंकि
यह प्राणी को मोह से मुक्त कराता है,
प्राणी भव सागर से तरकर
परम शांति को पाता है।

मुझको कौन भक्त परम प्रिय
वह तुझको बतलाता हूँ,
मेरे प्रिय भक्त के सभी गुणों को
एक एक कर गिनवाता हूँ।

दयालुता (सभी के प्रति करुणा)
ममता (सभी के प्रति माँ की भाँति स्नेह)
अहंकार रहित (मैं सब नहीं कर सकता हूँ)
सुख-दु:ख में सम (किसी भी परिस्थिति में समान भाव)
क्षमाशील (बड़ी से बड़ी गलती को भी भूलना)
सतत (हमेशा सब के लिए उपलब्ध)
संतुष्ट (जो पास है पर्याप्त है)
योगी (अपने मन को वश में करना)
यतात्मा (शरीर को वश में रखना)

\*\* गीता कृष्ण की, सिद्धान्त कर्म का \*\* 199 \*\*

## ** द्वादशोऽध्याय: **

दृढ़निश्चय (ठाने हुए को सिद्ध करना)
इन सभी गुणों को धारण करने वाला
मेरा अति प्रिय हो जाता है,
मुझको जो करता मन और बुद्धि अर्पण
मेरा परम भक्त कहलाता है।

नहीं किसी को चिंतित (परेशान) करता जो
ना स्वयं भी किसी कारण से चिंतित होता है,
खुशी में जो ना खुश होता हो
दु:ख में जो ना रोता है।

नहीं किसी से अधिक प्रेम ही करता
ना किसी से ईर्ष्या रखता है,
ना भय धरता मन के भीतर
ना ही उत्तेजना धारण करता है।

वही मुझे अति प्रिय जो इन
गुणों को अपनाए,
भजे मुझे नि:स्वार्थ भाव से
समता भाव को ही ध्याए।

जिसके अंदर नहीं कोई आकांक्षा
ना महत्त्वाकांक्षा का धारी,
बाहर भीतर से हो समान वो प्राणी
समभाव कहलाने का अधिकारी,
ना ही एक के पक्ष में जाए
ना ही दूसरे से बैर करे,
ऐसा प्राणी मन वचन कर्म से कर्तापन
के अभिमान का त्याग करे,

** 200 ** गीता कृष्ण की, सिद्धान्त कर्म का **

## ** द्वादशोऽध्यायः **

ऐसे शुद्ध मन वाला मुझको
अधिक ही भाता है,
कर्मों में जो रखे शुद्धता वो
भक्त मेरा कहलाता है।

जिसके भीतर और पाने की
इच्छा समाप्त हो जाती है,
जग की कैसी भी बात जिसके
हृदय को ना दुखाती है।

जिसके भीतर किंचित भी
ना किसी से द्वेष (शत्रुता) रहे,
जो ना किसी के प्रेम की
मीठी बयार (हवा) में बहे।

जो अपने किसी काम को
अच्छा मान कर करता है,
ना ही बुरा काम मान कर
किसी कर्म से किनारा करता है।

कर्म को करते समय जिसके भीतर
फल के भाव ना आते हैं,
वह निष्काम भक्त मेरे
अतिप्रिय हो जाते हैं।

जिसका कोई शत्रु नहीं है
कोई मित्र नहीं जिसका,
जो मान का भाव ना जाने
ना अपमान करे किसी का।

** गीता कृष्ण की, सिद्धान्त कर्म का ** 201 **

## ** द्वादशोऽध्याय: **

जिसको कभी शीत का आना
चिंता नहीं पहुँचाता है,
और तप्त सूर्य हो कितना
जो कभी नहीं घबराता है।

संपूर्ण जगत के सुख भी
जिसको सुख ना पहुँचाते हैं,
और समस्त दु:ख भी जिसके
मन को हिला ना पाते हैं।

ऐसा समता का धारी मुझको
बहुत लुभाता है,
अपने इन्हीं भावों से मेरा
अतिप्रिय हो जाता है।

जग करे कितनी भी निंदा (बुराई)
जो कभी नहीं विचलित होता,
और प्रशंसा पा कर भी जिसका
मन प्रफुल्लित (खुश) नहीं होता।

जो बड़े गौर से कही जाने वाली
प्रत्येक बात का मनन करता है,
वही सही अर्थों में मानो
मेरा चिंतन करता है।

जो अपने जीवन में जैसा है
उसमें ही संतुष्टि पाता है,
महल मिले या मिले झोंपड़ा
दोनों को समान बताता है।

** 202 ** गीता कृष्ण की, सिद्धान्त कर्म का **

## ** द्वादशोऽध्याय: **

वह स्थिर बुद्धि का प्राणी
जो हर हाल स्थिर हो जाए,
वही संतोष का धर्ता
मेरे मन को अति भाए।

जिनके भीतर विशुद्ध प्रेम का
निर्मल झरना झरता है,
जो किंचित् भी भेद ना कर
मन में संतोष को रखता है।

ऊपर कहे भावों को रख जो
जीवन अपना बिताते हैं,
वही मेरे परम भक्त हैं जो
अत्यधिक मुझे भाते हैं।

इति

श्रीमद्भगवद्गीता उपनिषद् एवं ब्रह्मविद्या तथा योगशास्त्र के
विषय में भगवान श्रीकृष्ण व अर्जुन के संवाद में भक्तियोग
"समता व संतोष" नामक बारहवाँ अध्याय ॥ 12 ॥

# अथ त्रयोदशोऽध्यायः

## श्रीभगवानुवाच

इदं शरीरं कौन्तेय क्षेत्रमित्यभिधीयते ।
एतद्यो वेत्ति तं प्राहुः क्षेत्रज्ञ इति तद्विदः ॥1॥

क्षेत्रज्ञं चापि मां विद्धि सर्वक्षेत्रेषु भारत ।
क्षेत्रक्षेत्रज्ञयोर्ज्ञानं यत्तज्ज्ञानं मतं मम ॥2॥

तत्क्षेत्रं यच्च यादृक्च यद्विकारि यतश्च यत् ।
स च यो यत्प्रभावश्च तत्समासेन मे श्रृणु ॥3॥

ऋषिभिर्बहुधा गीतं छन्दोभिर्विविधैः पृथक् ।
ब्रह्मसूत्रपदैश्चैव हेतुमद्भिर्विनिश्चितैः ॥4॥

महाभूतान्यहङ्कारो बुद्धिरव्यक्तमेव च ।
इन्द्रियाणि दशैकं च पञ्च चेन्द्रियगोचराः ॥5॥

इच्छा द्वेषः सुखं दुःखं सङ्घातश्चेतना धृतिः ।
एतत्क्षेत्रं समासेन सविकारमुदाहृतम् ॥6॥

अमानित्वमदम्भित्वमहिंसा क्षान्तिरार्जवम् ।
आचार्योपासनं शौचं स्थैर्यमात्मविनिग्रहः ॥7॥

इन्द्रियार्थेषु वैराग्यमनहङ्कार एव च ।
जन्ममृत्युजराव्याधिदुःखदोषानुदर्शनम् ॥8॥

असक्तिरनभिष्वङ्गः पुत्रदारगृहादिषु ।
नित्यं च समचित्तत्वमिष्टानिष्टोपपत्तिषु ॥9॥

मयि चानन्ययोगेन भक्तिरव्यभिचारिणी ।
विविक्तदेशसेवित्वमरतिर्जनसंसदि ॥10॥

अध्यात्मज्ञाननित्यत्वं तत्वज्ञानार्थदर्शनम् ।
एतज्ज्ञानमिति प्रोक्तमज्ञानं यदतोऽन्यथा ॥11॥

ज्ञेयं यत्तत्वप्रवक्ष्यामि यज्ज्ञात्वामृतमश्नुते ।
अनादिमत्परं ब्रह्म न सत्तन्नासदुच्यते ॥12॥

सर्वतः पाणिपादं तत्सर्वतोऽक्षिशिरोमुखम् ।
सर्वतः श्रुतिमल्लोके सर्वमावृत्य तिष्ठति ॥13॥

सर्वेन्द्रियगुणाभासं सर्वेन्द्रियविवर्जितम् ।
असक्तं सर्वभृच्चैव निर्गुणं गुणभोक्तृ च ॥14॥

बहिरन्तश्च भूतानामचरं चरमेव च ।
सूक्ष्मत्वात्तदविज्ञयं दूरस्थं चान्तिके च तत् ॥15॥

अविभक्तं च भूतेषु विभक्तमिव च स्थितम् ।
भूतभर्तृ च तज्ज्ञेयं ग्रसिष्णु प्रभविष्णु च ॥16॥

ज्योतिषामपि तज्ज्योतिस्तमसः परमुच्यते ।
ज्ञानं ज्ञेयं ज्ञानगम्यं हृदि सर्वस्य विष्ठितम् ॥17॥

इति क्षेत्रं तथा ज्ञानं ज्ञेयं चोक्तं समासतः ।
मद्भक्त एतद्विज्ञाय मद्भावायोपपद्यते ॥18॥

प्रकृतिं पुरुषं चैव विद्ध्यनादी उभावपि ।
विकारांश्च गुणांश्चैव विद्धि प्रकृतिसम्भवान् ॥19॥

कार्यकरणकर्तृत्वे हेतुः प्रकृतिरुच्यते ।
पुरुषः सुखदुःखानां भोक्तृत्वे हेतुरुच्यते ॥20॥

पुरुषः प्रकृतिस्थो हि भुङ्क्ते प्रकृतिजान्गुणान् ।
कारणं गुणसंगोऽस्य सदसद्योनिजन्मसु ॥21॥

उपद्रष्टानुमन्ता च भर्ता भोक्ता महेश्वरः ।
परमात्मेति चाप्युक्तो देहेऽस्मिन्पुरुषः परः ॥22॥

य एवं वेत्ति पुरुषं प्रकृतिं च गुणैः सह ।
सर्वथा वर्तमानोऽपि न स भूयोऽभिजायते ॥23॥

## ** त्रयोदशोऽध्याय: **

ध्यानेनात्मनि पश्यन्ति केचिदात्मानमात्मना ।
अन्ये साङ्ख्येन योगेन कर्मयोगेन चापरे ॥24॥

अन्ये त्वेवमजानन्तः श्रुत्वान्येभ्य उपासते ।
तेऽपि चातितरन्त्येव मृत्युं श्रुतिपरायणाः ॥25॥

यावत्सञ्जायते किञ्चित्सत्त्वं स्थावरजङ्गमम् ।
क्षेत्रक्षेत्रज्ञसंयोगात्तद्विद्धि        भरतर्षभ ॥26॥

समं  सर्वेषु  भूतेषु  तिष्ठन्तं  परमेश्वरम् ।
विनश्यत्स्वविनश्यन्तं यः पश्यति स पश्यति ॥27॥

समं  पश्यन्हि  सर्वत्र  समवस्थितमीश्वरम् ।
न हिनस्त्यात्मनात्मानं ततो याति परां गतिम् ॥28॥

प्रकृत्यैव च कर्माणि क्रियमाणानि सर्वशः ।
यः पश्यति तथात्मानमकर्तारं स पश्यति ॥29॥

यदा       भूतपृथग्भावमेकस्थमनुपश्यति ।
तत एव च विस्तारं ब्रह्म सम्पद्यते तदा ॥30॥

अनादित्वान्निर्गुणत्वात्परमात्मायमव्ययः  ।
शरीरस्थोऽपि कौन्तेय न करोति न लिप्यते ॥31॥

यथा सर्वगतं सौक्ष्म्यादाकाशं नोपलिप्यते ।
सर्वत्रावस्थितो देहे तथात्मा नोपलिप्यते ॥32॥

यथा प्रकाशयत्येकः कृत्स्नं लोकमिमं रविः ।
क्षेत्रं क्षेत्री तथा कृत्स्नं प्रकाशयति भारत ॥33॥

क्षेत्रक्षेत्रज्ञयोरेवमन्तरं       ज्ञानचक्षुषा ।
भूतप्रकृतिमोक्षं च ये विदुर्यान्ति ते परम् ॥34॥

ॐ तत्सदिति

श्रीमद्भगवद्गीतासूपनिषत्सु ब्रह्मविद्यायांयोगशास्त्रे
श्रीकृष्णार्जुनसंवादे क्षेत्रक्षेत्रज्ञविभागयोगो नाम त्रयोदशोऽध्यायः ॥ 13 ॥

# तेरहवाँ अध्याय
## ( प्राणी शरीर की संरचना )

संतोषमृत है सबसे पावन
वासुदेव समझाते हैं,
अर्जुन को अब श्री भगवान
देह की रचना और कर्म बतलाते हैं।

हे अर्जुन! यह पूरा शरीर एक क्षेत्र (एरिया)है
चूँकि निश्चित इसका आकार,
और जानता है उसको वो क्षेत्रज्ञ
जो जाने इसके गुण और विकार (अवगुण)।

पृथ्वी, जल, वायु, अग्नि, धरा से
अपना पाता है यह आकार,
प्रत्यक्ष (दिखने वाला) रूप में देह पड़े दिखायी
अप्रत्यक्ष (छुपा हुआ) ये ब्रह्मरूप स्वीकार।

हे भरतवंशी! तू मुझको इसके
क्षेत्रज्ञ के रूप में मान,
जो इसके पूर्ण रूप का
रखता है सारा ज्ञान।

इसके गुण और विकारों को
जो भलीभाँति पहचानता है,
वही ज्ञानी है मेरे मत में जो इस
विशाल क्षेत्र को जानता है।

** गीता कृष्ण की, सिद्धान्त कर्म का ** 207 **

## ** त्रयोदशोऽध्यायः **

जैसे-जैसे यह क्षेत्रज्ञ इसके
गुण-दोष समझता जाता है,
वैस-वैसे गुण-दोषों को रख
यह क्षेत्र उत्पत्ति पाता है।

इन दोनों की सारी संरचना
मुझसे तू संक्षेप में जान,
इस क्षेत्र के गुण दोषों का भी मैं
करता जाऊँगा बखान।

बड़े-बड़े ऋषि मुनियों ने इसे
बार-बार बतलाया है,
और वेदों की ऋचाओं ने यह
कई प्रकार से गाया है।

यह कहा गया कई युक्ति (तरकीब) के द्वारा
रख कर एक निश्चित स्वरूप,
ब्रह्मसूत्र के पदों ने भी
दिखलाए हैं इसके रूप।

सुन अब जिन पाँच महाभूतों से
आकार ये पाता है (वायु, जल, आकाश, अग्नि, धरा),
उनके स्वभाव से (अहंकार, बुद्धि उत्पत्ति, क्रोध, प्रेम, क्षमा,
दया, धारण शक्ति) यह मूल प्रकृति पाता है।

दस इंद्री (कान, त्वचा, नेत्र, जीभ, नाक, गला, हाथ, पैर,
जनन अंग व मलद्वार) मिलकर इसे चलाती हैं,
और इसे भली प्रकार अपने सुख
(शब्द, स्पर्श, रूप, रस, गंध) का बोध कराती हैं।

** 208 ** गीता कृष्ण की, सिद्धान्त कर्म का **

## ** त्रयोदशोऽध्यायः **

अब मैं तुझको इसके विकारों से
अवगत कराता हूँ,
जिससे इसकी चेतना (बुद्धि) व्यवहार
करती है वो भाव तुझे बताता हूँ।

इच्छा, द्वेष (जलन) सुख-दुःख और
निरंतर परिवर्तन ये सब इसको हैं भाते,
पर इस क्षेत्र को ये विकार
बुद्धि विहीन (सोचने समझने की शक्ति कम होना) करते जाते।

परंतु यदि यहीं प्राणी स्वयं में
मैं श्रेष्ठ हूँ ऐसा भाव ना लाता है,
और अपने इन विकारों से औरों को
कभी नहीं भरमाता है।

सदा ही अपने मन बुद्धि में
भाव अहिंसा का है रखता,
और अपने स्वभाव में सरलता और
क्षमा को है भरता।

सम्मान यदि गुरुओं का करता
बाहर-भीतर (तन-मन की सफाई) रखे शुद्धि,
उसका मन उसके वश में रहता
विकसित होती है बुद्धि।

अपनी इंद्रियों में जो आसक्ति
का भाव ना रखता है,
जग की किसी भी वस्तु को देख
उसका मन पाने को ना भटकता है।

** गीता कृष्ण की, सिद्धान्त कर्म का ** 209 **

## ** त्रयोदशोऽध्याय: **

वो मन को वश में रखना ही
वैराग्य कहलाता है,
ऐसा प्राणी शीघ्र अति शीघ्र
अहंकार रहित हो पाता है।

जो ना किसी नव प्राणी के
आने पर हर्ष जताता है,
ना किसी की मृत्यु पर शोक सागर
में गोते लगाता है।

जिस प्राणी को व्याधि (रोग)
आने पर चिंता नहीं सताती है,
जिसके लिए उसकी वृद्धावस्था
एक उत्सव बन जाती है।

जिसको पुत्र हो या स्त्री कोई
आसक्ति नहीं होती,
घर (मकान) और घनिष्ठ संबंधों
में भी कोई रुचि नहीं होती।

उसके अनुकूल हो परिस्थिति या
प्रतिकूल होती जाएं,
वो सब में अपने शांत चित्त से
सदा समभाव को दिखलाए।

जो प्राणी समुदाय में ना रख
मुझमें प्रीति रखता है,
और सदा एकांत भाव (भीड़ में अकेलापन) को रखता
मेरी भक्ति को हृदय में रखता है।

** 210 ** गीता कृष्ण की, सिद्धान्त कर्म का **

## ** त्रयोदशोऽध्यायः **

वही मेरी व्यभिचार (दोष) से परे
शुद्ध भक्ति को पाता है,
उसी भक्त के हृदय में अर्जुन
मेरा निवास हो जाता है।

जो लगा रहता नित्य निरंतर
अध्यात्म के द्वारा भगवत ज्ञान में,
सर्वत्र परमात्मा को देखता
बसता केवल उसके ध्यान में।

जिसको हर प्राणी के भीतर
बसते ॐ रूप का भान है,
उसे समझ तू हे पार्थ!
परमात्मा रूपी क्षेत्र का ज्ञान है।

और जो प्राणी अपने सारे भाव (सोच)
इसके विपरीत (उल्टे) ही रखता है,
वह अज्ञानी किस भाँति इस
ज्ञान को प्राप्त कर सकता है।

जो है तेरे जानने योग्य अब
वह बात तुझे बतलाता हूँ,
जिससे पाकर हो अमरता का अनुभव
वो दिव्य तत्त्व दिखलाता हूँ।

वह अनादि (जिसका प्रारंभ ना पता हो) परम ब्रह्म
जो ना ही झूठ है ना ही सच,
पर उसके परम प्रभाव से प्राणी
कभी नहीं सकता है बच।

** गीता कृष्ण की, सिद्धान्त कर्म का ** 211 **

## ** त्रयोदशोऽध्याय: **

वो परमात्मा एक समय में
हर प्राणी के संग में रहता है,
प्राणी जो भी कर्मों को करता
उसका साक्षी रहता है।

चाहे कोई खाए या बोले
या ना खाए चुप रह जाए,
यदि पलक भी झपके प्राणी
तो उस ईश्वर को दिख जाए।

वो बिना इंद्री वाला ईश्वर सब
इंद्रियों के भाव को पहचाने,
नाक बिना सब सूंघे, आँखो के बिन देखे,
त्वचा बिना स्पर्श को पहचाने।

उसका किसी में प्रेम नहीं
वो सारे जग का पोषण करता,
जो करता प्राणी इस जग में
वो सब समझो वो करता।

यदि तू खाता है अर्जुन तो
समझ वो ही खाए,
यदि तू सोता है तो वो तेरे
भीतर सो जाए।

वो है प्रत्येक गुण से परे और
वही सभी गुणों की खान,
इसीलिए हे अर्जुन! इस सृष्टि में
दूजा न कोई उसके समान।

** 212 ** गीता कृष्ण की, सिद्धान्त कर्म का **

## ** त्रयोदशोऽध्यायः **

जैसे मैंने तुझे बताया जितने इस जग में
हैं प्राणी, हैं उसका ही रूप,
चाहे चर हो या अचर सब में बसता
उसका ही सूक्ष्म रूप।

दूर से हो या पास से कोई उसको
देख ना पाता है,
क्योंकि वो अत्यंत सूक्ष्म
इन आँखों से दिख नहीं पाता है।

अब देख इसकी माया वो एक है
पर सब में अलग-अलग है बसता,
प्रत्येक भूत प्राणी को परमात्मा
ही इस जग में  पैदा है करता।

निमित्त बनाता किसी की देह को
जीव इस जग में पाँव जब धरता है,
वही सबका पालन-पोषण करने वाला
वही सब का जीवन हरता है।

वही है ज्योतियों की ज्योति
वह अत्यंत ही प्रकाशवान,
उसके समक्ष नहीं टिक पाता
इस सारी सृष्टि का अज्ञान।

बस एकमात्र जानने योग्य वस्तु वही
या कह दो उसको ज्ञान,
वही सब प्राणी के हृदयों
में सदा से रहता विराजमान।

** गीता कृष्ण की, सिद्धान्त कर्म का ** 213 **

## ** त्रयोदशोऽध्याय: **

इस प्रकार मैंने तुझे क्षेत्र और
क्षेत्रज्ञ का भेद बताया है,
जिस ज्ञान को तुझसे पहले कोई
योगी समझ ना पाया है।

ज्ञान और ज्ञेय (जानने योग्य) को मैंने
तुझे सूक्ष्म रूप में बताया है,
इस भेद को तत्त्व से जान मेरा भक्त
चल कर मुझ तक ही आया है।

प्रकृति और पुरुष (अर्थात जीव) दोनों को
तू अनादि जान,
गुण हो चाहे या विकार दोनों
ही में बसते हैं समान।

प्रकृति में ये गुण-विकार सब
प्राणी से आते हैं,
और प्राणी प्रकृति स्वरूप ये
विकार अपने स्वभाव में पाते हैं।

जो भी जैसा कार्य करता है
वह उसकी प्रकृति कहलाता है,
और उन्हीं कर्मों के प्रभाव से
सुख और दु:ख को पाता है।

और उसी प्रकृति के वश हो
प्राणी गुणों का भोगी है बनता,
उसके द्वारा दिए गुणों से अपने
सारे कर्मों को करता।

** 214 ** गीता कृष्ण की, सिद्धान्त कर्म का **

## ** त्रयोदशोऽध्याय: **

अवगुण और गुण का कर्म योग
करके उसका फल बनता है,
वही कर्म फल प्राणी के जन्म को
ऊँची-नीची योनि में होने का कारक बनता है।

चूँकि परमात्मा पुरुष में स्थित
सब कार्यों का साक्षी बनते हैं,
इसलिए परमपिता को प्राणी
उपकृष्टा कहते हैं।

उसके भीतर रहकर वो कार्यों को
करने की अनुमति हैं देते,
इसलिए उनका एक नाम
अनुमन्ता भी हैं कहते।

उसके भीतर वो ही सबका
पालन-पोषण करता है,
इसीलिए वह जग पालन कर्ता
के रूप को धरता है।

प्राणी के संग वो ही उसके
सारे दुःख को साझा करते हैं,
इसलिए ही ईश्वर को ये प्राणी
सब कर्मों का भोक्ता कहते हैं।

चूँकि है वो उस मह (जीव) का स्वामी
वो महेश्वर कहलाता है,
और वह पर (देह) का स्वामी है
इसलिए परमात्मा कहाता है।

** गीता कृष्ण की, सिद्धान्त कर्म का ** 215 **

## ** त्रयोदशोऽध्यायः **

वह इस देह में रह कर भी
है इस देह से बहुत परे,
पुरुष अगर सत्य को समझे
निष्काम अपने कर्मों को करे।

अब इस भेद को देख यह परमात्मा, पुरुष
में रह सब कर्मों को करता जाता है,
तब भी प्राणी की भाँति यह पुनर्जन्म
को नहीं पाता है।

इस परमात्मा को कई प्राणी
योगों के द्वारा अनुभव करते हैं,
जो योगी धरते ध्यान योग या सांख्ययोग
कर्मयोग या अन्य किसी योग को धरते है।

वो अनुभव करते आत्मतत्व का जो
इन योगों में निपुण हो जाते हैं,
इन योगों को कर शुद्ध हृदय से
अनुभव परमात्मा का पाते हैं।

कुछ ऐसे भी प्राणी हैं जो
योगों का ज्ञान नहीं रखते,
पर सुन कर दूजे महापुरुषों से
वो योग में हैं रमते।

ऐसे सुनकर आचरण करने वाले भी
इस भाव से तर जाते हैं,
पाते हैं वो परम लोक
जब मृत्युलोक से जाते हैं।

** 216 ** गीता कृष्ण की, सिद्धान्त कर्म का **

## ** त्रयोदशोऽध्यायः **

हे अर्जुन! जितने स्थावर (स्थिर रहने वाले पेड़-पौधे इत्यादि)
और जितने भी जंगम (जलचर, नभचर, थलचर)
जो भी जीवन पाते हैं,
वो क्षेत्र (शरीर) और क्षेत्रज्ञ (भगवान) के
संयोग से उत्पत्ति पाते हैं।

जो प्रत्येक नाशवान होती वस्तु में उस
नाशरहित परम्ब्रह्म के दर्शन पाता है,
एकमात्र वही प्राणी जिसे सृष्टि में
भान सत्य का हो जाता है।

वही देख पाता ईश्वर का
समदर्शी रूप,
वही देखता हर प्राणी में
उसकी छवि अनूप।

चूँकि वह प्राणी उस परमात्मा को
समरूप से स्थित नाशरहित जानता है,
इसलिए वो अपनी देह की मृत्यु को
अपनी मृत्यु नहीं मानता है।

वह जानता है यह देह निमित्त मात्र
और आत्मा है आनी-जानी,
वही परम गति को पाता वो
परम तत्त्व का बन ज्ञानी।

जो इस प्रकार अपने
जीवन को बिताता है,
मोक्ष मिलता उस प्राणी को
पुनः जीवन को नहीं पाता है।

** गीता कृष्ण की, सिद्धान्त कर्म का ** 217 **

## ** त्रयोदशोऽध्याय: **

हे अर्जुन! उस परमपिता को
देख कुछ ही जन पाते हैं,
ध्यान जो करते वो देखें हृदय में
ज्ञानी ज्ञान में दर्शन पाते हैं।

पर इन योगों का अनुसरण
जो बिना इच्छा के करता जाता है,
वही निष्काम योगी ही
मेरे दर्शन पाता है।

जतन करते भाँति-भाँति के जो जन
भाँति-भाँति के मार्ग में रमते जाते हैं,
जिनको इतना ज्ञान नहीं
वो दूसरे साधनों में ध्यान लगाते हैं।

पर यदि वह साधारण जन भी सद्पुरुषों का
अनुसरण करते जाते हैं,
वह सामान्य जन भी सद्गति को पा
भाव सागर से तर जाते हैं।

हे अर्जुन! जो भी है उत्पन्न होने वाला
चाहे चर हो या अचर,
बिना प्रकृति और प्राणी के संयोग हुए
आकार नहीं पाता है धर।

उत्पन्न और नष्ट होते
हर पदार्थ में ईश्वर की उत्पत्ति
को देख जो पाता है,
वही सृष्टि के हरेक कण

** 218 ** गीता कृष्ण की, सिद्धान्त कर्म का **

## ** त्रयोदशोऽध्यायः **

में स्थापित ईश्वर की उपस्थिति
को देख पाता है।

वह ना माने अपने शरीर के नाश (मृत्यु) में
अपनी आत्मा का नाश,
आत्मा अजर, अमर, अनित्य उसको
होता पूर्ण विश्वास।

वही प्राणी का आत्मा परम गति
को पाता है,
भटकता नहीं इधर-उधर वो सीधा
मेरे धाम को आता है।

जो यह जाने मैं नहीं करता
ये हैं मेरे निश्चित काम,
वही आत्मा को पहचाने
निष्पाप और निष्काम।

जैसे कभी आसमान में घन छाए
और कभी बिजली गड़गड़ाती है,
कभी बरसती वर्षा छम-छम
कभी धूप खिल आती है।

कभी घनघोर अँधेरा छा जाता
और कभी हर और उजाला होता है,
परंतु आसमान स्थिर रहता
उस पर कोई असर ना होता है।

** गीता कृष्ण की, सिद्धान्त कर्म का ** 219 **

वैसे ही यह आत्मा रहती
शांत आसमान का स्वरूप,
यह शरीर दिखाए इसको धर
चाहे अपने कितने भी रूप।

जिस काल (समय) में प्राणी के भीतर
समता भाव बस जाता है,
उसी काल में प्राणी सचिद्दानंदघन
ब्रह्म के दर्शन पाता है।

दूसरे शब्दों में इस प्राणी को भी अर्जुन
तू अनादि ही जान,
क्योंकि निरंतर परमात्मा इसमें रहता
पर प्राणी पाता नहीं है उसको जान।

उसका आत्मा उसमें रह कर
उसके कर्मों का साक्षी बन जाता है,
चूँकि उसको (आत्मा) कर्म ना लीपें इसलिए
देह के किए कर्मों से बच जाता है।

जैसे आँखों से सर्वत्र दिखने वाला आकाश
वास्तव में कहीं नहीं होता है,
उसी प्रकार आत्मा सर्वत्र होते भी
कर्मों में लिप्त ना होता है।

जैसे एक ही सूर्यदेव सम्पूर्ण
जगत को प्रकाशित करते हैं,
वैसे ही यह ईश्वर क्षेत्रज्ञ रूप धर
सब प्राणी का पालन-पोषण करते हैं।

** 220 ** गीता कृष्ण की, सिद्धान्त कर्म का **

## ** त्रयोदशोऽध्यायः **

इस प्रकार अपने ज्ञान रूपी नेत्रों से
जो क्षेत्र और क्षेत्रज्ञ की भिन्नता
को समझ जो जाते हैं,
कर्म और कारक का भेद समझते
प्राणी और प्रकृति से अलग हो
परम पिता को पाते हैं।


इति

श्रीमद्भगवद्गीता उपनिषद् एवं ब्रह्मविद्या तथा योगशास्त्र के विषय
में भगवान श्रीकृष्ण व अर्जुन के संवाद में क्षेत्रक्षेत्रविभागयोग
"प्राणी शरीर की संरचना" नामक तेरहवाँ अध्याय ।। 13 ।।

## अथ चतुर्दशोऽध्याय
# गुणत्रयविभागयोग

परं भूयः प्रवक्ष्यामि ज्ञानानं मानमुत्तमम् ।
यज्ज्ञात्वा मुनयः सर्वे परां सिद्धिमितो गताः ॥1॥

इदं ज्ञानमुपाश्रित्य मम साधर्म्यमागताः ।
सर्गेऽपि नोपजायन्ते प्रलये न व्यथन्ति च ॥2॥

मम योनिर्महद्ब्रह्म तस्मिन्गर्भं दधाम्यहम् ।
सम्भवः सर्वभूतानां ततो भवति भारत ॥3॥

सर्वयोनिषु कौन्तेय मूर्तयः सम्भवन्ति याः ।
तासां ब्रह्म महद्योनिरहं बीजप्रदः पिता ॥4॥

सत्त्वं रजस्तम इति गुणाः प्रकृतिसम्भवाः ।
निबध्नन्ति महाबाहो देहे देहिनमव्ययम् ॥5॥

तत्र सत्त्वं निर्मलत्वात्प्रकाशकमनामयम् ।
सुखसङ्गेन बध्नाति ज्ञानसङ्गेन चानघ ॥6॥

रजो रागात्मकं विद्धि तृष्णासङ्गसमुद्भवम् ।
तन्निबध्नाति कौन्तेय कर्मसङ्गेन देहिनम् ॥7॥

तमस्त्वज्ञानजं विद्धि मोहनं सर्वदेहिनाम् ।
प्रमादालस्यनिद्राभिस्तन्निबध्नाति भारत ॥8॥

सत्त्वं सुखे सञ्जयति रजः कर्मणि भारत ।
ज्ञानमावृत्य तु तमः प्रमादे सञ्जयत्युत ॥9॥

रजस्तमश्चाभिभूय सत्त्वं भवति भारत ।
रजः सत्त्वं तमश्चैव तमः सत्त्वं रजस्तथा ॥10॥

सर्वद्वारेषु देहेऽस्मिन्प्रकाश उपजायते ।
ज्ञानं यदा तदा विद्याद्विवृद्धं सत्त्वमित्युत ॥11॥

लोभः प्रवृत्तिरारम्भः कर्मणामशमः स्पृहा ।
रजस्येतानि जायन्ते विवृद्धे भरतर्षभ ॥12॥

अप्रकाशोऽप्रवृत्तिश्च प्रमादो मोह एव च ।
तमस्येतानि जायन्ते विवृद्धे कुरुनन्दन ॥13॥

यदा सत्त्वे प्रवृद्धे तु प्रलयं याति देहभृत् ।
तदोत्तमविदां लोकानमलान्प्रतिपद्यते ॥14॥

रजसि प्रलयं गत्वा कर्मसङ्गिषु जायते ।
तथा प्रलीनस्तमसि मूढयोनिषु जायते ॥15॥

कर्मणः सुकृतस्याहुः सात्त्विकं निर्मलं फलम् ।
रजसस्तु फलं दुःखमज्ञानं तमसः फलम् ॥16॥

सत्त्वात्सञ्जायते ज्ञानं रजसो लोभ एव च ।
प्रमादमोहौ तमसो भवतोऽज्ञानमेव च ॥17॥

ऊर्ध्वं गच्छन्ति सत्त्वस्था मध्ये तिष्ठन्ति राजसाः ।
जघन्यगुणवृत्तिस्था अधो गच्छन्ति तामसाः ॥18॥

नान्यं गुणेभ्यः कर्तारं यदा द्रष्टानुपश्यति ।
गुणेभ्यश्च परं वेत्ति मद्भावं सोऽधिगच्छति ॥19॥

गुणानेतानतीत्य त्रीन्देही देहसमुद्भवान् ।
जन्ममृत्युजरादुःखैर्विमुक्तोऽमृतमश्नुते ॥20॥

कैर्लिङ्गैस्त्रीन्गुणानेतानतीतो भवति प्रभो ।
किमाचारः कथं चैतांस्त्रीन्गुणानतिवर्तते ॥21॥

प्रकाशं च प्रवृत्तिं च मोहमेव च पाण्डव ।
न द्वेष्टि सम्प्रवृत्तानि न निवृत्तानि काङ्क्षति ॥22॥

उदासीनवदासीनो गुणैर्यो न विचाल्यते ।
गुणा वर्तन्त इत्येव योऽवतिष्ठति नेङ्गते ॥23॥

** गीता कृष्ण की, सिद्धान्त कर्म का ** 223 **

## ** चतुर्दशोऽध्याय: **

समदुःखसुखः स्वस्थः समलोष्टाश्मकाञ्चनः ।
तुल्यप्रियाप्रियो धीरस्तुल्यनिन्दात्मसंस्तुतिः ॥24॥

मानापमानयोस्तुल्यस्तुल्यो मित्रारिपक्षयोः ।
सर्वारम्भपरित्यागी गुणातीतः सा उच्यते ॥25॥

मां च योऽव्यभिचारेण भक्तियोगेन सेवते ।
स गुणान्समतीत्येतान्ब्रह्मभूयाय कल्पते ॥26॥

ब्रह्मणो हि प्रतिष्ठाहममृतस्याव्ययस्य च ।
शाश्वतस्य च धर्मस्य सुखस्यैकान्तिकस्य च ॥27॥

ॐ तत्सदिति
श्रीमद्भगवद्गीतासूपनिषत्सु ब्रह्मविद्यायांयोगशास्त्रे
श्रीकृष्णार्जुनसंवादे गुणत्रयविभागयोगो नामचतुर्दशोऽध्याय: ॥ 14 ॥

# अथ चौदहवाँ अध्याय
## ( सत, रज, तम का भेद )

क्षेत्र और क्षेत्रज्ञ के भेद का
कर सारा संधान,
अब अर्जुन से कोमल भाव में
कहते हैं श्री भगवान।

सब से पहले मैं अपनी बातों को
अर्जुन फिर से दोहराता हूँ,
इस प्राणी के स्वभाव और गुण
की भिन्नता कैसे बनती बतलाता हूँ।

जिसको पाकर असंख्य मुनियों
ने मोक्ष को पाया है,
वही ज्ञान संक्षेप में अर्जुन
मैंने तुझे बताया है।

वह कभी जन्म ना लेता आदिकाल में
प्रलय में ना मिट पाता है,
जो ज्ञान को धारण करता मुझमें
ही प्रत्येक वस्तु को पाता है।

एक वही जानते कि मुझ बिन
नहीं जगत का ओर और छोर,
मैं ही जगत जीवन की रात्रि
मैं ही परम सुहानी भोर।

** गीता कृष्ण की, सिद्धान्त कर्म का ** 225 **

## ** चतुर्दशोऽध्यायः **

हे भरतवंशी अर्जुन! बात पुनः
दोहराता हूँ,
मैं कहीं नजर नहीं आता पर
जग को मैं ही चलाता हूँ।

मेरी ब्रह्ममयी माया ही सब
सबको संसार दिखाती है,
प्राणी का जन्म स्थान बने
वह ही योनि कहलाती है।

मैं ही अपनी ब्रह्म माया में
बीजों के जीव रूप को धरता हूँ,
और अपनी योगमाया के द्वारा
उस बीज से जीवों की उत्पत्ति करता हूँ।

हे अर्जुन! मेरी उस महती (महान) माया को
को तू विस्तार से जान,
संपूर्ण योनियों (ब्रह्ममाया) में जितने शरीरों से
प्राणी जग में आते उनको तू माता मान।

और जो (ब्रह्मरूप) बीज स्थापन करता
जन्म का कारक बनाता है,
वो भी उसका है जन्मदाता
वही पिता कहलाता है।

चार प्रकार के प्राणी इस
जग में आते हैं,
भिन्न-भिन्न योनियों में उत्पन्न हो उनके
कर्मों को कर योनि से मुक्त हो जाते हैं।

** 226 ** गीता कृष्ण की, सिद्धान्त कर्म का **

जो भी जेर (Placenta) के साथ आते हैं (मनुष्य व पशु)
वो जरायुज कहलाते हैं,
अंडे से उत्पन्न होने वाले
अण्डज (पक्षी, सर्प आदि) नाम से जाने जाते हैं।

स्वेद (पसीना और गर्मी) से जो रूप धरें (जूँ, कीड़े, घुन इत्यादि)
उनको स्वेदज तू पहचान,
और जो धरती का सीना चीर के निकले (वृक्ष, लता आदि)
तू उनको उद्विज मान।

पर देख मेरी माया देखने में
अकस्मात् एक से हैं लगते,
पर करोड़ों अरबों प्राणी में दो भी
एक रूप नहीं धरते।

हे महाबाहो! मेरी प्रकृति के वश
ये सारी माया बँधी हुई,
एक ही माला के सदृश यह
मनकों में है गुँथी हुई।

मेरी यह माया क्यों कर
त्रिगुणमयी कहलाती है,
अब उन गुणों का विस्तार तू सुन
जिनसे ये बँधती जाती है।

प्रकृति से उत्पन्न तीन ये गुण
चेतन जीवों को बाँधते हैं,
उन्हीं गुणों का प्राणी सत्व (सात्विक),
तम (तामसी) और रज (राजसी) मानते हैं।

** गीता कृष्ण की, सिद्धान्त कर्म का ** 227 **

## ** चतुर्दशोऽध्यायः **

यही गुण कर्मों के फल से
प्राणी को बाँधते जाते हैं,
और इन्हीं गुणों के प्रभाव से
प्राणी कर्म बनाते हैं।

हे अर्जुन! इन तीनों गुणों में
सत्वगुण श्रेष्ठ कहलाता है,
स्वच्छ और निर्मल होने के कारण
आत्मा में प्रकाश फैलाता है।

अध्यात्म प्रेम शांति फैलाने वाले
इस गुण को ज्ञानीजन अपनाते हैं,
कामना, द्वेष, क्रोध, अहंकार से
कोसों दूर हो जाते हैं।

यह बाँधता देह को ज्ञान से
दिखा आत्मा का प्रकाशमय रूप,
सुखमय जीवन हो जाता जो
जीवन चलता इसके अनुरूप।

हे अर्जुन! जब प्राणी इस जग से
उपजे प्रलोभन को अपनाते हैं,
उनके अंदर रजोगुण बढ़ता
राग (कामनाएँ) भी बढ़ते जाते हैं।

अपना कल्याण करने को
प्राणी नित नए प्रपंच रचाता है,
कर्मों के फल की आसक्ति से
यह अत्यधिक ललचाता है।

** 228 ** गीता कृष्ण की, सिद्धान्त कर्म का **

## ** चतुर्दशोऽध्यायः **

जैसे-जैसे उसके भीतर यह
लालच बढ़ता जाता है,
फल की इच्छा पाने को प्राणी
नित्य नए कर्म रचाता है।

और तमोगुण को जो अपनाए
वह सारे ही अवगुण अपनाए,
अच्छे कर्मों का संग त्याग वो प्राणी
बुरे कर्म को ही अपनाए।

तामसी गुण प्राणी को
सम्मोहित करता जाता है,
सत्य रूप को छोड़ उसे
एक दिव्य जगत दिखाता है।

उसके रूप जाल में फँस प्राणी
पथ से भटकता जाता है,
प्रमाद, आलस्य, निद्रा, धन आदि
गुणों से बँधता जाता है।

अब यह बतलाता हूँ यह गुण
प्राणी पर विजय कैसे पाते हैं,
कैसे अपने वश में करके
उसको क्या-क्या मार्ग दिखाते हैं।

हे भरतवंश के उद्भव अर्जुन! सुन
सत्वगुण सुख (परम्ब्रह्म) में लगाता है,
और रजोगुण मनुष्य को लगा कर्म में
उसके हृदय पर विजय पाता है।

** गीता कृष्ण की, सिद्धान्त कर्म का ** 229 **

## ** चतुर्दशोऽध्यायः **

परन्तु तमो गुण ज्ञान को ढकता
अज्ञान में वृद्धि करता है,
भाँति-भाँति के प्रमाद जगा उसके
विवेक पर विजय प्राप्त वो करता है।

हे अर्जुन! जब प्राणी में विवेक
और ज्ञान बढ़ जाता है,
तब बढ़े हुए विवेक से प्राणी भीतर
रजोगुण व तमोगुण को दबाता है।

ऐसे ही जब प्राणी में पुण्य कमाने
का भाव बढ़ जाता है,
जब उद्देश्य के हेतु वो
कर्मों को करता जाता है।

तब मानो उसके भीतर रजोगुण
ने अधिकार जमाया है,
और भीतर गहरा बसने को सतगुण
और तमोगुण को एक ओर हटाया है।

पर जब उसमें बस अहंकार बसे और
वो बाकी सभी को तुच्छ जाने,
सतगुण और रजोगुण के ऊपर
तमोगुण अपनी सत्ता माने।

मनुष्य अपने प्रयत्न के द्वारा जब
भीतर के प्रकाश को आलोकित करता है,
अपनी इंद्रियों के संग अपने
मन को भी वश में करता है।

** 230 ** गीता कृष्ण की, सिद्धान्त कर्म का **

## ** चतुर्दशोऽध्यायः **

अपने अंदर वह दया, ममता, प्रेम
दान आदि भावों को ले आता है,
तब समझो उस मानव का
विवेक जागृत हो जाता है।

जब विवेक जागृत हो मानव का
तब मानो वह सोकर उठ खड़ा हुआ,
यही समय है पहचानो कि उसका
सत्वगुण है बढ़ा हुआ,

और दूसरी ओर जब उसमें
लोभ लालसा बढ़ती जाती है,
सांसारिक सुख की लालसा
चित्त बहुत भरमाती है।

अंतःकरण में जब उसके अशांति
भरने लगती है,
पद, प्रतिष्ठा और मान, धन आदि
पाने की इच्छा बढ़ती है।

जब दूसरे की कथनी-करनी
का प्रभाव उसे भरमाता है,
इंद्रियों को वश में कर लेता
पर मन को कर नहीं पाता है।

तब समझो वह अर्धनिद्रा की
अवस्था में है पड़ा हुआ,
कर्मों में कर्ता का अहंकार हो
तो समझो रजोगुण है बढ़ा हुआ।

** गीता कृष्ण की, सिद्धान्त कर्म का ** 231 **

## ** चतुर्दशोऽध्यायः **

वहीं हे कुरुनंदन! जब मानव
अपने ही अहंकार को धरता है,
मन के सहित किसी भी इंद्री पर
अपना अधिकार ना धरता है।

अपने सारे कर्मों को काम, क्रोध, लोभ, मोह
के वश हो करता जाता है,
बाहर से चमक रखने वाले सारे
सुखों को पाने में सारे जतन लगाता है।

भले-बुरे का ज्ञान नहीं जब
करे वही जो मन को भाए,
मैं का भाव जिस मनुष्य के
भीतर बढ़ता जाए।

जब मनुष्य बाहर-भीतर का रूप
भिन्न-भिन्न दिखलाता है,
ऐसा मनुष्य यदि जागा भी हो तो
उसका विवेक सो जाता है।

जो जाग कर भी निद्रा में हो प्रत्येक पल
बस इंद्री सुख में पड़ा हुआ,
उस मानव का समझो अर्जुन
तमोगुण है बढ़ा हुआ।

यदि एक समय में मानव का
सत्वगुण बढ़ जाता है,
और यदि उसी समय में मानव अपने
अंत को पाता है।

** 232 ** गीता कृष्ण की, सिद्धान्त कर्म का **

## ** चतुर्दशोऽध्यायः **

ऐसा प्राणी देह को तज
उत्तम लोकों को पाता है,
कर्मों द्वारा वहाँ रहता फिर
लौट धरा पर आता है।

बढ़े रजोगुण का स्वामी यदि
अपने अंत को पाता है,
उत्तम लोकों में ना जा कर्म
पूरा करने को मनुष्य जन्म फिर पाता है।

परंतु जो तमोगुण बढ़ने पर
अपने अंत को जाए,
वो मनुष्य अपने अगले जन्म में
मूढ़ (कीट, पतंगा, पशु आदि) योनि को पाए।

अलग-अलग गुणों का धारी
अलग-अलग कर्मों को करता जाता है,
और अपने गुण प्रभाव से अपने
कर्मों के फलों को पाता है।

सात्विक कर्म का फल ज्ञान है
जिसे पा प्राणी मोक्ष को जाता है,
राजस गुण का फल दुःख उसको
लोभ का रूप दिखाता है,
जिससे छूटना चाहे प्राणी वहीं
लौट-लौट फिर आता है।

पर तामस सबसे क्लिष्ट है
नीच गति को ले जाए,

** गीता कृष्ण की, सिद्धान्त कर्म का ** 233 **

## ** चतुर्दशोऽध्याय: **

उसके फल से मनुष्य घोर
अज्ञान को पाए।

अज्ञानी और मूढ़ मति अपनी
मनुष्य योनि से गिर जाता है,
ऐसे गुण का धारी मानव
निम्न योनि को पाता है।

हे अर्जुन! जिस काल में मनुष्य
किसी भी गुण में कर्ता
का अभिमान ना धरता है,
समदृष्टि का स्वामी बन सबमें ही
समान भाव को धरता है।

फल की इच्छा ना करके वह
कर्मों को करता जाता है,
जब उसको आत्मा में बस रहे
परमात्मा का भान हो जाता है,
उसी क्षण वह प्राणी मेरे
परमब्रह्म रूप को पा जाता है।

ऐसा योगी जो ना जन्म पे खुश हो
ना बचपन में अज्ञानी हो
ना जवानी देख खुश होता है,
ना कुछ पाने में सुख पाता
ना कुछ खोने से डरता ना
बुढ़ापे को देख कर दुःखी होता है,
मृत्यु को देख भी जो ना रोए
वो गुणों (तीन गुण) को पीछे छोड़
परमानंद को प्राप्त फिर होता है।

** 234 ** गीता कृष्ण की, सिद्धान्त कर्म का **

## ** चतुर्दशोऽध्याय: **

कर जोड़ अर्जुन कहते हे केशव!
वो गुणों के प्रभाव से परे पुरुष (मनुष्य)
कैसे लक्षण को पाता है,
कैसे उसको पहचाने जो
इतनी विलक्षणता का ज्ञाता है।

किस प्रकार अपनी दिनचर्या को
यह ज्ञानी योगी करता है,
और किस आचरण के द्वारा इन
तीनों गुणों का अतिक्रमण (अधिकार जमाना) करता है।

हे अर्जुन! जो सत्वगुण करते भी
अपने गुण का अवलोकन ना करता,
जो राजसी गुण करने में कर्ता का
भाव नहीं धरता।

जो तामस गुण को धार भी मैं
का भाव ना मन में लाता है,
वही निष्काम है जिसको नहीं विषयों(सांसारिक विषय) का ज्ञान
वही श्रेष्ठ है जो ब्रह्म को जाने,
वही विलक्षण मनुष्य है
जो इस परम सत्य को पहचाने।

जिसको सुख ना भरमाते हैं
ना ही दुःख सता पायें,
जो मिट्टी और सोने को देख
समान भाव उर में लाए।

** गीता कृष्ण की, सिद्धान्त कर्म का ** 235 **

## ** चतुर्दशोऽध्याय: **

जो किसी भी कार्य को करने में
इच्छा-अनिच्छा ना दिखलाए,
और किसी को अपना अधिक प्रिय
और किसी में शत्रुता ना पाए।

जो न हर्षित हो अपनी स्तुति (बड़ाई) से
ना निंदा में घबराए,
जिसको मान का भाव ना छुए
ना अपमान में चित्त को दु:ख लाए।

जिसका कोई मित्र ना होता
ना शत्रु ही होता है,
जो सभी कर्मों को करता पर
कर्ता का भाव ना ढोता है।

जो अपने उर में सदा संतोष
का भाव ले आता है,
वही प्राणी ज्ञानी इस जग में
गुणातीत कहलाता है।

जो मनुष्य इन तीन गुणों से भरी
मेरी माया से ऊपर उठ जाता है,
अपने कर्मों को करके अपने कर्म
मुझे ही अर्पण करता जाता है।

जो प्रत्येक परिस्थिति में बस
मेरा ही सुमिरन करता है,
सांसारिक सुख से ऊपर उठ
भक्ति सुख का सेवन करता है।

** 236 ** गीता कृष्ण की, सिद्धान्त कर्म का **

## ** चतुर्दशोऽध्यायः **

वही मेरी इस त्रिगुणमयी
माया पर विजय पाता है,
आंतरिक सुख का वो स्वामी
निश्चित ही ब्रह्मप्राप्ति का
पात्र हो जाता है।

मैं (ईश्वर) ही हूँ उस अविनाशी
परम्ब्रह्म और अमृत का स्वरूप,
मैं ही नित्य (अविनाशी) और मैं ही
अखंड आनंद का दूसरा रूप।

ब्रह्म, अमृत, अव्यय (खर्च ना हो सके),
शाश्वत धर्म (सदा रहने वाला) और
परम सुख ये सब है मेरे ही नाम,
चूँकि इन सब में मैं, मुझमें ये सब बसते
मुझमें पाते सब विश्राम।

इति

श्रीमद्भगवद्गीता उपनिषद् एवं ब्रह्मविद्या तथा योगशास्त्र के विषय
में भगवान श्रीकृष्ण व अर्जुन के संवाद में गुणत्रयविभागयोग
"सत रज तम का भेद" नामक चौदहवाँ अध्याय ।। 14 ।।

** गीता कृष्ण की, सिद्धान्त कर्म का ** 237 **

# अथ पञ्चदशोऽध्यायः

## पुरुषोत्तमयोग

ऊर्ध्वमूलमधः शाखमश्वत्थं प्राहुरव्ययम् ।
छन्दांसि यस्य पर्णानि यस्तं वेद स वेदवित् ॥1॥

अधश्चोर्ध्वं प्रसृतास्तस्य शाखा गुणप्रवृद्धा विषयप्रवालाः ।
अधश्च मूलान्यनुसन्ततानि कर्मानुबन्धीनि मनुष्यलोके ॥2॥

न रूपमस्येह तथोपलभ्यते नान्तो न चादिर्न च सम्प्रतिष्ठा ।
अश्वत्थमेनं सुविरूढमूल मसङ्गशस्त्रेण दृढेन छित्त्वा ॥3॥

ततः पदं तत्परिमार्गितव्यं यस्मिन्गता न निवर्तन्ति भूयः ।
तमेव चाद्यं पुरुषं प्रपद्ये यतः प्रवृत्तिः प्रसृता पुराणी ॥4॥

निर्मानमोहा जितसङ्गदोषाअध्यात्मनित्या विनिवृत्तकामाः ।
द्वन्द्वैर्विमुक्ताः सुखदुःखसञ्ज्ञैर्गच्छन्त्यमूढाः पदमव्ययं तत् ॥5॥

न तद्भासयते सूर्यो न शशाङ्को न पावकः ।
यद्गत्वा न निवर्तन्ते तद्धाम परमं मम ॥6॥

ममैवांशो जीवलोके जीवभूतः सनातनः ।
मनः षष्ठानीन्द्रियाणि प्रकृतिस्थानि कर्षति ॥7॥

शरीरं यदवाप्नोति यच्चाप्युत्क्रामतीश्वरः ।
गृहीत्वैतानि संयाति वायुर्गन्धानिवाशयात् ॥8॥

श्रोत्रं चक्षुः स्पर्शनं च रसनं घ्राणमेव च ।
अधिष्ठाय मनश्चायं विषयानुपसेवते ॥9॥

उत्क्रामन्तं स्थितं वापि भुञ्जानं वा गुणान्वितम् ।
विमूढा नानुपश्यन्ति पश्यन्ति ज्ञानचक्षुषः ॥10॥

** 238 ** गीता कृष्ण की, सिद्धान्त कर्म का **

## ** पञ्चदशोऽध्याय: **

यतन्तो योगिनश्चैनं पश्यन्त्यात्मन्यवस्थितम् ।
यतन्तोऽप्यकृतात्मानो नैनं पश्यन्त्यचेतस: ॥11॥

यदादित्यगतं तेजो जगद्भासयतेऽखिलम् ।
यच्चन्द्रमसि यच्चाग्नौ तत्तेजो विद्धि मामकम् ॥12॥

गामाविश्य च भूतानि धारयाम्यहमोजसा ।
पुष्णामि चौषधी: सर्वा: सोमो भूत्वा रसात्मक: ॥13॥

अहं वैश्वानरो भूत्वा प्राणिनां देहमाश्रित: ।
प्राणापानसमायुक्त: पचाम्यन्नं चतुर्विधम् ॥14॥

सर्वस्य चाहं हृदि सन्निविष्टोमत्त: स्मृतिर्ज्ञानमपोहनं च ।
वेदैश्च सर्वैरहमेव वेद्योवेदान्तकृद्वेदविदेव चाहम् ॥15॥

द्वाविमौ पुरुषौ लोके क्षरश्चाक्षर एव च ।
क्षर: सर्वाणि भूतानि कूटस्थोऽक्षर उच्यते ॥16॥

उत्तम: पुरुषस्त्वन्य: परमात्मेत्युदाहृत: ।
यो लोकत्रयमाविश्य बिभर्त्यव्यय ईश्वर: ॥17॥

यस्मात्क्षरमतीतोऽहमक्षरादपि चोत्तम: ।
अतोऽस्मि लोके वेदे च प्रथित: पुरुषोत्तम: ॥18॥

यो मामेवमसम्मूढो जानाति पुरुषोत्तमम् ।
स सर्वविद्भजति मां सर्वभावेन भारत ॥19॥

इति गुह्यतमं शास्त्रमिदमुक्तं मयानघ ।
एतद्बुद्ध्वा बुद्धिमान्स्यात्कृतकृत्यश्च भारत ॥20॥


ॐ तत्सदिति
श्रीमद्भगवद्गीतासूपनिषत्सु ब्रह्मविद्यायां योगशास्त्रे
श्रीकृष्णार्जुन संवादे पुरुषोत्तमयोगो नाम पञ्चदशोऽध्याय: ॥ 15 ॥

# अथ पंद्रहवाँ अध्याय

# ( योग शास्त्र )

हे अर्जुन! सुन अब तुझको
संसार और मानव का भेद बताता हूँ,
क्यों वृक्षों में मैं पीपल ये भी
तुझको ही समझाता हूँ।

जैसे मेरा रूप अनित्य (ना खत्म होने वाला)
वैसे ही तू उस वृक्ष को जान,
जब से ये सृष्टि है तबसे तू
इसकी उत्पत्ति जान।

यही वृक्ष है उर्ध्वमूल
(पीपल की जड़ें धरती के ऊपर होती हैं और उपजड़ नीचे)
यह मेरी सर्वोपरि प्रकृति जान,
धरती के नीचे उपजड़ों की भाँति
माया ही से जग को जकड़ू जान।

जैसे यह सारा संसार एक दूसरे
से जुड़ता जाता है,
वैसे तना पीपल के वृक्ष का
उपशाखाओं को लिपटाता है।

इसकी शाखा नीचे को झुकती
फिर ऊपर उठ जाती हैं,
झुकना जो जाने वो ही है उठता
यह कर्म का पाठ पढ़ाती हैं।

** 240 ** गीता कृष्ण की, सिद्धान्त कर्म का **

## ** पञ्चदशोऽध्यायः **

इसके पत्ते वेदों के जैसे सबमें
एक सा ज्ञान का प्रकाश फैलाते हैं,
प्राणी को जो जीवन देती
निरविश्राम प्राणवायु देते जाते हैं।

इतने बड़े वृक्ष में नन्हे कण जैसे
असंख्य बीज होते हैं,
जिन्हें पक्षी खा लेते फिर किसी भी
स्थान पर अपने मल त्याग द्वारा बो देते हैं।

एक नया विशाल वृक्ष उस बीज
से फिर उग आता है,
उस विशाल वृक्ष के फल में भी
वो बीज नजर नहीं आता है।

वैसे ही मैं सब बीजों का स्वामी
प्राण बन के बस जाता हूँ,
होता हूँ सब में पर
किसी को दिख नहीं पाता हूँ।

यह संसार पीपल की भाँति
ज्ञानी पाएं इसको जान,
वही जाने जो वेदों का ज्ञाता
अन्य कोई वृक्ष ना इसके समान।

अब तू इस वृक्ष को गुण-विभाग
के द्वारा पहचान,
तीन गुणों की भाँति दिखता पर
विजय पाए उन पर ये जान।

** गीता कृष्ण की, सिद्धान्त कर्म का ** 241 **

## ** पञ्चदशोऽध्यायः **

तीन प्रकार की योनि का भी
भेद तुझे समझाता हूँ,
देव, मनुष्य या तिर्यक की विभक्ति
एक साथ इसमें हैं वो भी बतलाता हूँ।

जैसे जल डालने से वृक्ष अपनी शाखा
चारों ओर बढ़ा अपने आकार को पाता है,
वैसे ही तीन गुणों के गुण रूपी जल
से प्राणी अपने स्वरूप को पा बढ़ता जाता है।

जड़ रूपी प्रकृति उसको बरबस
बाँधती जाती है,
जैसे ज्ञान, ममता और वासना अपने गुणों
से प्राणी को बाँधती जाती है,।

परंतु जैसा इस संसार वृक्ष का
रूप देखने में आता है,
वैसा बंधन निष्कामी को कैसे भी
बाँध ना पाता है।

आत्मा का रूप अजर-अमर
अनादि-अनंत है, निष्कामी मुक्त हो जाता है,
भीतर तक बसी जड़ों को काट
पृथ्वी रूपी देह से बाहर आता है।

उसके बाद परमपद (निष्काम कर्म) की खोज में
मानव अपना हृदय लगाए,
यदि यह पद मिल जाए तो
लौट धरा पर फिर ना आए।

** 242 ** गीता कृष्ण की, सिद्धान्त कर्म का **

## ** पञ्चदशोऽध्यायः **

अनादिकाल से चलने वाली सृष्टि का
मैं हूँ बस एक छोटा सा भाग,
मुझको पूरा करना वो मुझको
परमपिता ने दिया विभाग।

इस भाँति वासना त्याग मैं
प्रभु को मन में बसाता जाता हूँ,
हे परमेश्वर! शरण में लीजिए
शरण तुम्हारी आता हूँ।

जो भीतर मान का भाव ना रखता
जो मोह से रहित हो जाता है,
जो आसक्ति से पैदा होने वाले
दोषों पर विजय पाता है।

जो नित्य उस परमब्रह्म के चरणों
में अपने मन को लगाता है,
जो अपनी सम्पूर्ण कामनाओं से
मुक्त हो जाता है।

जो सुख-दुःख नामक दो
द्वंदों से मुक्ति पाता है,
ऊँचा उठ जाता सब मोह व्यसन से
सच्चा साधक कहलाता है।

ऐसे भक्त ही ईश्वर की
कृपा को पाते हैं,
संसार के बंधन त्याग के सीधे
परमपद को प्राप्त हो जाते हैं।

** गीता कृष्ण की, सिद्धान्त कर्म का ** 243 **

## ** पञ्चदशोऽध्याय: **

जिस पद को ना अग्नि, ना चंद्रमा,
ना सूर्य ही प्रकाशमान कर पाता है,
एक बार जाए और लौट कर ना आए
वह मेरा परमधाम कहलाता है।

इस संसार में मेरा ही अंश आत्मा बन
जीवों को धारण करता है,
परंतु देह में आने से पाँच इंद्री
और मन में बँधता है।

जैसे वायु गंध के स्थान से
गंध को ले उड़ जाती है,
वैसे आत्मा इंद्री के द्वारा कृत
कर्मों को ले शरीर त्याग कर जाती है।

उन्हीं कर्मों के प्रभाव से
नवीन देह में प्रवेश करे,
पर पिछले देह के स्थान सम्बंध को
नयी देह के मन में ना धरे।

जब तक देह में स्थित रहता जीवात्मा
कर्ण, चक्षु, जिह्वा, नासिका और त्वचा
के द्वारा संसार सुखों को लेता जाता है,
परंतु देह को जब तजता कुछ भी संग में ना ले जाता है।

अज्ञानी जन मूढ़मति हैं
वो इस भेद को ना जाने,
केवल ज्ञानी ज्ञान चक्षु से
उसकी क्रिया को पहचाने।

** 244 ** गीता कृष्ण की, सिद्धान्त कर्म का **

एक योगीजन ही हैं जिनका
शुद्ध अंतर्मन,
जाने इस आत्मा के सब
इस गूढ़ रूप की माया,
अज्ञानी को ज्ञान नहीं वो
किस विधि इसे पहचाने,
उन्होंने अंत:करण में शुद्धता
को नहीं अपनाया।

हे अर्जुन! संसार की हर
वस्तु में तू मेरी उपस्थिति पहचान,
जिससे सूर्य, चंद्र, अग्नि आलोकित
उस तेज को मेरा मान।

मैं अपनी माया द्वारा पृथ्वी में
प्रवेश कर सब भूतों को धारण करता हूँ,
और चंद्रमा बन अमृत रूप आद्रता (ओस)
बन वनस्पतियों को पुष्ट किया करता हूँ।

मैं ही जठराग्नि (पेट में बनने वाले अम्ल) का रूप ले
चार प्रकार के अन्न का पाचन करता हूँ,
(भोज्य- दाँतों से चबाने वाले) (पेय- पीने वाले)
(चोष्य- चूस कर खाने वाले) (लेह्य- जीभ से चाटने वाले)
और दस वायु के प्रभाव से देह को चलायमान मैं करता हूँ,
(प्राण वायु- हृदय में निवास करने वाली प्राण देने वाली श्वास)
(अपान- जिसका स्थान गुदा है, मल-मूत्र त्याग का कार्य करती है)
(समान- नाभि में रहने वाली वायु पचे भोजन को सब अंगों को समान बाँटती है)
(उदान- कण्ठ में निवास करने वाली वायु, बोलना व भोजन के भाग
अलग करना कार्य है)

** गीता कृष्ण की, सिद्धान्त कर्म का ** 245 **

## ** पञ्चदशोऽध्याय: **

(व्यान- संपूर्ण देह में भरी है जिससे देह के अंग फैलते-सिकुड़ते हैं)
(नाग- उदर वायु डकार के रूप में बाहर आती है)
(कूर्म- आँखों में बसने वाली जिससे नेत्र खुलते बंद होते हैं)
(कृकर- नासिक के ऊपर वाले भाग में स्थित, इसका कार्य है छींकना)
(देवदत्त- जम्हाई के साथ आने वाली वायु फेफड़ों में रहती है)
(धनंजय- यह मृत्यु के उपरांत भी शरीर में रहती है जिससे देह फूल जाती है)

तू जिसको अंतर्यामी कहता मैं ही
वह बन कर सबके मन में रहता हूँ,
और मैं ही स्मृति बन मस्तिष्क में
प्राणी को प्राणी से जोड़े रहता हूँ।

मैं ही ज्ञान बन कर उसके दिव्य चक्षु
को जागृत करता हूँ,
और अपोहन (समाधान) के द्वारा संशयों का
छेदन (ना) करता हूँ।

मैं ही वेद बन कर प्राणी के भीतर
ज्ञान जगाता हूँ,
और मैं वेद तत्त्व (वेद की समीक्षा) बन
उसका निर्णय कहलाता हूँ।

मैं ही जानूँ वेद की वाणी
मैं ही जानूँ उनका सार,
जीव जगत में जितने प्राणी
मैं उन सबका आधार।

** 246 ** गीता कृष्ण की, सिद्धान्त कर्म का **

## ** पञ्चदशोऽध्यायः **

दो प्रकार के पुरुष (प्राणी) इस जीव
जगत में आते हैं,
जो नाशवान वो क्षर, जो
अविनाशी वो अक्षर कहलाते हैं।

चूँकि प्राणी नाशवान इसलिए
उसे क्षर कहते हैं,
और जीवात्मा अविनाशी इसलिए
उसे अक्षर (ॐ) कहते हैं।

परंतु मैं सबका काल हूँ जो एक काल
में तीनो लोकों में पाया जाता हूँ,
उनका पालन-पोषण करने से मैं
परमात्मा कहलाया जाता हूँ।

क्योंकि इस नाशवान जग से हूँ परे, मायामयी जीवात्मा के
सब पुरुषों (प्राणी) से उत्तम हूँ,
इसीलिए अर्जुन वेदों में कहा गया
जो मैं ही वह पुरुषोत्तम हूँ।

हे पार्थ! इसी भाँति मुझे जान जो
निरंतर मुझको स्मरण करता है,
वह मुझको सर्वज्ञ जानता
मेरा ही भजन करता है।

हे निष्पाप अर्जुन! आज जो यह
ज्ञान मैंने तुझको बताया है,
इस गोपनीय ज्ञान को आज तक
कोई अज्ञानी प्राणी जान ना पाया है।

## ** पञ्चदशोऽध्याय: **

जो ज्ञानवान अपने ध्यान के द्वारा
जाएगा इसको जान,
कृतकृत्य हो कर वो उत्तम
लोकों में पाएगा सम्मान।


इति
श्रीमद्भगवद्गीता उपनिषद् एवं ब्रह्मविद्या तथा योगशास्त्र के विषय में
भगवान श्रीकृष्ण व अर्जुन के संवाद में पुरुषोत्तम "योगशास्त्र"
नामक पंद्रहवाँ अध्याय ।। 15 ।।

## अथ षोडशोऽध्याय:

# दैवासुरसम्पद्विभागयोग

अभयं सत्त्वसंशुद्धिर्ज्ञानयोगव्यवस्थितिः ।
दानं दमश्च यज्ञश्च स्वाध्यायस्तप आर्जवम् ॥1॥

अहिंसा सत्यमक्रोधस्त्यागः शान्तिरपैशुनम् ।
दया भूतेष्वलोलुप्त्वं मार्दवं ह्रीरचापलम् ॥2॥

तेजः क्षमा धृतिः शौचमद्रोहोनातिमानिता ।
भवन्ति सम्पदं दैवीमभिजातस्य भारत ॥3॥

दम्भो दर्पोऽभिमानश्च क्रोधः पारुष्यमेव च ।
अज्ञानं चाभिजातस्य पार्थ सम्पदमासुरीम् ॥4॥

दैवी सम्पद्विमोक्षाय निबन्धायासुरी मता ।
मा शुचः सम्पदं दैवीमभिजातोऽसि पाण्डव ॥5॥

द्वौ भूतसर्गौ लोकऽस्मिन्दैव आसुर एव च ।
दैवो विस्तरशः प्रोक्त आसुरं पार्थ में श्रृणु ॥6॥

प्रवृत्तिं च निवृत्तिं च जना न विदुरासुराः ।
न शौचं नापि चाचारो न सत्यं तेषु विद्यते ॥7॥

असत्यमप्रतिष्ठं ते जगदाहुरनीश्वरम् ।
अपरस्परसम्भूतं किमन्यत्कामहैतुकम् ॥8॥

एतां दृष्टिमवष्टभ्य नष्टात्मानोऽल्पबुद्धयः ।
प्रभवन्त्युग्रकर्माणः क्षयाय जगतोऽहिताः ॥9॥

काममाश्रित्य दुष्पूरं दम्भमानमदान्विताः ।
मोहाद्गृहीत्वासद्ग्राहान्प्रवर्तन्तेऽशुचिव्रताः ॥10॥

चिन्तामपरिमेयां च प्रलयान्तामुपाश्रिताः ।
कामोपभोगपरमा एतावदिति निश्चिताः ॥11॥

आशापाशशतैर्बद्धाः कामक्रोधपरायणाः ।
ईहन्ते कामभोगार्थमन्यायेनार्थसञ्चयान् ॥12॥

इदमद्य मया लब्धमिमं प्राप्स्ये मनोरथम् ।
इदमस्तीदमपि मे भविष्यति पुनर्धनम् ॥13॥

असौ मया हतः शत्रुर्हनिष्ये चापरानपि ।
ईश्वरोऽहमहं भोगी सिद्धोऽहं बलवान्सुखी ॥14॥

आढयोऽभिजनवानस्मि कोऽन्योऽस्ति सदृशो मया ।
यक्ष्ये दास्यामि मोदिष्य इत्यज्ञानविमोहिताः ॥15॥

अनेकचित्तविभ्रान्ता मोहजालसमावृताः ।
प्रसक्ताः कामभोगेषु पतन्ति नरकेऽशुचौ ॥16॥

आत्मसम्भाविताः स्तब्धा धनमानमदान्विताः ।
यजन्ते नामयज्ञैस्ते दम्भेनाविधिपूर्वकम् ॥17॥

अहङ्कारं बलं दर्पं कामं क्रोधं च संश्रिताः ।
मामात्मपरदेहेषु प्रद्विषन्तोऽभ्यसूयकाः ॥18॥

तानहं द्विषतः क्रूरान्संसारेषु नराधमान् ।
क्षिपाम्यजस्रमशुभानासुरीष्वेव योनिषु ॥19॥

आसुरीं योनिमापन्ना मूढा जन्मनि जन्मनि ।
मामप्राप्यैव कौन्तेय ततो यान्त्यधमां गतिम् ॥20॥

त्रिविधं नरकस्येदं द्वारं नाशनमात्मनः ।
कामः क्रोधस्तथा लोभस्तस्मादेतत्त्रयं त्यजेत् ॥21॥

एतैर्विमुक्तः कौन्तेय तमोद्वारैस्त्रिभिर्नरः ।
आचरत्यात्मनः श्रेयस्ततो याति परां गतिम् ॥22॥

यः शास्त्रविधिमुत्सृज्य वर्तते कामकारतः ।
न स सिद्धिमवाप्नोति न सुखं न परां गतिम् ॥23॥

## ** षोडशोऽध्याय: **

तस्माच्छास्त्रं प्रमाणं ते कार्याकार्यव्यवस्थितौ ।
ज्ञात्वा शास्त्रविधानोक्तं कर्म कर्तुमिहार्हसि ॥24॥

ॐ तत्सदिति
श्रीमद्भगवद्गीतासूपनिषत्सु ब्रह्मविद्यायां योगशास्त्रे
श्रीकृष्णार्जुन दैवासुरसम्पद्विभागयोगो नाम षोडशोऽध्याय: ॥ 16 ॥

## अथ सोलहवाँ अध्याय
# ( दैव या आसुरी संपदा )

हे अर्जुन! अब मैं तुझको आसुरी
और दैवीय संपदा जिन्हें प्राप्त है
उनका भेद बताता हूँ,
उन पुरुषों के क्या लक्षण हैं
ये भी तुमको समझाता हूँ।

इस प्रकार के वचनों को कह
भगवान गम्भीर हो जाते हैं,
और अर्जुन को अब इस परम
भेद को बतलाते हैं।

भय नहीं है जिसके उर में
जिसका अंत: करण शुद्ध हो जाता है,
ऐसा पुरुष अर्जुन, दैवीय संपदा से
युक्त कहलाता है।

अपने ज्ञान चक्षु जो खोले और
जो योग का धारण है करता,
दान करने में सात्विक प्रवृत्ति
का जो निर्वाह है करता।

## ** षोडशोऽध्यायः **

इंद्रियों को वश में करने का
निरंतर अभ्यास कर पाता है,
सारे यज्ञ कर्म में जो स्वाध्याय (अपनी बुद्धि)
अपनाता है।

अपने कर्तव्यों के पालन में जो
कष्टों को भी सहता है,
शरीर, मन और वाणी से यह
पुरुष (दैवीय) सदा सरल ही रहता है।

आचार में अहिंसा जिसके
और वाणी में सत्य का बोध,
जो हो इच्छाओं का त्यागी
जिसको ना आता हो क्रोध।

किसी के प्रति कभी भी जो
ना राग-द्वेष अपनाता है,
परनिंदा का दोष कभी जो
अपने उर ना लाता है।

सभी प्राणियों के प्रति जो
प्रेम भाव अपनाता है,
सांसारिक वस्तु का मोह
जिसको ललचा ना पाता है।

अंत:करण में कोमलता रहती
जिसमें चपलता (उतावलेपन) का हो अभाव,
अकर्तव्य (बुरे कर्म) करने में जिसको लज्जा
ऐसा उस पुरुष का स्वभाव।

** गीता कृष्ण की, सिद्धान्त कर्म का ** 253 **

## ** षोडशोऽध्याय: **

जो अपने भीतर तेज (शक्ति) को धरता
सब प्राणियों को क्षमा कर पाता है,
हर परिस्थिति में धैर्य का धारी
मन बाहर में शुद्धि (शौच) को लाता है।

बैर का भाव जो ना रखता जिसे
नहीं किसी मान (अहं) का भान,
जिसके लिए मित्र और बैरी
दोनों रहते एक समान।

जिसके भीतर यह सब गुण
वह परम शुद्धि को पाता है,
वही शुद्ध शुचिता का स्वामी
दैवीय पुरुष कहलाता है।

वहीं पृथानंदन जो स्वयं पर
अत्यधिक दम्भ (अहंकार) करे,
अपने घमण्ड में भर कर जो दूसरे
का अपमान करे।

जो अभिमान (अहं) में चूर रहे
और दिखाए सब पर क्रोध,
वाणी में कठोरता रखे जिसे
भले-बुरे का ना हो बोध।

जो इस भाँति अपने जीवन को
व्यर्थ बिताता जाता है,
ऐसा पुरुष ही अर्जुन सुन
आसुरी संपदा का पुरुष कहलाता है।

** 254 ** गीता कृष्ण की, सिद्धान्त कर्म का **

## ** षोडशोऽध्याय: **

दैवीय सम्पदा का स्वामी
मुक्ति को जतन लगाता है,
और आसुरी सम्पदा वाला अपने
आचरणों से बंधन में बँधता जाता है।

हे अर्जुन! तू दैवीय सम्पदा का स्वामी
तू काहे को शोक करे,
इन सांसारिक बंधन को तू
क्यों अपने चित्त में धरे।

इस संसार में भाँति-भाँति के
प्राणी पाए जाते है,
एक दैवीय सम्पदा युक्त दूजे
आसुरी स्वभाव को पाते हैं।

अभी मैंने दैवीय स्वभाव
सविस्तार बतलाया है,
अब उनका स्वभाव बतलाता हूँ
जिसमें आसुरी सम्पदा का पुट आया है।

आसुरी सम्पदा वाले ना जाने
अच्छे-बुरे कर्मों का भेद,
किस कर्म को करना है
और किससे करना है विच्छेद (छोड़ना)।

जो ना बाहर से शुद्ध है ना
भीतर ही शुद्धि रखता है (मन में मैल रखना),
जो सदा ही झूठ बोलता
बुरा आचरण (व्यवहार) ही करता है।

** गीता कृष्ण की, सिद्धान्त कर्म का ** 255 **

## ** षोडशोऽध्याय: **

जो यह माने मैं ही श्रेष्ठ हूँ
कोई ना जगत चलाता है,
जो यह माने कि यह सारा जग
बस स्त्री-पुरुष के संयोग से ही बन जाता है।

जो यह माने बस काम को
मन में धर संसार बन जाता है,
ईश्वर की सत्ता को जो प्राणी
सदा असत्य बतलाता है।

जो अपने भीतर ना माने किसी
आत्म रूपी परमात्मा का निवास,
जिसकी दृष्टि में किंचित ना हो
अपने कर्मों का आभास।

जिनका स्वभाव अति उग्र (गरम)
और बुद्धि (सोच) को रखते छोटी,
वह इस संसार के शत्रु जैसे
जिनकी भावना हों इतनी खोटी।

वो इस जग के विनाश में
अपना सारा सामर्थ्य लगाते हैं,
ऐसे नीच अधम प्राणी आसुरी
सम्पदा के स्वामी कहलाते हैं।

अत्यधिक इच्छाओं के स्वामी उनको
पूरा करने में जतन लगाते हैं,
जिस विधि उनकी इच्छा पूरी हो
वही विधि अपनाते हैं।

** 256 ** गीता कृष्ण की, सिद्धान्त कर्म का **

## ** षोडशोऽध्यायः **

अहं घमण्ड और अपने ही मद में चूर जो रहते हैं,
वाणी में धैर्य नहीं धरते जो मुँह में आए कहते हैं।

अपवित्र कर्मों (चोरी, डाका, धोखा, चालबाजी, झूठ बोलना
इत्यादि) को करते
और करें दुराग्रहों (हत्या करना, झगड़ा करना, बुरा सोचना
इत्यादि) का साथ,
अपना जीवन व्यर्थ वो करते
अंत नहीं कुछ आता उनके हाथ।

देख उनके उर सदा ही विषयों (चिंता)
से भरे रह जाते हैं,
ऐसे प्राणी सदा वस्तुओं का
संग्रह करते जाते हैं।

जो मृत्यु के बाद भी जीवन, इस
सत्य को नहीं समझते हैं,
वो आसुरी प्राणी इस जग में
बस भोग की कामना करते हैं।

जिनके मन में होने पर भी और
अधिक की आशा सदा बनी रहती,
उनकी आत्मा भी उनके संग
कष्ट उठा बँधी रहती।

जो बस काम क्रोध में अपना
सारा जीवन बिताते हैं,
जो अपने सारे जीवन धन का
संचय करते जाते हैं।

** गीता कृष्ण की, सिद्धान्त कर्म का ** 257 **

## ** षोडशोऽध्यायः **

संतुष्टि जिनके उर में सब पाने की
कभी नहीं आ पाती है,
जितना पाएँ उतना थोड़ा की
प्रवृत्ति प्रमुख हो जाती है।

एक शत्रु को मैंने हराया कल
दूजे को हराऊँगा,
एक को मार गिराया है
कल दूसरे को मार गिराऊँगा।

इन भावों को वह पुरुष सदा
अपने हृदय में बसाता है,
ईश्वरीय सत्ता को नकार वह
स्वयं को ही ईश बताता है।

स्वयं में स्वयं को सिद्ध समझता
और समझता है बलवान,
सुखी होने के भ्रम में रहता
बुद्धिहीन नहीं उसके समान।

स्वयं को ऐसा अज्ञानी भौतिक
धन वाला हो धनवान समझता है,
घमंड से भर उस धन के
पुण्य पाने को दान भी करता है।

साथ ही वो यज्ञ पूजा भी करता
वांछित मनोरथों को पाने को
नहीं जानता दान (सुपात्र की जगह कुपात्र) और
यज्ञ (शास्त्र के विरुद्ध) या

** 258 ** गीता कृष्ण की, सिद्धान्त कर्म का **

## ** षोडशोऽध्यायः **

कर्मों को करने का सच्चा ज्ञान,
फल की इच्छा से कर्म को करना
सबसे बड़ा है यही अज्ञान।

अनेक कामनाओं को उर में धरते
उनके चित्त भ्रमित हो जाते हैं,
अपने चित्त के द्वारा मोह के
माया जाल में वो फँस जाते हैं।

प्रत्येक बात में दूसरे के प्रति
ईर्ष्या संदेह वे धरते हैं,
भोगों और पदार्थों में आसक्त रहते हैं
चित्त में संतोष ना करते हैं।

ऐसे मनुष्य यह लोक छोड़
भयानक नरकों को जाते हैं,
ये वही पुरुष जो आसुरी पुरुष
कहलाते हैं।

अपने को जो सर्वश्रेष्ठ समझते
अधिक अकड़ जो रखते हैं,
ऐसे जन सदा ही धन और पद
के मद को धरते हैं।

दंभ से वो मनुष्य बिना विचारे
अपने सब कर्मों को करता है,
असत्य क्रोध अपमान करने का
भाव प्रत्येक क्षण वो रखता है।

** गीता कृष्ण की, सिद्धान्त कर्म का ** 259 **

## ** षोडशोऽध्याय: **

जितना धर्म कर्म, दान वो करता
उससे अधिक प्रचार करे,
प्रशंसा करने वाले की संगति करे
सत्य व्यक्ति को बाहर करे।

अहंकार, बल, हठ, घमंड, कामना
ऐसे विकार से लिप्त हो जाते हैं,
आत्मा में परमात्मा बसता है
यह सत्य भी बिसराते हैं।

ऐसे प्राणी अपने भीतर मुझसे भी
द्वेष उपजाते हैं,
ऐसे में वो अपने कर्मों को दुष्कर्मों
में परिवर्तित करते जाते हैं।

उन विद्वेष और क्रूर स्वभाव के पुरुषों को
मैं उनके कर्मों का निर्णय सुनाता हूँ,
इस संसार के ऐसे नीच और अधम प्राणी को
प्रत्येक बार उसकी योनि बदल अधम गति ले जाता हूँ।

हे अर्जुन! प्रत्येक बार ये प्राणी
नीची फिर और भी नीची योनि पाते हैं,
और ऐसे कुछ जन्मों के बाद
घोर नरक को जाते हैं।

अर्थात् पहले बनते शूकर, कूकर
फिर कीट-पतंग बन जाते हैं,
फिर उससे भी नीचे गिर
प्रेत योनियाँ पाते हैं।

** 260 ** गीता कृष्ण की, सिद्धान्त कर्म का **

## ** षोडशोऽध्याय: **

हे कुंतीनंदन! ऐसे मूढ़ मनुष्य
मुझको पा नहीं सकते हैं,
जन्म-जन्म के अपने बनाए
नर्क से बाहर आ नहीं सकते हैं।

काम, क्रोध और लोभ यही तीनों
हे अर्जुन! बन जाते द्वार नरक के,
यही तीनों बनते हैं कारक
जीवात्माओं के पतन के।

मनुष्य यदि चाहे अधोगति
में जाने से बचना,
उसको बहुत जरूरी है इन भावों
को स्वयं से दूर रखना।

और यदि आ भी जाए तो
भी इनको उर ना धरे,
ये ही भाव वो हैं जो जीव के
भीतर परमात्म भाव का त्याग करे।

हे कुन्ती नंदन! ये तीनों ही नरक
का द्वार कहलाते हैं,
वो पाते हैं परम गति जो इन
द्वारों से नहीं जाते हैं।

जो इनको छोड़ स्वकल्याण
का मार्ग अपनाता है,
इसमें किंचित भर ना संशय
वह परमगति को पाता है।

** गीता कृष्ण की, सिद्धान्त कर्म का ** 261 **

## ** षोडशोऽध्याय: **

जो शास्त्रों की लिखित विधि
के जैसे आचरण कर नहीं पाता है,
जो स्वयं को स्वामी समझे
अपने ही नियम बनाता है।

ना ही शुद्ध रहे वो ना उसको
सुख ही मिल पाए,
कैसे प्राप्त करे शांति किस
विधि परम गति पाए।

अत: हे पार्थ! तेरे लिए शास्त्र का मार्ग
श्रेष्ठ है तू उसको अपनाता जा,
करने ना करने में शास्त्र ही प्रामाणिक
उनके अनुसार कर्म को करता जा।

यही सार्थकता मनुष्य जीवन की
वो मोह माया में ना धँसे,
अपने लिए जो नियत कर्म है उन
कर्मों को निष्काम करे।


इति

श्रीमद्भगवद्गीता उपनिषद् एवं ब्रह्मविद्या तथा योगशास्त्र के विषय
में भगवान श्रीकृष्ण व अर्जुन के संवाद में दैवासुरसंपद्विभागयोग
"दैव या आसुरी संपदा" नामक सोलहवाँ अध्याय ॥ 16 ॥

# अथ सप्तदशोऽध्यायः

# श्रद्धात्रयविभागयोग

ये शास्त्रविधिमुत्सृज्य यजन्ते श्रद्धयान्विताः ।
तेषां निष्ठा तु का कृष्ण सत्त्वमाहो रजस्तमः ॥1॥

त्रिविधा भवति श्रद्धा देहिनां सा स्वभावजा ।
सात्त्विकी राजसी चैव तामसी चेति तां श्रृणु ॥2॥

सत्त्वानुरूपा सर्वस्य श्रद्धा भवति भारत ।
श्रद्धामयोऽयं पुरुषो यो यच्छ्रद्धः स एव सः ॥3॥

यजन्ते सात्त्विका देवान्यक्षरक्षांसि राजसाः ।
प्रेतान्भूतगणांश्चान्ये जयन्ते तामसा जनाः ॥4॥

अशास्त्रविहितं घोरं तप्यन्ते ये तपो जनाः ।
दम्भाहङ्कारसंयुक्ताः कामरागबलान्विताः ॥5॥

कर्शयन्तः शरीरस्थं भूतग्राममचेतसः ।
मां चैवान्तःशरीरस्थं तान्विद्ध्यासुरनिश्चयान् ॥6॥

आहारस्त्वपि सर्वस्य त्रिविधो भवति प्रियः ।
यज्ञस्तपस्तथा दानं तेषां भेदमिमं श्रृणु ॥7॥

आयुः सत्त्वबलारोग्यसुखप्रीतिविवर्धनाः ।
रस्याः स्निग्धाः स्थिरा हृद्या आहाराः सात्त्विकप्रियाः ॥8॥

कट्वम्ललवणात्युष्णतीक्ष्णरूक्षविदाहिनः ।
आहारा राजसस्येष्टा दुःखशोकामयप्रदाः ॥9॥

यातयामं गतरसं पूति पर्युषितं च यत् ।
उच्छिष्टमपि चामेध्यं भोजनं तामसप्रियम् ॥10॥

** गीता कृष्ण की, सिद्धान्त कर्म का ** 263 **

## ** सप्तदशोऽध्यायः **

अफलाकाङ्क्षिभिर्यज्ञो विधिदृष्टो य इज्यते ।
यष्टव्यमेवेति मनः समाधाय स सात्त्विकः ॥11॥

अभिसन्धाय तु फलं दम्भार्थमपि चैव यत् ।
इज्यते भरतश्रेष्ठ तं यज्ञं विद्धि राजसम् ॥12॥

विधिहीनमसृष्टान्नं मन्त्रहीनमदक्षिणम् ।
श्रद्धाविरहितं यज्ञं तामसं परिचक्षते ॥13॥

देवद्विजगुरुप्राज्ञपूजनं शौचमार्जवम् ।
ब्रह्मचर्यमहिंसा च शारीरं तप उच्यते ॥14॥

अनुद्वेगकरं वाक्यं सत्यं प्रियहितं च यत् ।
स्वाध्यायाभ्यसनं चैव वाङ्मयं तप उच्यते ॥15॥

मनः प्रसादः सौम्यत्वं मौनमात्मविनिग्रहः ।
भावसंशुद्धिरित्येतत्तपो मानसमुच्यते ॥16॥

श्रद्धया परया तप्तं तपस्तत्त्रिविधं नरैः ।
अफलाकाङ्क्षिभिर्युक्तैः सात्त्विकं परिचक्षते ॥17॥

सत्कारमानपूजार्थं तपो दम्भेन चैव यत् ।
क्रियते तदिह प्रोक्तं राजसं चलमध्रुवम् ॥18॥

मूढग्राहेणात्मनो यत्पीडया क्रियते तपः ।
परस्योत्सादनार्थं वा तत्तामसमुदाहृतम् ॥19॥

दातव्यमिति यद्दानं दीयतेऽनुपकारिणे ।
देशे काले च पात्रे च तद्दानं सात्त्विकं स्मृतम् ॥20॥

यत्तु प्रत्युपकारार्थं फलमुद्दिश्य वा पुनः ।
दीयते च परिक्लिष्टं तद्दानं राजसं स्मृतम् ॥21॥

अदेशकाले यद्दानमपात्रेभ्यश्च दीयते ।
असत्कृतमवज्ञातं तत्तामसमुदाहृतम् ॥22॥

ॐ तत्सदिति निर्देशो ब्रह्मणस्त्रिविधः स्मृतः ।
ब्राह्मणास्तेन वेदाश्च यज्ञाश्च विहिताः पुरा ॥23॥

** गीता कृष्ण की, सिद्धान्त कर्म का **

तस्मादोमित्युदाहृत्य यज्ञदानतपः क्रियाः ।
प्रवर्तन्ते विधानोक्ताः सततं ब्रह्मवादिनाम् ॥24॥

तदित्यनभिसन्दाय फलं यज्ञतपःक्रियाः ।
दानक्रियाश्चविविधाः क्रियन्ते मोक्षकाङ्क्षिभिः ॥25॥

सद्भावे साधुभावे च सदित्येतत्प्रयुज्यते ।
प्रशस्ते कर्मणि तथा सच्छब्दः पार्थ युज्यते ॥26॥

यज्ञे तपसि दाने च स्थितिः सदिति चोच्यते ।
कर्म चैव तदर्थीयं सदित्यवाभिधीयते ॥27॥

अश्रद्धया हुतं दत्तं तपस्तप्तं कृतं च यत् ।
असदित्युच्यते पार्थ न च तत्प्रेत्य नो इह ॥28॥

*ॐ तत्सदिति*
*श्रीमद्भगवद्गीतासूपनिषत्सु ब्रह्मविद्यायां योगशास्त्रे*
*श्रीकृष्णार्जुनसंवादे श्रद्धात्रयविभागयोगो नाम सप्तदशोऽध्यायः ॥ 17 ॥*

# अथ सत्रहवाँ अध्याय
## ( सच्ची श्रद्धा )

अब एक प्रश्न और अर्जुन के मन
में अपना स्थान बना रहा,
अर्जुन के मन के भावों को किंचित
वो उलझा रहा।

हाथ जो झुकाए मस्तक अर्जुन बोले
हे कृष्ण! अब करिए समाधान,
आप ही हर प्रश्न का उत्तर
देने को सक्षम कृपानिधान।

शास्त्र विधि को धन ना करके
जो पूजा (कर्म) करते जाते हैं,
उन मनुष्यों की पूजा को आप
किस श्रेणी में पाते हैं।

उनके गुण के विभाग किस
श्रेणी के अंतर्गत आते हैं,
उनके द्वारा किए कर्म क्या सात्विक
अथवा राजसी या तामसी कहलाते हैं।

हे अर्जुन! इस लोक में किंचित ही
कोई शास्त्र अनुसार कर्म को जाने,
तब सम्भव नहीं कि वो इस
निष्काम कर्म को पहचाने।

** 266 ** गीता कृष्ण की, सिद्धान्त कर्म का **

## ** सप्तदशोऽध्यायः **

मनुष्यों में साधारणतय शास्त्र
विद्या से विहीन ही पाए जाते हैं,
वह अपनी निष्ठा या सात्विक
अथवा राजसी और तामसी करते जाते हैं।

इस भाव को इस भाँति भी
समझा जाता है,
जो परमात्मा को ना पूज देवों को पूजे
वो इन तीनों में से एक गुण को पाता है।

हे भारत! सभी प्राणी अपने
अंतःकरण के अनुरूप श्रद्धा को पाते हैं,
और उसी के अनुसार अपने गुण
परिवर्तित करते जाते हैं।

जो सात्विक गुणों का स्वामी वो
ईश को पूजा करता है,
और राजसी देवों व यक्षों
(यक्ष जिनके स्वामी कुबेर हैं) के पूजन में
अपना मन स्थिर करता है।

तामसी वृत्ति वाले भूत और प्रेतों
को पूजते जाते हैं,
इस प्रकार मनुष्य अपनी भिन्न
प्रकृति पाते हैं।

जो शास्त्रों के अनुसार कर्म ना कर
बस अपने कर्मों को करते जाते हैं,
अपने मन में अपनी ही कल्पना से
देवताओं (पाप-पुण्य) का चित्र बनाते हैं।

** गीता कृष्ण की, सिद्धान्त कर्म का ** 267 **

## ** सप्तदशोऽध्याय: **

दंभ, अभिमान और बल के जो चूर
अभिमान में रहते हैं,
अपने कर्म सदा आसक्ति और कामना
के कारण करते रहते हैं।

जो अपने कर्मों के द्वारा अपनी इंद्रियों
को बहुत दुखाते हैं,
जो कर्मों के करने में मन में स्थित
ब्रह्म को बिसराते हैं।

हे अर्जुन! ऐसे मानवों को तू
आसुरी वृत्ति का जान,
कर्म अनुसार ये रूप बदलते कभी
और कभी रहें एक ही समान।

हे अर्जुन! क्यों ज्ञानी जन मेरी माया
को त्रिगुणमयी बुलाते हैं?
जैसे तीन प्रकार की श्रद्धा वैसे भोजन
यज्ञ, तप, दान भी तीन प्रकार के पाए जाते हैं।

तीनों प्रकार की श्रद्धा वाले
भिन्न-भिन्न पदार्थों को बरतते हैं,
इसी भिन्नता के कारण उनके गुण
दोष निखरते हैं।

रस से भरे ताजे चिकने रेशे वाले और
सुपाच्य अच्छी तरह पकाए पर सादा (ना ज्यादा गर्म ना ठंडे)
पदार्थ सात्विक पुरुषों को भाते हैं,
जो शरीर के अंगो को बल देते

** 268 ** गीता कृष्ण की, सिद्धान्त कर्म का **

## ** सप्तदशोऽध्याय: **

आयु, बुद्धि, शारीरिक क्षमता व
प्रीति, सुख और आरोग्य बढ़ाते हैं।

अति कड़वे, अति खट्टे, अति नमक से युक्त
तीखे, अति गर्म आदि पदार्थ राजसी
पुरुषों को भाते हैं (खटाई, मिर्च, मसालों वाला),
ऐसे पदार्थ उनके भीतर काम, क्रोध,
दु:ख, वासना और रोगों को बढ़ाते जाते हैं,
ऐसे पदार्थ का पाचन देह में देरी से होता है,
ऐसा पुरुष धन और वैभव की लालसा वाला होता है।

जो रखा हुआ बासी, जीव पैदा करके
बनाया, रस निकला, दुर्गंध युक्त और
दूसरे जीवों को मार कर खाते हैं,
वो तामसी पुरुष हैं दूसरों को
दु:ख देने में जो अत्यंत ही
सुख को पाते हैं।

ऐसे पदार्थ देह में आसानी से
पच नहीं पाते हैं,
ऐसे पुरुषों को कई
असाध्य रोग लग जाते हैं।

हे अर्जुन! बिना फलों की इच्छा
के मानव कर्म को करता है,
अपने सारे कर्मों में दूजे के हित
के भाव को धरता है।

** गीता कृष्ण की, सिद्धान्त कर्म का ** 269 **

## \*\* सप्तदशोऽध्यायः \*\*

शुद्ध मन से अपने सारे पूजन
जब ईश्वर को अर्पण करता जाता है,
ऐसा किए जाने वाला प्रत्येक यज्ञ, पूजन
और कर्म सात्विक कहलाता है।

शक्ति प्रदर्शन हेतु या फल की इच्छा हेतु
यज्ञ या कर्म को जो करता है,
जब उस कार्य में बस स्वहित
व पुण्य पाने का भाव झलकता है।

जिसमें दूसरे का हित में भी रहता हो
अपने हित और मान का भान,
तो तू ऐसे यज्ञ को अर्जुन
राजसी यज्ञ के रूप में मान।

शास्त्र विधि से हीन जब कोई यज्ञ
पूजन या कर्म करे,
किसी प्रकार के दान की भावना
जब मानव अपने चित्त ना धारे।

मंत्र (करने की विधि) बिना और बिना दक्षिणा
(करे हुए कार्य का मूल्य)
बिना श्रद्धा के जिस यज्ञ को करा जाता है,
वही यज्ञ इस संसार में तामसी यज्ञ नाम से जाना जाता है।

हे अर्जुन! देवता अथवा हो ब्राह्मण
गुरु और ज्ञानी जन अथवा बड़े जन
इन सबका भली प्रकार
जो पूजन (सम्मान) करता जाता है।

\*\* 270 \*\* गीता कृष्ण की, सिद्धान्त कर्म का \*\*

## ** सप्तदशोऽध्याय: **

अपने शरीर को उत्तम शौच (शुचिता)
उत्तम आर्जव (कथनी-करनी समान)
उत्तम ब्रह्मचर्य (भौतिक परिग्रह)
एवं अहिंसा इन पाँच धर्मों को अपनाता है।

जिस तप में यह सब हो वह
उत्तम तप बन जाता है,
चूँकि यह देह द्वारा होता इसलिए
देह सम्बंधी तप कहलाता है।

जिन कथनों से क्रोध ना आए
जिन को सुन चित्त प्रसन्न हो जाए,
जो प्राणी हित की बात प्रेम से समझाए
जो क्रोध करे तो भी वाणी में क्रोध ना झलकाए।

जो अपने वचनों में सदा सत्य
का हो पालन करने वाला,
अपनी वाणी में परहित को
धारण करने वाला।

जो ईश्वर का वास कंठ में
सदा इस मंत्र का ध्यान धरे,
जो बोलने से पहले अपनी
वाणी का भान करे।

ऐसा तप ही योगी के
करने में आता है,
वाणी पर अंकुश के कारण
यह तप ही वाणी संबंधी तप कहलाता है।

** गीता कृष्ण की, सिद्धान्त कर्म का ** 271 **

## ** सप्तदशोऽध्यायः **

अब सुन तीसरे तप का भेद गहन,
सबसे कठिन जिसको वश करना
वो इस प्राणी का मन।

जो सदैव इस मन में प्रसन्नता
भाव को भरता है,
सौम्यता का पालन कर इस
मन को निर्मल (शत्रु के प्रति भी अच्छे भाव)
रखता है।

यह तप क्रोध को मन से अत्यधिक
दूर रख पाता है,
काम जिससे मन में अपना
स्थान बना ना पाता है।

कोई अभिमान या स्वार्थ जिससे
मन पर अधिकार जमा ना पाता है,
दया, उदारता, क्षमा ऐसे भावों को
सिंचित करता जाता है।

कोई कितना बुरा करे उसके प्रति
शत्रुता भाव ना लाता है,
ऐसा तप ही हे अर्जुन!
मन सम्बंधी तप कहलाता है।

जो परम श्रद्धा रख फल की इच्छा
छोड़ इन तपों को करता जाता है,
बाहर-भीतर दोनों में वाणी
और कर्म में समता को अपनाता है।

** 272 ** गीता कृष्ण की, सिद्धान्त कर्म का **

## ** सप्तदशोऽध्याय: **

किसी भी सांसारिक वस्तु हेतु
जीव मात्र का मन ना दुखाता है,
जिसमें जग का भला छुपा हो
शांति और शुद्धता फैलाता है,
जो इस प्रकार हो वही तप
सात्विक तप कहलाया जाता है।

जो भीतर से कुछ और बाहर
कुछ आचरण करता है,
बाहर मीठा बोलता है पर
भीतर विष भर कर रखता है।

जो अपने प्रति सबकी श्रद्धा (सब मेरी बड़ाई करें)
की इच्छा करता
क्रोध, काम सदा उर में बसते
जब समय पाए दिखाता है,
स्वयं जिनका पालन ना करे वो बातें जग को बताता है।

जग के दिखावे के हेतु अपने
सारे कार्यों को सिद्ध करता
वह अपने कर्मों को करने से
पहले इच्छा का भाव ले आता है,
परंतु किंचित इस हेतु ही लौट-लौट
धरा पर आता है।

जो अहंकार हिंसा को अपने मन में
धार कर्मों को कराता जाता है,
ऐसा ही तप हे अर्जुन!
राजस तप कहलाता है।

** गीता कृष्ण की, सिद्धान्त कर्म का ** 273 **

## ** सप्तदशोऽध्याय: **

जो मूढ़ मति किसी की बात
ना ध्यान धरे,
जो भी कर्म करे वो सदा ही
पर दु:ख के हेतु करे।

जो बाहर-भीतर वाणी में स्थिर
नहीं रह पाता है,
अपनी कथनी-करनी से सदा ही
औरों को पीड़ा पहुँचाता है।

जो यदि पूजा भी करे तो अहित
औरों ही का सोचता है,
ब्रह्मचर्य और अहिंसा का भाव
मन में आने से रोकता है।

तरह-तरह के व्यसनों में जो समय
को व्यर्थ बिताता है,
ऐसा तप ही इस जग में
तामसी तप कहलाता है।

दान करे पर भान ना हो,
कर्ता पन का अभिमान ना हो,
जो किसी भी कामना को
हृदय में ना धर दिया जाता है,
जिस दान को करने में दानी मुझ पर
क्या है?
इसमें ना ध्यान लगाता है।

** 274 ** गीता कृष्ण की, सिद्धान्त कर्म का **

## ** सप्तदशोऽध्याय: **

जो दान देकर भी उस से कुछ
पाने की इच्छा नहीं करता है,
जो दान देते समय पात्र, देश, काल
का ध्यान ना धरता है।

वही दान जो शुद्ध अंत:करण
को धर कर दिया जाता है,
सत्कारपूर्वक दिया दान ही सात्विक
दान कहलाता है।

जो दान मन से प्रसन्न ना
हो क्रोध वश किया जाता है,
जिस दान को करने में पहले
फल की इच्छा का भाव ही आता है।

जो दान देश (जगह), काल (समय), पात्र (किसको देना है)
का भाव रख कर होता है,
जो दान में अपने संग जग के उपकार
का भाव छुपा होता है।

ऐसा दिया दान प्राणी के भव
में काम ना आता है,
यही दान हे अर्जुन! सुन
राजसी दान कहलाता है।

जो गलत देश, पात्र और काल
का चुनाव करे,
करने से पहले पात्र के प्रति
कलुषित विचार को मन में धरे।

** गीता कृष्ण की, सिद्धान्त कर्म का ** 275 **

## ** सप्तदशोऽध्यायः **

जो दान बस भिक्षा की भाँति
पात्र को नीचा दिखा कर दिया जाता है,
जिस दान को देने में अहंकार और
अभिमान पहले मन में आता है।

जो दान दिए गए पात्र की
लज्जा का कारण बन जाता है,
इस प्रकार से किया दान ही
तामसी दान कहलाता है।

जो उत्पन्न हुआ सत्य और तत्त्व
से ॐ रूप में जाना जाता है,
वही ॐ तत् सत रूप से परमात्मा
का रूप कहाता है।

इन्हीं तीन शब्दों से मिल आते
उस परमपिता के सब संदेश,
जिसने सृष्टि के आरम्भ में
धरे वेदों, यज्ञों, ब्राह्मणों के वेश।

यदि किंचित या अधिक कर्ता
के कर्मों में रह जाता है,
ॐ तत् सत का मंत्र ही उसे
सब विध पार लगाता है।

हे पार्थ जो पुरुष वेदों के
अनुसार कर्म को करते हैं,
शास्त्र विधि से निहित हो सदा
यज्ञ, दान व तप आदि कर्मों में श्रद्धा रखते हैं।

वो प्रत्येक कर्म के आदि में
ॐ का उच्चारण करते जाते हैं,

** 276 ** गीता कृष्ण की, सिद्धान्त कर्म का **

## ** सप्तदशोऽध्यायः **

इसी एक अक्षर को ध्या कर
अपने कर्म को आगे बढ़ाते हैं।

तत् के अर्थ को ज्ञानी पुरुष
इस भाँति से जानते हैं,
जो है सब परम पिता का
अपना कुछ नहीं मानते हैं।

यज्ञ, दान, तप सब कर्मों को
बिना फल की इच्छा के रचाते हैं,
इस इच्छा से हो रहित अपने
सब कर्मों को करते जाते हैं।

सत् का अर्थ है सनातन
ज्ञानी यह भली प्रकार से जानते हैं,
परम पिता की उपस्थिति प्रत्येक
जीव और कण में पहचानते हैं।

इसीलिए जो है वही सत्य है
बाकी सब झूठ कहलाता है,
यज्ञ, दान, तप आदि सब कर्मों को
सत्य चित्त में धर ही करा जाता है।

किसी भी कार्य को करने में
उसके प्रति विश्वास सत्य कहलाता है,
वही विश्वास कार्य को
करने की क्षमता बढ़ाता है।

प्रत्येक कर्म में जब ईश्वर को
अर्पण करने का भाव आ जाता है,
वही कर्म स्वयं सिद्ध हो
सत्य रूप को पाता है।

** गीता कृष्ण की, सिद्धान्त कर्म का ** 277 **

## ** सप्तदशोऽध्याय: **

यदि कर्म को करने में श्रद्धा ना हो
ना चाहे प्रभु को अर्पण करना,
तो हे पार्थ! ऐसे कर्म का व्यर्थ
पुरुष का है करना।

जिन कार्यों में ईश्वर के प्रति
श्रद्धा का भाव ना रह जाता है,
ऐसे कर्मों से मानव बस निज
उन्नति को चाहता है।

तब इसे करने में सारे मिथ्या
कर्म लगाता है,
ऐसे कार्यों को करने वाला ना इस लोक
ना उस लोक में ही उत्तम फलों को पाता है।

अत: मानव यदि चाहे
करना अपना कल्याण,
तो उसके लिए शास्त्र अनुसार
कर्म करना ही है विधान।

जब भी मानव के हृदय में अपने
कर्म मुझे अर्पण करने का विचार आएगा,
तब ही वह मानव असत् कर्मों
को करने से बच पाएगा।


इति
श्रीमद्भगवद्गीता उपनिषद् एवं ब्रह्मविद्या तथा योगशास्त्र के विषय
में भगवान श्रीकृष्ण व अर्जुन के संवाद में श्रद्धात्रयविभागयोग
"सच्ची श्रद्धा" नामक सत्रहवाँ अध्याय ।। 17 ।।

अथाष्टादशोऽध्यायः

# मोक्षसंन्यासयोग

संन्यासस्य महाबाहो तत्त्वमिच्छामि वेदितुम् ।
त्यागस्य च हृषीकेश पृथक्केशिनिषूदन ॥1॥

काम्यानां कर्मणा न्यासं संन्यासं कवयो विदुः ।
सर्वकर्मफलत्यागं प्राहुस्त्यागं विचक्षणाः ॥2॥

त्याज्यं दोषवदित्येके कर्म प्राहुर्मनीषिणः ।
यज्ञदानतपःकर्म न त्याज्यमिति चापरे ॥3॥

निश्चयं श्रृणु में तत्र त्यागे भरतसत्तम ।
त्यागो हि पुरुषव्याघ्र त्रिविधः सम्प्रकीर्तितः ॥4॥

यज्ञदानतपःकर्म न त्याज्यं कार्यमेव तत् ।
यज्ञो दानं तपश्चैव पावनानि मनीषिणाम् ॥5॥

एतान्यपि तु कर्माणि सङ्गं त्यक्त्वा फलानि च ।
कर्तव्यानीति में पार्थ निश्चितं मतमुत्तमम् ॥6॥

नियतस्य तु संन्यासः कर्मणो नोपपद्यते ।
मोहात्तस्य परित्यागस्तामसः परिकीर्तितः ॥7॥

दुःखमित्येव यत्कर्म कायक्लेशभयात्त्यजेत् ।
स कृत्वा राजसं त्यागं नैव त्यागफलं लभेत् ॥8॥

कार्यमित्येव यत्कर्म नियतं क्रियतेऽर्जुन ।
सङ्गं त्यक्त्वा फलं चैव स त्यागः सात्त्विको मतः ॥9॥

न द्वेष्ट्यकुशलं कर्म कुशले नानुषज्जते ।
त्यागी सत्त्वसमाविष्टो मेधावी छिन्नसंशयः ॥10॥

** गीता कृष्ण की, सिद्धान्त कर्म का ** 279 **

न हि देहभृता शक्यं त्यक्तुं कर्माण्यशेषतः ।
यस्तु कर्मफलत्यागी स त्यागीत्यभिधीयते ॥11॥

अनिष्टमिष्टं मिश्रं च त्रिविधं कर्मणः फलम् ।
भवत्यत्यागिनां प्रेत्य न तु संन्यासिनां क्वचित् ॥12॥

पञ्चैतानि महाबाहो कारणानि निबोध मे ।
साङ्ख्ये कृतान्ते प्रोक्तानि सिद्धये सर्वकर्मणाम् ॥13॥

अधिष्ठानं तथा कर्ता करणं च पृथग्विधम् ।
विविधाश्च पृथक्चेष्टा दैवं चैवात्र पञ्चमम् ॥14॥

शरीरवाङ्मनोभिर्यत्कर्म प्रारभते नरः ।
न्याय्यं वा विपरीतं वा पञ्चैते तस्य हेतवः ॥15॥

तत्रैवं सति कर्तारमात्मानं केवलं तु यः ।
पश्यत्यकृतबुद्धित्वान्न स पश्यति दुर्मतिः ॥16॥

यस्य नाहङ्कृतो भावो बुद्धिर्यस्य न लिप्यते ।
हत्वापि स इमाँल्लोकान्न हन्ति न निबध्यते ॥17॥

ज्ञानं ज्ञेयं परिज्ञाता त्रिविधा कर्मचोदना ।
करणं कर्म कर्तेति त्रिविधः कर्मसङ्ग्रहः ॥18॥

ज्ञानं कर्म च कर्ता च त्रिधैव गुणभेदतः ।
प्रोच्यते गुणसङ्ख्याने यथावच्छणु तान्यपि ॥19॥

सर्वभूतेषु येनैकं भावमव्ययमीक्षते ।
अविभक्तं विभक्तेषु तज्ज्ञानं विद्धि सात्त्विकम् ॥20॥

पृथक्त्वेन तु यज्ज्ञानं नानाभावान्पृथग्विधान् ।
वेत्ति सर्वेषु भूतेषु तज्ज्ञानं विद्धि राजसम् ॥21॥

यत्तु कृत्स्नवदेकस्मिन्कार्ये सक्तमहैतुकम् ।
अतत्त्वार्थवदल्पंच तत्तामसमुदाहृतम् ॥22॥

नियतं सङ्गरहितमरागद्वेषतः कृतम ।
अफलप्रेप्सुना कर्म यत्तत्सात्त्विकमुच्यते ॥23॥

** 280 ** गीता कृष्ण की, सिद्धान्त कर्म का **

यत्तु कामेप्सुना कर्म साहङ्कारेण वा पुनः ।
क्रियते बहुलायासं तद्राजसमुदाहृतम् ॥24॥

अनुबन्धं क्षयं हिंसामनवेक्ष्य च पौरुषम् ।
मोहादारभ्यते कर्म यत्तत्तामसमुच्यते ॥25॥

मुक्तसङ्गोऽनहंवादी धृत्युत्साहसमन्वितः ।
सिद्ध्यसिद्ध्योर्निर्विकारः कर्ता सात्त्विक उच्यते ॥26॥

रागी कर्मफलप्रेप्सुर्लुब्धो हिंसात्मकोऽशुचिः ।
हर्षशोकान्वितः कर्ता राजसः परिकीर्तितः ॥27॥

आयुक्तः प्राकृतः स्तब्धः शठोनैष्कृतिकोऽलसः ।
विषादी दीर्घसूत्री च कर्ता तामस उच्यते ॥28॥

बुद्धेर्भेदं धृतेश्चैव गुणतस्त्रिविधं श्रृणु ।
प्रोच्यमानमशेषेण पृथक्त्वेन धनंजय ॥29॥

प्रवत्तिं च निवृत्तिं च कार्याकार्ये भयाभये ।
बन्धं मोक्षं च या वेति बुद्धिः सा पार्थ सात्त्विकी ॥30॥

यया धर्ममधर्मं च कार्यं चाकार्यमेव च ।
अयथावत्प्रजानाति बुद्धिः सा पार्थ राजसी ॥31॥

अधर्मं धर्ममिति या मन्यते तमसावृता ।
सर्वार्थान्विपरीतांश्च बुद्धिः सा पार्थ तामसी ॥32॥

धृत्या यया धारयते मनःप्राणेन्द्रियक्रियाः ।
योगेनाव्यभिचारिण्या धृतिः सा पार्थ सात्त्विकी ॥33॥

यया तु धर्मकामार्थन्धत्या धारयतेऽर्जुन ।
प्रसङ्गेन फलाकाङ्क्षी धृतिः सा पार्थ राजसी ॥34॥

यया स्वप्नं भयं शोकं विषादं मदमेव च ।
न विमुञ्चति दुर्मेधा धृतिः सा पार्थ तामसी ॥35॥

सुखं त्विदानीं त्रिविधं श्रृणु मे भरतर्षभ ।
अभ्यासाद्रमते यत्र दुःखान्तं च निगच्छति ॥36॥

** गीता कृष्ण की, सिद्धान्त कर्म का ** 281 **

यत्तदग्रे विषमिव परिणामेऽमृतोपमम् ।
तत्सुखं सात्त्विकं प्रोक्तमात्मबुद्धिप्रसादजम् ॥37॥

विषयेन्द्रियसंयोगाद्यत्तदग्रेऽमृतोपमम् ।
परिणामे विषमिव तत्सुखं राजसं स्मृतम ॥38॥

यदग्रे चानुबन्धे च सुखं मोहनमात्मनः ।
निद्रालस्यप्रमादोत्थं तत्तामसमुदाहृतम् ॥39॥

न तदस्ति पृथिव्यां वा दिवि देवेषु वा पुनः ।
सत्त्वं प्रकृतिजैर्मुक्तं यदेभिःस्यात्त्रिभिर्गुणैः ॥40॥

ब्राह्मणक्षत्रियविशां शूद्राणां च परन्तप ।
कर्माणि प्रविभक्तानि स्वभावप्रभवैर्गुणैः ॥41॥

शमो दमस्तपः शौचं क्षान्तिरार्जवमेव च ।
ज्ञानं विज्ञानमास्तिक्यं ब्रह्मकर्म स्वभावजम् ॥42॥

शौर्यं तेजो धृतिर्दाक्ष्यं युद्धे चाप्यपलायनम् ।
दानमीश्वरभावश्च क्षात्रं कर्म स्वभावजम् ॥43॥

कृषिगौरक्ष्यवाणिज्यं वैश्यकर्म स्वभावजम् ।
परिचर्यात्मकं कर्म शूद्रस्यापि स्वभावजम् ॥44॥

स्वे स्वे कर्मण्यभिरतः संसिद्धिं लभते नरः ।
स्वकर्मनिरतः सिद्धिं यथा विन्दति तच्छृणु ॥45॥

यतः प्रवृत्तिर्भूतानां येन सर्वमिदं ततम् ।
स्वकर्मणा तमभ्यर्च्य सिद्धिं विन्दति मानवः ॥46॥

श्रेयान्स्वधर्मो विगुणः परधर्मात्स्वनुष्ठितात् ।
स्वभावनियतं कर्म कुर्वन्नाप्नोति किल्बिषम् ॥47॥

सहजं कर्म कौन्तेय सदोषमपि न त्यजेत् ।
सर्वारम्भा हि दोषेण धूमेनाग्निरिवावृताः ॥48॥

असक्तबुद्धिः सर्वत्र जितात्मा विगतस्पृहः ।
नैष्कर्म्यसिद्धिं परमां संन्यासेनाधिगच्छति ॥49॥

सिद्धिं प्राप्तो यथा ब्रह्म तथाप्नोति निबोध मे ।
समासेनैव कौन्तेय निष्ठा ज्ञानस्य या परा ॥50॥

बुद्ध्या विशुद्धया युक्तो धृत्यात्मानं नियम्य च ।
शब्दादीन्विषयांस्त्यक्त्वा रागद्वेषौ व्युदस्य च ॥51॥

विविक्तसेवी लघ्वाशी यतवाक्कायमानस ।
ध्यानयोगपरो नित्यं वैराग्यं समुपाश्रितः ॥52॥

अहङ्कारं बलं दर्पं कामं क्रोधं परिग्रहम् ।
विमुच्य निर्ममः शान्तो ब्रह्मभूयाय कल्पते ॥53॥

ब्रह्मभूतः प्रसन्नात्मा न शोचति न काङ्क्षति ।
समः सर्वेषु भूतेषु मद्भक्तिं लभते पराम् ॥54॥

भक्त्या मामभिजानाति यावान्यश्चास्मि तत्त्वतः ।
ततो मां तत्त्वतो ज्ञात्वा विशते तदनन्तरम् ॥55॥

सर्वकर्माण्यपि सदा कुर्वाणो मद्व्यपाश्रयः ।
मत्प्रसादादवाप्नोति शाश्वतं पदमव्ययम् ॥56॥

चेतसा सर्वकर्माणि मयि संन्यस्य मत्परः ।
बुद्धियोगमुपाश्रित्य मच्चित्तः सततं भव ॥57॥

मच्चित्तः सर्वदुर्गाणि मत्प्रसादात्तरिष्यसि ।
अथ चेत्त्वमहाङ्कारान्न श्रोष्यसि विनङ्क्ष्यसि ॥58॥

यदहङ्कारमाश्रित्य न योत्स्य इति मन्यसे ।
मिथ्यैष व्यवसायस्ते प्रकृतिस्त्वां नियोक्ष्यति ॥59॥

स्वभावजेन कौन्तेय निबद्धः स्वेन कर्मणा ।
कर्तुं नेच्छसि यन्मोहात्करिष्यस्यवशोऽपि तत् ॥60॥

ईश्वरः सर्वभूतानां हृद्देशेऽर्जुन तिष्ठति ।
भ्रामयन्सर्वभूतानि यन्त्रारूढानि मायया ॥61॥

तमेव शरणं गच्छ सर्वभावेन भारत ।
तत्प्रसादात्परां शान्तिं स्थानं प्राप्स्यसि शाश्वतम् ॥62॥

** गीता कृष्ण की, सिद्धान्त कर्म का ** 283 **

## ** अष्टादशोऽध्यायः **

इति ते ज्ञानमाख्यातं गुह्याद्गुह्यतरं मया ।
विमृश्यैतदशेषेण यथेच्छसि तथा कुरु ॥63॥

सर्वगुह्यतमं भूतः श्रृणु मे परमं वचः ।
इष्टोऽसि मे दृढमिति ततो वक्ष्यामि ते हितम् ॥64॥

मन्मना भव मद्भक्तो मद्याजी मां नमस्कुरु ।
मामेवैष्यसि सत्यं ते प्रतिजाने प्रियोऽसि मे ॥65॥

सर्वधर्मान्परित्यज्य मामेकं शरणं व्रज ।
अहं त्वा सर्वपापेभ्यो मोक्षयिष्यामि मा शुचः ॥66॥

इदं ते नातपस्काय नाभक्ताय कदाचन ।
न चाशुश्रूषवे वाच्यं न च मां योऽभ्यसूयति ॥67॥

य इमं परमं गुह्यं मद्भक्तेष्वभिधास्यति ।
भक्तिं मयि परां कृत्वा मामेवैष्यत्यसंशयः ॥68॥

न च तस्मान्मनुष्येषु कश्चिन्मे प्रियकृत्तमः ।
भविता न च मे तस्मादन्यः प्रियतरो भुवि ॥69॥

अध्येष्यते च य इमं धर्म्यं संवादमावयोः ।
ज्ञानयज्ञेन तेनाहमिष्टः स्यामिति मे मतिः ॥70॥

श्रद्धावाननसूयश्च श्रृणुयादपि यो नरः ।
सोऽपि मुक्तः शुभाँल्लोकान्प्राप्नुयात्पुण्यकर्मणाम् ॥71॥

कच्चिदेतच्छ्रुतं पार्थ त्वयैकाग्रेण चेतसा ।
कच्चिदज्ञानसम्मोहः प्रनष्टस्ते धनञ्जय ॥72॥

नष्टो मोहः स्मृतिर्लब्धा त्वप्रसादान्मयाच्युत ।
स्थितोऽस्मि गतसंदेहः करिष्ये वचनं तव ॥73॥

इत्यहं वासुदेवस्य पार्थस्य च महात्मनः ।
संवादमिममश्रौषमद्भुतं रोमहर्षणम् ॥74॥

व्यासप्रसादाच्छ्रुतवानेतद्गुह्यमहं परम् ।
योगं योगेश्वरात्कृष्णात्साक्षात्कथयतः स्वयम् ॥75॥

**राजन्संस्मृत्य संस्मृत्य संवादमिमम‌द्भुतम ।**
**केशवार्जुनयोः पुण्यं हृष्यामि च मुहुर्मुहुः ॥76॥**

**तच्च संस्मृत्य संस्मृत्य रूपमत्यद्भुतं हरेः ।**
**विस्मयो मे महान् राजन्हृष्यामि च पुनः पुनः ॥77॥**
**यत्र योगेश्वरः कृष्णो यत्र पार्थो धनुर्धरः ।**
**तत्र श्रीर्विजयो भूतिर्ध्रुवा नीतिर्मतिर्मम ॥78॥**

*ॐ तत्सदिति*
*श्रीमद्भगवद्‌गीतासूपनिषत्सु ब्रह्मविद्यायां योगशास्त्रे*
*श्रीकृष्णार्जुनसंवादे मोक्षसन्यासयोगो नामाष्टादशोऽध्यायः ॥ 18 ॥*

# अथ अठारहवाँ अध्याय
## ( गुण, धर्म और मोक्ष )

हे महाबाहो! हे अन्तर्यामिन! हे वासुदेव!
अर्जुन बोले इसके उपरान्त,
आपने मुझको समझाया प्रेम से
सारा कर्मों और कर्मयोगियों का सिद्धांत।

पर मैं संन्यास और त्याग को
अलग-अलग जानना चाहता हूँ,
किस को अपनाना अति-आवश्यक
यह पहचानना चाहता हूँ।

बहुत सुंदर है प्रश्न तुम्हारा
कहते हैं श्री भगवान,
यह दिखने में सरल परंतु गूढ़
जिस विषय पर धरा है तूने ध्यान।

कई ज्ञानी उन कर्मों के त्याग को
जो फल की इच्छा से किए जाते हैं,
उन काम्यकर्म (जैसे मैं ये करूँगा तो मुझे यह मिलेगा आदि)
के ही त्याग को संन्यास बतलाते हैं,
वहीं कई ज्ञानी जन सभी कर्मों (फल की इच्छा से व कई
ऐसे काम जो व्यक्ति करते हैं, पर वो जानते नहीं इसका भी
कोई फल मिलेगा)
के त्याग को त्याग समझाते हैं।

** 286 ** गीता कृष्ण की, सिद्धान्त कर्म का **

## ** अष्टादशोऽध्यायः **

कई ज्ञानी कदाचित् यह भी
कहते पाए जाते हैं,
सभी कर्मों को दोषयुक्त बता
त्याग की चर्चा चलाते हैं।

वहीं दूसरी ओर कई ज्ञानी
पंडित जन यह भेद समझाते हैं,
जिनको कर्मों में कल्याण विश्व का
वह कर्म ना त्यागे जाते हैं।

परंतु हे अर्जुन! अब मैं तुझको
इसका भी भेद समझाता हूँ,
कैसे त्याग के तीन रूप हैं
तुझको सब बतलाता हूँ।

जिन कर्मों में छुपा कल्याण विश्व
का वह नहीं त्यागा जाता है,
इनको कर्मों को करना ही प्रत्येक
पुरुष का कर्तव्य कहलाता है।

परंतु कर्म करने में फल
की आसक्ति को त्याग जो पाता है,
वही मेरे मत के अनुसार
सात्विक त्यागी कहलाता है।

परंतु जिन कर्मों के करने से सदा पुरुष
इस जग को क्षति पहुँचाता है,
और उन्हीं के फल की इच्छा को त्यागना चाहता है (मैंने बुरा
किया पर ईश्वर ने कराया अतः इसका फल मुझे ना मिले)।

** गीता कृष्ण की, सिद्धान्त कर्म का ** 287 **

और उसी फल के मोह में पड़
अन्य कर्मों को करता जाता है,
ऐसा कर्म फल का त्याग ही अर्जुन
तामस त्याग कहलाता है।

वहीं कोई मनुष्य जब कर्मों में भेद कर भले-बुरे
फल को सोच अपने कर्म बनाता है,
स्वयं ही स्वयं को अपने कर्मों के
फल देने का अधिकारी जानता है।

इस प्रकार विभक्त किए कर्मों के
फल का त्याग ही राजस कहलाता है,
ऐसे कर्मों का त्यागी ही राजस
त्यागी कहलाता है।
(मैंने यह किया तो गलत होगा, वह किया तो सही)।

हे अर्जुन! जो पुरुष स्व कल्याण के
और अकल्याण के कर्मों में
भेद ना रखता है,
मेरे मत के अनुसार बस वही
सात्त्विक कर्मों को करता है।

जिसको करने अथवा ना करने योग्य
कर्म में भी कर्ता का भाव ना आता है,
जिसका कर्तव्य उसके भीतर फल की
इच्छा नहीं जगाता है।

वही संशय रहित ज्ञानवान पुरुष
सच्चे अर्थों में त्यागी है,
जो जग में रहता भी अपने
कर्मों के प्रति वैरागी है।

** 288 ** गीता कृष्ण की, सिद्धान्त कर्म का **

## ** अष्टादशोऽध्याय: **

क्योंकि यदि देह का धारी तू
तो कर्म तुझे करना होगा,
फल का देने वाला मैं हूँ
इस को भी समझना होगा।

जो कर्म के करने में फल मिलने के
भाव को रखते जाते हैं,
वो अपने अच्छे-बुरे या मिले से
फल को मृत्यु पर्यंत भी पाते हैं।

पर जो कर्मों के फल में आसक्ति
त्याग कर सब कर्म करे,
ऐसा त्यागी मोक्ष पा जाता
जो अपने कर्म निष्काम करे।

हे अर्जुन! अब मैं तुझको कर्मों के
सिद्धांत का सांख्यभाव समझाता हूँ,
कैसे ये पाँच भाव कर्मों के सिद्धि कर्ता
वह भी मैं बतलाता हूँ।

इनमें पहला अधिष्ठान
कहलाता है,
यह पंचतत्त्व से बना देह
ही उसका अधिष्ठाता कहाता है।

दूसरा तत्त्व क्रिया जो
प्रकृति द्वारा की जाती है,
पर मानव द्वारा यह स्वयं
करी हुई समझी जाती है।

** गीता कृष्ण की, सिद्धान्त कर्म का ** 289 **

## ** अष्टादशोऽध्याय: **

तीसरा करण जिसके द्वारा कर्मों
को किया जाता है (नव द्वार, हाथ, पैर, बुद्धि व अहंकार),
परंतु यह मेरे वश हैं मानव
इस भाव से इन्हें प्रयोग में लाता है।

चौथी चेष्टा यानी कार्य जो
इन तेरह विभागों से करे जाते हैं,
यानी नव द्वार, हाथ, पैर, बुद्धि,
अहंकार द्वारा किए जाते हैं।

अंतिम भाव को दैव
नाम से जाना जाता है,
जो कर्मों के शुभ और अशुभ
फलों को संचित करता जाता है।

प्राणी मन, वाणी अथवा देह से शास्त्र निहित या शास्त्र विरुद्ध
जितने भी कर्मों को करते हैं,
उन सब कर्मों का आधार यह पाँच
सांख्य विभाग ही बनते हैं।

कई पुरुष जो हीन बुद्धि हैं वह प्रत्येक कर्म का कर्ता
अपनी आत्मा को मानते हैं,
वह अल्प ज्ञानी इस सांख्य विभाग के कर्मों
को नहीं जानते हैं,

आत्मा सिर्फ उसके कर्मों के भाव को
ग्रहण करता जाता है,
और उन्हीं भावों को पा उसका फल
ईश्वर से पाता है।

** 290 ** गीता कृष्ण की, सिद्धान्त कर्म का **

## ** अष्टादशोऽध्यायः **

जिसके उर में कभी कर्ता अर्थात
मैं करता हूँ ऐसा भाव ना आता है,
ऐसा ज्ञानी किस भाँति युद्ध में स्वयं मारता
अथवा दूजे से मरवाता है।

कर्म करने से पहले प्राणी को
उसका भान हो जाता है,
यही भान ही प्राणी मात्र का
ज्ञान कहलाता है।

कर्म सिद्ध करने का साधन यदि
वह सही रूप में पाता है,
तो वह साधन ज्ञेय कहलाता है
(जैसे प्यास का ज्ञान होने पर शुद्ध जल पीना)।
और जिसे ज्ञान हो ज्ञेय का वही
समर्थ बन जाता है,
ऐसा प्राणी ही जगत में
परिज्ञाता कहलाता है।

इन तीनों भाव से कर्मों की
प्रेरणा बनती जाती है,
सामान्य भाषा में यह करण,
कर्म और कर्ता कहलाती है।

इन तीनों का संयोग ही कर्मों
का कारण बनता है,
वह बुद्धिमान जो इन तीनों
के विभाग को उर में धरता है।

** गीता कृष्ण की, सिद्धान्त कर्म का ** 291 **

## ** अष्टादशोऽध्याय: **

परंतु इन तीनों के भी अलग-अलग
तीन-तीन भेद हैं उनको भी सुन,
ज्ञान, कर्म तथा कर्ता के विभाग को
सूक्ष्मता से भीतर गुन।

जिस ज्ञान के द्वारा साधक को
सब भूत, प्राणी सम दिख पाते हैं,
जिस ज्ञान के द्वारा प्राणी सब में
ईश्वर के भाव को पाते हैं।

वह ज्ञान ही अर्जुन
श्रेष्ठ ज्ञान कहलाता है,
इस सांख्य विभाग
में सात्त्विक ज्ञान कहाता है।

परंतु जिस विभाग में प्राणी,
प्राणी में भेद को करता जाता है (यह कुत्ता, यह मनुष्य),
और उसी अनुसार अपने कर्मों के
भाव बनाता है।

ऐसे पृथक दृष्टि से प्राप्त ज्ञान को
राजस ज्ञान के नाम से जाना जाता है,
जैसे वह देखता वैसे ही उसको
देखा जाता है।

जब प्राणी, प्राणी के संग उलट-पलट
व्यवहार करे,
ना प्राणी को सम दृष्टि से देखे
ना ही उनमें भेद धरे (मनुष्यों के साथ भी पशुओं सा व्यवहार)।

** 292 ** गीता कृष्ण की, सिद्धान्त कर्म का **

## ** अष्टादशोऽध्यायः **

जो स्वयं को अधिष्ठाता जान सब
को रौंदता जाता है,
ज्ञान जिसे कम पर ज्ञानी होने
का अभिमान दिखाता है।

ऐसे अज्ञानी प्राणी का ज्ञान ही
तामस ज्ञान कहलाता है,
जिसमें प्राणी-प्राणी के अंतर
से दूर हो जाता है।

जो कर्म शास्त्र विधि से निहित हो
ना हो जिसमें कर्ता का अभिमान,
ना ही राग-द्वेष हो जिसमें ना
फल की इच्छा का ही ध्यान।

ऐसा कर्म कर्ता में कर्तापन
का भाव नहीं लाता है,
शुद्ध अंतःकरण से किया कर्म ही
सात्त्विक कर्म कहलाता है।

परंतु जो कर्म भोगों की इच्छा
अथवा अत्यंत परिश्रम का अहंकार जगाते हैं,
जिनको करते समय प्राणी कर्ता के
भाव को लाते हैं (मैंने उसकी सहायता की आदि अनेक भाव)।

ऐसे कर्म ही प्राणी के कर्मों में
शुभ-अशुभ फल का बंध लगाते हैं,
प्राणी मात्र के यह कर्म ही
राजस कर्म कहलाते हैं।

** गीता कृष्ण की, सिद्धान्त कर्म का ** 293 **

## ** अष्टादशोऽध्यायः **

जो कर्म प्रारंभ से ही परिणाम, हानि,
हिंसा व बिना सामर्थ्य देख किए जाते हैं,
जिसको करते प्राणी में अहंकार के
ही भाव बस आते हैं।

अच्छा या बुरा उसको सूझ ना
पाता है,
ऐसा कर्म ही प्राणी का
तामस कर्म कहलाता है।

जो कर्ता राग से रहित हो
अहंकार रहित हो जाता है,
जो प्रत्येक कार्य करने में अपना
पूर्ण उत्साह दिखलाता हैं।

कर्म को करने में सदैव ही
धैर्य को धरता है,
जो सिद्ध और असिद्ध के
प्रति कोई भाव ना रख कर्मों को करता है।

जो अपने कर्मों में अपनी पूरी निष्ठा
और भक्ति लगाता है,
ऐसा प्राणी ही कर्मों का सात्त्विक
कर्ता कहलाता है।

जो कर्ता है फल की इच्छा से
अपने कर्मों को करने वाला,
लोभ और लालच को अपने
स्वभाव में वरने वाला।

** 294 ** गीता कृष्ण की, सिद्धान्त कर्म का **

सुख में हर्षित और दुःख में
अत्यंत दुखी हो जाता है,
कर्मों के करने में जो शुद्ध
और अशुद्ध का गणित लगाता है।

ऐसा कर्ता कर्मों से जो
हर्ष व शोकयुक्त हो जाता है,
ऐसा कर्ता ही जग में
राजस कर्ता कहलाता है।

जो कर्ता दूसरे प्राणी में सदा ही
हीन भाव को पाता है,
अहंकार, अभिमान, मद, मोह से
लिप्त हो कर्मों को करता जाता है।

जो दूसरों के उपकार को अपने
अहंकार द्वारा ठुकराता है,
आलस्य जिसकी देह में
प्रतिपल रहता है।

जो अपनी ही ऐंठ जिद्द में हरदम
फूला रहता है,
झगड़ालू और असावधान हो अपने ही
प्रति जो ध्यान लगाता है,
वह तामसी स्वभाव से भरा प्राणी
तामस कर्ता कहलाता है।

हे धनंजय! अब तू आगे अपना
ध्यान लगाता जा,
गुणों के अनुसार बुद्धि और धैर्य
के तीनों भेदो में ध्यान लगाता जा।

** गीता कृष्ण की, सिद्धान्त कर्म का ** 295 **

इन दोनों के तीनों भेद को
सविस्तार समझाता हूँ,
जो भी जानने योग्य तेरे वह
सब कुछ बतलाता हूँ।

हे पार्थ! जो बुद्धि प्राणी की प्रवृत्ति
और उससे निकलने का उपाय जानती है,
जो बुद्धि करने वाले और ना करने वाले
कर्मों के भेद पहचानती है।

जिसे भय और अभय का भेद
समझ में आता है,
जिसके अंतर्गत हो प्राणी मोक्ष के
बंधन से अलग हो जाता है।

वह बुद्धि जो प्राणी को सही राह
दिखा मोक्ष द्वार ले जाती है,
हे कुरुनंदन! वही बुद्धि
सात्त्विक बुद्धि कहलाती है,

हे पार्थ! जो बुद्धि ना जाने
धर्म और अधर्म का भेद,
करने योग्य और ना करने योग्य
में ना कर पाए जो छेद।

जो बस पुण्य पाने हेतु शुभ
कर्मों को करती जाती है,
ऐसी बुद्धि जो हित-अनहित ना जाने
वह राजसी कहलाती है।

** 296 ** गीता कृष्ण की, सिद्धान्त कर्म का **

## ** अष्टादशोऽध्यायः **

जो बुद्धि अधर्म को ही अपना
धर्म मानती है,
जो ना करने योग्य कर्मों को
ही करना जानती है।

झूठ, कपट, बेईमानी, जालसाजी
इत्यादि को अपना कर्तव्य बनाती है,
ऐसी व्यभिचारिणी बुद्धि ही
तामसी कहलाती है।

हे पार्थ! प्राणी के भीतर जो धैर्य
अव्यभिचारिणी बुद्धि को धरता है,
जो धैर्य उसके मन, प्राण और इंद्री
में संयम रखता है।

जिस धैर्य से प्राणी सब परिस्थिति में
समता भाव अपनाता है,
वही धैर्य प्राणी के भीतर
सात्त्विक धृति कहलाता है।

फल की इच्छा वाला प्राणी काम, धर्म,
धन व भोगों को पाने को जिस धैर्य को धरता है,
जिनसे सिंचित धन-वैभव उसके उर में
आसक्ति पैदा करता है।

ऐसा धैर्य जो पाने की इच्छा को
उसके भीतर शांति पूर्वक जगाता है,
ऐसा धैर्य ही हे पार्थ!
राजसी धृति कहलाता है।

** गीता कृष्ण की, सिद्धान्त कर्म का ** 297 **

## ** अष्टादशोऽध्याय: **

जिस धैर्य से ये प्राणी सारे
दुर्गुण अपनाता जाता है,
निद्रा, आलस्य, भय, घमंड को अपने
भीतर धैर्य पूर्वक जमाता है।

सारे दुर्गुण को जो धैर्य उसके भीतर
धीमे-धीमे रखता जाता है,
वही धैर्य प्राणी के भीतर बसने वाली
तामसी धृति कहलाता है।

हे अर्जुन! जिस सुख को जग के
प्राणी बस एक रूप में जानते हैं,
वो इसके भीतर भी तीन भेद इस
को नहीं पहचानते हैं,

जो सुख स्वयं ही प्राणी के
भीतर भरता जाता है,
जब प्राणी निष्काम भाव से जग कल्याण
के हेतु कर्मों को करता जाता है।

आरम्भ में लगता विष के जैसा
पर अंत में अमृत रूप हो जाए,
वैसा ही सुख जैसा प्राणी
ईश्वर को भज कर पाए।

कर्तापन का भाव ना रहता सब उस
परमब्रह्म का भाव यही बस आता है,
जो सुख ना सुख पाने ना दु:ख देने
की प्रवृत्ति के बिना ही हृदय में आता है,
ऐसा सुख ही हे भरत के वंशज!
सात्त्विक सुख कहलाता है।

** 298 ** गीता कृष्ण की, सिद्धान्त कर्म का **

## ** अष्टादशोऽध्याय: **

जो सुख इंद्री और विषय के
संयोग से उत्पन्न होता है,
भोग को भोगने से मिलता
धन संचित कर होता है।

जो सुख प्राणी को अपने कल्याण
हेतु रचाए कर्मों को करने में आता है,
आरंभ में अमृत जैसा लगता
अंत में विष हो जाता है।

जो सुख मानव के आने-जाने की
प्रक्रिया को बढ़ाता है,
ऐसा सुख ही हे पार्थ!
राजसी सुख कहलाता है।

निद्रा, आलस्य, प्रमाद इत्यादि
कर्मों में जो सुख बसता है,
जो आरम्भ और अंत तक प्राणी को
मोहित करता है।

जो सुख भोग विलास पाने को जग
में दुःख फैलाता है,
जिसको पा कर प्राणी परम सुख से
वंचित रह जाता है।

जो प्राणी के ना कटने वाले
भव बंधन बढ़ाता जाता है,
वह ही सुख हे अर्जुन!
तामसी सुख कहलाता है।

** गीता कृष्ण की, सिद्धान्त कर्म का ** 299 **

पृथ्वी, स्वर्ग, जल और आकाश
सब इन तीन गुणों (सात्विक, राजस, तामस) को धरते हैं,
उनके अंग इन तीनों में से एक अपना
उसके अनुसार ही चलते हैं।

ना चर-अचर जीव ना देव-दैत्य
इनसे अछूते रह पाते हैं,
अपनी प्रकृति में समावेश
इन तीन गुणों का पाते हैं।

सृष्टि की कोई वस्तु नहीं जो
इन तीन गुणों के बिन रह जाए,
ऐसा कोई भी क्षण मात्र नहीं
जो इनकी संगति ना पाए।

हे परंतप! इन्हीं गुणों के विभाग
अनुसार चार वर्ण प्रकाश में आए हैं,
ब्राह्मण, क्षत्रिय, वैश्य, शूद्र इन्हीं
के गुण-दोष को पा अपना कर्म फल पाए हैं।

जो शुद्ध सात्त्विक निष्काम कर्म
से सात्त्विक कर्म को करते जाते हैं,
वह मनुष्य इस लोक में
ब्राह्मण कहलाते हैं।

मन का निग्रह कर जो इंद्री को
अपने वश में करे,
धर्म पालन के लिए कष्ट सहे
बाहर-भीतर में शुद्धि रखे।

** 300 ** गीता कृष्ण की, सिद्धान्त कर्म का **

## ** अष्टादशोऽध्याय: **

अपराध, क्षमा जो औरों के
मन में सरलता रख कर पाता है,
ज्ञान-विज्ञान को संज्ञान में रख परमात्मा और वेद अनुसार
अपना जीवन बिताता है।

इन सबके अनुसार जो अपने
जीवन के नियम बनाता है,
हे अर्जुन! वही पुरुष पृथ्वी पर
ब्राह्मण कहलाता है,

शूरवीरता के संग जो तेज, धैर्य
और प्रजा संचालन का भेद धरे,
कभी युद्ध में ना पीठ दिखाए
दान तथा प्रजा पालन के कर्म करे।

जिसमें शासन करने का स्वाभाविक
गुण पाया जाता है,
वह मनुष्य इस पृथ्वी पर
क्षत्रिय नाम से जाना जाता है।

जो इस धरा का सीना चीर अन्न
उपजाता है,
गौ की रक्षा करता है व्यापार आदि
कर्मों में हृदय लगाता है।

जिसमें उदर की रक्षा का
स्वाभाविक गुण पाया जाता है,
वही प्राणी इस पृथ्वी पर
वैश्य नाम से जाना जाता है।

** गीता कृष्ण की, सिद्धान्त कर्म का ** 301 **

## ** अष्टादशोऽध्याय: **

जिसके उर में सदा समाज की
सेवा का भाव ही आता है,
दूसरों की सेवा में जो अपना
सारा जीवन बिताता है।

जो बिना विचारे सारे श्रम के
कर्मों को करता जाता है,
वही प्राणी इस पृथ्वी पर
शूद्र कहलाता है।

अपने-अपने कर्म में प्रीति पूर्वक
लगे प्राणी जब अपने कर्मों को करते हैं,
अपने सभी कर्म निष्काम भाव कर
परमात्मा से मिलने की राह आसान बनाते हैं।

जिस प्रकार कर्मों के द्वारा ही
वह सिद्धि को पा जाते हैं,
सब निष्काम कर्मों का फल पा
कैसे मुझ तक आते हैं।

उस प्रकार को अर्जुन अब
तू मुझसे सुनता जा,
उसी प्रकार आचरण कर तू भी
अपनी राह को सुगम बना।

जिस परमात्मा को पाने को
प्राणी लाखों जतन करे,
जिससे उसका उद्भव हो और
जिसमें ही वो गमन करे।

** 302 ** गीता कृष्ण की, सिद्धान्त कर्म का **

## ** अष्टादशोऽध्याय: **

वह परमात्मा सिर्फ कर्मों के
द्वारा ही पूजा जाता है,
निष्काम भाव कर्मों के करने मात्र से
उसका जीवन सिद्ध हो जाता है।

जो अपने नियत कर्म को धर्म
मान भली प्रकार निर्वहन कर पाता है,
परंतु कई बार दूसरे के कर्म देख
वह अपना कर्म बिसराता है।

उसे अपने कर्म को ही अपना धर्म
जान उसे ही करना होगा,
तभी वह कर्म रूप धर्म को पा
पाप को प्राप्त नहीं होगा।

हे कुंतीनंदन! यदि कर्म का निर्वहन
करने में प्राणी पाए कोई दोष,
तो भी उसे मानना चाहिए वह भी
कर्म से कर्म का ही संयोग।

दोष देख अपने कर्म को
त्यागने का विचार है अनुचित,
क्योंकि धुएँ की भाँति अग्नि ढकी हो जैसे
वैसे दोष से ढके कर्म समुचित।

जैसे योद्धा लड़ने पर किसी की
हत्या करता जाता है,
परंतु वह उसका स्वाभाविक कर्म वह
हत्या दोष को नहीं पाता है।

** गीता कृष्ण की, सिद्धान्त कर्म का ** 303 **

## ** अष्टादशोऽध्याय: **

जिसकी बुद्धि किसी भी कर्म को
करने में कोई भेद ना पाती है,
देश, काल, घटना, परिस्थिति, व्यक्ति,
वस्तु, क्रिया, पदार्थ सब में सम हो जाती है।

जिसकी देह सांसारिक विषयों से
विमुख हो जाती है,
भोग, विलास, भोजन, यश, अपयश
इत्यादि विषयों से ऊपर उठ जाती है।

वही प्राणी इस जग में सांख्ययोग के
द्वारा विषयों से निर्लिप्त हो जाता है,
वही प्राणी हर परिस्थिति में सम
रहने की क्षमता पाता है।

हे कौंतेय! जो साधक अपने
अंत: करण की शुद्धि कर लेता है,
वो किस प्रकार ब्रह्म अर्थात ज्ञान की
पराकाष्ठा को पा लेता है।

वह भेद भी मैं संक्षेप में तुझे
समझाता हूँ,
क्योंकि एक तुझे ही मैं हर मर्म को
जानने योग्य पाता हूँ।

जो बुद्धि को करता शुद्ध और सात्त्विक
वैराग्य का आश्रय पाता है (सभी के साथ पर अकेला),
कम खाने वाला अपने मन, वाणी और
देह को विजय कर जाता है।

** 304 ** गीता कृष्ण की, सिद्धान्त कर्म का **

## ** अष्टादशोऽध्यायः **

जो वैराग्य का सुदृढ़ता से
पालन करता है,
पुरुष जो नित अपने चित्त को
ध्यान योग में धरता है।

जो सात्त्विक भावना रख अपने
अंतःकरण को वश में करे
शब्दादिक विषयों (इसका-उसका कहना) को त्याग
राग-द्वेष को नष्ट करे।

अपने अहंकार, बल, काम, क्रोध,
लालसा के संग्रह को त्याग देता है,
मोह-ममता से रहित हो
शांत चित्त कर लेता है।

जो इस भाँति स्वयं को
ढालता जाता है,
इन नियमों का पालन कर्ता ब्रह्म के संग
एकीकार होने योग्य हो जाता है।

उसके उपरांत यह ब्रह्म में स्थित
सद्पुरुष कहलाता है,
ना ही फिर यह कुछ पा प्रसन्नता पाता
ना खोने पर ही शोक मनाता है।

किसी भी भूत-प्राणी में यह
कोई भेद नहीं रखता,
इसी भाव वाला निश्चित मुझको
ही प्राप्त है करता।

** गीता कृष्ण की, सिद्धान्त कर्म का ** 305 **

## ** अष्टादशोऽध्यायः **

उस परा भक्ति में रम कर भली-भाँति
भेद मेरा यह जानता है,
मुझे अनन्य भाव से भज कर्मों के
फल से दूर हो जानता है,

इस प्रकार के प्राणी को ही
मैं निष्कर्म हूँ कहता,
जिसकी दृष्टि में मुझ वासुदेव
के सिवा कुछ नहीं रहता।

अब सुन वह हैं कर्मयोगी
अपने लिए निहित सब कर्मों को करता है,
परंतु है निष्काम तभी वह
मेरे सनातन अविनाशी पद को धरता है।

अतः हे पार्थ! तू अपने सब कर्मों
को मेरे प्रति मन से अर्पण कर,
मेरे में बुद्धि स्थित कर
निष्काम कर्मयोगी अब बन।

निष्काम कर्मयोग के सहयोग से
अपने चित्त को स्थिर बना,
मुझमें स्थिर हो कर अब अपने
सभी कर्म को करता जा।

जब तू ऐसा करेगा तो जन्म-मृत्यु
के भय और संकट से तर जाएगा,
अगर अभी भी ना समझा तो
मोक्ष से विमुख हो जाएगा।

** 306 ** गीता कृष्ण की, सिद्धान्त कर्म का **

## ** अष्टादशोऽध्यायः **

और यदि चाहे अपने अहं के वश
होकर युद्ध नहीं करना,
तो बंद कर स्वयं से मिथ्या
वचनों को वदना (बोलना)।

क्योंकि तू क्षत्रिय पुरुष
युद्ध तुझे ललचाएगा,
अपने स्वभाव के वश होकर
तू फिर युद्ध में ही लग जाएगा।

हे अर्जुन! यदि अपने कर्म को
तू मोहवश करना नहीं चाहेगा,
तो भी तेरे पूर्व जन्म का फल
तुझको इसमें लगाएगा।

क्योंकि प्राणी के हृदय में स्थित
परमात्मा अपनी माया से भरमाता है,
प्राणी चाहे ना चाहे उसे उस
निहित कर्म में लगाता है।

इसीलिए हे भारत! तू उस अनन्य
परम पिता का शरणागत हो,
उसकी कृपा से ही परम शांति
और परम धाम का आगत हो।

मैंने यह गोपनीय से भी गोपनीय
ज्ञान तेरे लिए सुनाया है,
जिसे आज तक कोई जग का
प्राणी सुन नहीं पाया है।

** गीता कृष्ण की, सिद्धान्त कर्म का ** 307 **

## ** अष्टादशोऽध्याय: **

फिर भी यदि तू चाहे अपने
मन के जैसे ही करना,
तो तू स्वतंत्र है यदि चाहे
अपने विचारों के जैसे चलना।

अर्जुन से उत्तर ना पा अब
केशव अर्जुन से कहते हैं,
हे पृथा पुत्र! सच्चे योगी सदा
मेरे निकट ही रहते हैं।

क्योंकि तू मेरा अतिप्रिय तेरा हित
एक और बार मैं तुझको समझाता हूँ,
जो उत्कृष्ट और परम गोपनीय
उसको मैं दोहराता हूँ।

संपूर्ण धर्मों का आश्रय छोड़ तू
बस मेरी शरण में आ,
अपने कर्मों में निष्काम भाव रख
कर्तापन के भाव से मुक्ति पा।

यदि इस भाँति फल की इच्छा त्याग कर
तू अपने कर्मों को करता जाएगा,
मैं तुझको पाप मुक्त करूँगा
अंतत: मोक्ष पा जाएगा।

जो भी यह सारा गोपनीय ज्ञान जिसके
आगे सब फीका है,
इसको बतलाने-समझाने का भी
कुछ सलीका है।

** 308 ** गीता कृष्ण की, सिद्धान्त कर्म का **

## ** अष्टादशोऽध्यायः **

जो ना हो तपस्वी जिसको स्वयं को
वश में करना नहीं आता है,
और जो इस ज्ञान के भीतर भी
अपनी शंका दिखलाता है।

जो इस ज्ञान को सुनने में
अरुचि दिखलाए,
जो मुझ यानी ईश्वर के प्रति
अपनी श्रद्धा ना रख पाए।

उचित नहीं ऐसे प्राणियों को
बतलाना यह पूजनीय ज्ञान,
क्योंकि उनकी परा-अपरा में भरा
हुआ परम अज्ञान।

जो ईश्वर में श्रद्धा रख यह
कर्म सिद्धांत ज्ञान को पाएगा,
इसमें कोई संदेह नहीं वह
भव सागर से तर जाएगा।

उसके समान इस भूमण्डल पर
मुझको कोई प्रिय नहीं,
जो निष्काम कर्मों को करता कभी
होती उसकी पराजय नहीं।

जो भी मनुष्य तेरे-मेरे इस संवाद
को सुन अपने कर्मों को करता जाएगा,
इसको सुनने से उसके मन में
परिवर्तन अवश्य आएगा।

** गीता कृष्ण की, सिद्धान्त कर्म का ** 309 **

## ** अष्टादशोऽध्याय: **

उस परिवर्तन से भी मैं ही
पूजा जाऊँगा,
यदि इसका अध्ययन उसको
लाभ दे तो मैं संतुष्टि पाऊँगा।

यदि श्रद्धा-पूर्वक वह इस ज्ञान
का अध्ययन कर लेगा,
तो भी प्राणी अपने जन्मों के बंधन को
हर पुण्य लोक प्राप्त कर लेगा।

कितना सुखद यह सुनना कि अर्जुन से
प्रश्न करते हैं श्री भगवान,
हे धनंजय! क्या तुमने एकाग्रचित्त से
सुना है यह ज्ञान?

क्या इसको सुन तुम्हारा कर्म भाव
अति पुष्ट हुआ?
क्या इसको सुन अज्ञान से उत्पन्न
मोह तेरा नष्ट हुआ?

हर्षित अर्जुन का प्रत्येक
रोम कूप आज हर्षाता है,
भाव से विह्वल नयनों में
नीर भर-भर आता है।

हे अच्युत! आपकी कृपा से
नष्ट हुआ मेरा अज्ञान है,
आपकी कृपा से नष्ट होते सारे
मोह मत्सर अभिमान हैं।

## ** अष्टादशोऽध्याय: **

अब जग का कोई भी संशय
मेरा चित्त नहीं भरमाता है,
आपकी आज्ञा पालन हेतु मेरा
सर्वस्व श्रद्धा से झुक-झुक जाता है।

इस सब वृतांत को सुन संजय
धृतराष्ट्र से यह बोल रहे,
इस वृतांत को सुना महाराज के
ज्ञान चक्षु को खोल रहे।

हे राजन! श्री कृष्ण वासुदेव और अर्जुन के
इस अद्भुत रहस्य युक्त संवाद को मैंने सुना,
और इसके रोमांचकारी रूप को मैंने
अपने हृदय के भीतर भी गुना।

भगवान और भक्त के कल्याणकारी
संवाद को स्मरण कर हर्षित होता जाता हूँ,
इसी हर्षित अवस्था में अपने रोम कूप
खड़ा पा हाथों को सहलाता हूँ।

श्री हरि का परम रूप जब-जब
समक्ष नयन के आता है,
भरता है परम आश्चर्य चित्त में
चित्त गद्-गद् होता जाता है।

विशेष कहूँ क्या हे राजन! जहाँ
योगेश्वर वहाँ ही है विजय और विभूति,
जहाँ गाण्डीवधारी अर्जुन वहीं
रहती अचल सारी नीति।

** गीता कृष्ण की, सिद्धान्त कर्म का ** 311 **

यह गीता का परम ज्ञान जो
इसको पढ़ता सुनता जाएगा,
कर्म का सिद्धांत निष्काम कर्म है
भली प्रकार समझ में आएगा।

*इति*
*श्रीमद्भगवद्गीता उपनिषद् एवं ब्रह्मविद्या तथा योगशास्त्र के विषय में भगवान श्रीकृष्ण व अर्जुन के संवाद में मोक्षसंन्यासयोग "गुण धर्म और मोक्ष" नामक अट्ठारहवाँ अध्याय ।। 18 ।।*

००००

Printed in the USA
CPSIA information can be obtained
at www.ICGtesting.com
LVHW070742070224
771082LV00019B/408

9 789390 960156